Jean-François Zobrist

La belle histoire de FAVI

L'entreprise qui croit que l'homme est bon

Tome 1

Nos belles histoires

http://www.favi.com

HUMANISME & ORGANISATIONS

EDITIONS, PARIS

Collection Management

http://humanisme-et-organisations.fr

Martine Morel Conseil
1 Place Hérold, 92400 Courbevoie - France
tél : + 33 (0)1 43 34 09 71
fax : + 33 (0)1 47 89 15 71
martinemorel@martinemorel.com

Laure Introvigne
Couverture « La Favi, vue par Laure Introvigne »
Illustrations
laure.introvigne@strategie-avenir.fr

Virginie Gardien
Arrangement du texte
virginie.morelgardien@gmail.com

Deuxième édition novembre 2013
Mise en page : Massimo Miola
www.miola.net

Dépôt légal Avril 2008

ISBN 978-2-917587-00-3

Humanisme & Organisations

Le pouvoir d'innover ensemble

http://humanisme-et-organisations.fr

Sommaire

Tome 1 : Nos belles histoires

Histoires en vrac

Petites histoires

LES RENVOIS AU TOME 2 SONT INDIQUÉS «VOIR T2»

Préface

par Martine MOREL
Consultante, docteur en gestion

« En trois ans, le prix de nos matières premières a plus que triplé et pour garder nos clients tentés par une délocalisation, nous avons collectivement consenti à des baisses importantes de prix tout en préservant nos marges » dit-on à Favi, PME Picarde, leader Européen des fourchettes de boîtes de vitesse.

Dans l'univers impitoyable de l'industrie automobile, cette entreprise dégage une marge d'autofinancement de plus de 15% depuis 25 ans.

C'est le résultat de la libération de l'intelligence. Chez Favi, il n'y a quasiment pas de hiérarchie, le pouvoir a été transféré au plus près des opérateurs. Favi est une « entreprise qui croit que l'homme est bon » non pas par altruisme, mais tout simplement par volonté constante et cohérente d'instaurer une démarche irréversible de productivité afin de « durer ». Comme « l'homme est bon », il ne faut pas le contrôler mais s'assurer qu'il a compris le **pour quoi** et **pour qui** et le laisser libre **du comment**.

« Toujours plus, mieux pour moins cher, dans l'amour de nos clients, à Hallencourt et dans le respect de la terre de nos enfants ». Telle est la vision de Favi.

Favi a supprimé toute forme de pointage, le bureau des méthodes, favorisé l'autonomie et l'indépendance de chacun sur son poste, mis en place des cellules autonomes de production appelées mini-usines, donné tout pouvoir de gestion de ces mini-usines à des leaders qui peuvent être des opérateurs, instauré la gratuité des boissons, décoré l'ensemble des ateliers de posters, de plantes, d'aquarium, donné la liberté de choix des moments et de la durée des pauses. L'expertise technique de chaque mini-usine est soutenue par des compétences (ex : bureau d'études, qualiticien, maintenance, sécurité,...) présentes au sein de Favi, mais qui n'interviennent qu'à la demande de la mini-usine. Ce sont des assistances « quérables ».

Sans structure ne signifie pas folklore, car Favi a été successivement en 1997 la première fonderie européenne à être certifiée ISO 14001, en 2000 la première entreprise française (sur environ 50.000) certifiée OHSAS 18001, en 2002 encore première entreprise française certifiée Q.S.E.[1] (avant une centrale nucléaire !!).

Résultats : le système Favi fonctionne. Les valeurs de Favi sont éprouvées. La hiérarchie est à l'écoute du personnel. Le système s'autorégule. Le personnel reçoit ce dont il a

1. ISO 14001, OHSAS 18001, Q.S.E. sont des normes internationalement reconnues dans le domaine du respect de l'environnement, de la sécurité et de la qualité.

besoin pour s'épanouir, il s'organise librement, peut prendre des initiatives. Favi est réactive. Le positionnement des missions des uns par rapport aux autres est souple. Les gens sont sereins. Le turnover est faible : 38% du personnel a de plus de 15 ans d'ancienneté. Il n'y a pas de syndicat. Favi dégage de confortables marges et fournit en exclusivité plus de 50 % du parc automobile européen, preuve de confiance des grands donneurs d'ordres.
Ces résultats depuis plus de 25 ans viennent de l'autonomie, du bon sens dans le travail quotidien, de la proximité et la disponibilité des leaders, renforcés par une forte politique de communication.
Ce management atypique repose essentiellement sur de fortes valeurs. L'implication de la direction est totale et sans mesure. Et le fonctionnement du système repose sur la participation et l'adhésion des salariés. On peut citer quelques sociétés dans le monde qui partagent ce mode de fonctionnement[2] (Sol, Semco, ...).
En croyant fermement aux capacités de ses salariés et en leur accordant une entière confiance, il est possible d'obtenir des résultats aussi convaincants en termes de productivité que dans une autre entreprise, mais surtout, de développer un esprit collectif et une fierté d'appartenance par le respect, l'autonomie, la confiance, la transparence, la communication.
La confiance est dès le départ déjà présente au plus haut niveau entre l'actionnaire M. Rousseaux, du groupe familial AFICA, et le «Patron» en lui assignant sa mission : «Tu as carte blanche, fais du fric et respecte les lois, fais un compte de résultat chaque mois».
La volonté de reconsidérer l'homme au travail se manifeste par un transfert de pouvoir et de responsabilité aux salariés quels que soient leurs grades, et aussi par la remise en cause permanente personnelle et collective sur la façon de travailler. Le système d'amélioration continue de Favi en est l'expression la plus vivante et c'est aussi le creuset de gains permanents en productivité.
Le patron se place à la frontière séparant l'intérieur et l'extérieur de l'entreprise : «Le Top Manager, c'est un peu comme l'entraîneur d'une équipe de football, explique-t-on, il ne doit pas entrer dans le jeu. Son rôle est de découvrir les signes d'un changement ou d'un problème. Quand on entre dans le jeu ou qu'on s'en éloigne trop, on ne peut plus entendre intelligiblement ce signal faible» dit-il. Ce lien entre l'observation sur le terrain et la conscience de sa signification est la capacité clé pour découvrir, suffisamment à temps pour s'y préparer, les signes d'un changement.
Bien que leader européen sur la fourchette de boîte de vitesse, Favi a anticipé la fin de cette activité et a inventé un rotor à très haut rendement. Une manière d'inscrire aussi son engagement dans le développement durable tout en préservant sa pérennité.

2. Sol, Finlande, une société sans objectif fixé au niveau direction, Mme Liisa Joronen, fondatrice de l'entreprise Sol, parmi les 2 700 employés, il n'y a ni secrétaire, ni femmes de ménage. Les tâches ingrates sont partagées par tous.
- Semco, Brésil, Mr Ricardo Semler crée une culture organisationnelle dans laquelle il y a une liberté, pas de hiérarchie, pas d'horaires, pas de grilles de salaires. «A contre courant» Dunod, 1999
- Ces idées de management ont eu des précurseurs comme l'Ecole de relations humaines avec Elton de Mayo (1880-1949), ou encore en France avec Hyacinthe Dubreuil (1883/1971), ancien ouvrier métallurgiste, dans son livre «Les Sources de la Productivité et de la Joie», (Paris Grasset, 1931)

Doté d'un solide talent de narrateur, l'auteur, qui se définit comme un simple « Favien », a rédigé et suscité l'expression écrite de chaque fiche de ce livre pendant plus de 20 ans. Ce livre est donc un ouvrage collectif de la société Favi, il est porteur du sens vivant que les « Faviens » donnent à leur travail.
Chaque fiche originale est accessible sur le site de Favi http://www.favi.fr .
Nous nous sommes attachés à les compiler en un livre complet tout en leur apportant une lisibilité accessible à tous.
Ce qui se passe dans la société Favi me touche directement dans mon activité de consultante en management du changement tant dans l'innovation radicale sur les produits/services que dans les innovations organisationnelles.
J'ai rencontré l'auteur alors que j'assistais le Pr Shiba[3] lors d'une de ses formations sur « La conception à l'Ecoute du Marché ». Favi a formé 10% de son personnel à cette méthode[4].
J'observe Favi depuis 1997 en accompagnant des visites de l'entreprise, notamment avec le Pr Shiba à quatre reprises. J'anime la modélisation en temps réel de ce qui été observé en utilisant les méthodes et outils du Pr Shiba décrits dans « Le management selon Shiba »[5].
Nous présentons nos observations à l'équipe Favi et c'est un moment d'échange important.
J'ai réalisé mon mémoire de master 2 GDO[6] de l'école des Mines de Paris sur la société Favi. Enfin Favi est aussi un terrain fécond dans mes recherches actuelles sur la confiance.
Je remercie l'équipe Favi pour son accueil et sa confiance.
J'adresse également toute ma gratitude à Laure Introvigne qui est à l'origine de ce livre qu'elle a réalisé à partir du site FAVI avec un graphisme pétillant et créatif ainsi qu'à Virginie Gardien pour la tâche ardue de révision des textes afin de les rendre compréhensibles à tous.

Martine MOREL

Humanisme & Organisations
http://humanisme-et-organisations.fr
martinemorel@martinemorel.com

3. Shoji Shiba est professeur émérite de l'université de Tsukuba et du Massachussets Institute of Technology (MIT) à Boston. Auditeur du prix Deming pendant 20 ans, il est couvert de distinctions sur plusieurs continents, pour ne citer que les plus récentes, il a reçu en : 2002, Prix Deming individuel au Japon, 2004, Prix « Nihon Keizai Shimbun» pour son livre Breakthrough Management au Japon, 2004 (où Favi est la seule entreprise française à être présentée parmi de nombreux cas de Breakthrough à travers le monde), Teacher Fellow Award du MIT (USA) après plus de 15 ans d'enseignement, 2005, le Prix Européen de la Qualité (Prix Georges Borel). Shoji Shiba a introduit en 1987 le TQM en Hongrie, 2 ans avant la chute du mur de Berlin. Le prix qualité en Hongrie porte son nom.
4. « La Conception à l'Ecoute du Marché », Shoji Shiba, Bertrand Jouslin de Noray, Didier Noyé, Martine Morel, Editions Insep, 1995
5. « Le management selon Shiba », Shoji Shiba, Martine Morel, Editions Eyrolles, 2007
6. http://gdo-mopp.mines-paristech.fr/GDOpresentation.html

Introduction

Notre mode de fonctionnement, ***judéo chrétien, rural, « FAVIEN »,*** peut ce résumer dans cette formule de François Julien :

« Le bon prince est celui qui, en supprimant les contraintes et les exclusions, permet que chaque existant puisse s'épanouir à son gré.

Son Agir, sans agir** **est un laisser faire qui n'est pas ne rien faire du tout, car il revient à faire en sorte que cela puisse se faire tout seul »

Ce principe de fonctionnement sous-entend deux principes :
❶ « ***le laisser faire*** » est forcément **centrifuge**, si chacun ne fait que ce qui lui semble bon, pour lui, voire pour la collectivité.
Il faut donc impérativement des règles **de cohérences <u>centripètes</u>** !
Elles peuvent êtres morales, intellectuelles, cela peut être des valeurs partagées et reconnues, ou de simples règles de fonctionnement.
❷ ***« Faire en sorte que cela puisse se faire tout seul ! »***
Sous entend une forme de **manipulation**.
Il ne faut pas avoir peur ni honte du mot, car la vie est manipulation, nos conjoints, nos enfants, nos amis nous manipulent, ils n'ordonnent ni ne dirigent. Seul le but de la manipulation peut être inadmissible, mais la démarche en soi non.
<u>*Un exemple :*</u> J'ai le bonheur d'avoir « *en stock* » trois magnifiques petites filles de 4, 6 et 8 ans. Zoé du haut de ses 6 ans, un soir de septembre alors que je rentrais de l'usine me dit : « *Papy, t'as pas envie de faire du quad ce soir ?* » Interloqué, encore en costume cravate, je lui répondis : « *Ben... non, ma puce, mais pourquoi cette question ?* » — « *Oh pour, rien, comme ça, parce que si tu avais eu envie, on aurait été voir dans la forêt s'il y a des champignons !* » Elle n'a pas ordonné, elle n'a pas dirigé, elle a manipulé, car bien entendu, je me suis immédiatement changé et nous sommes allés voir dans la forêt, où faute de champignons, nous découvrîmes quelques chevreuils qui se laissèrent curieusement approcher, car sans doute confondaient-ils le quad avec un engin agricole, non synonyme de danger dans leur code !

Le but de cet ouvrage collectif, puisqu'il résulte d'une démarche collective, est de vous décrire par des histoires, des matrices, des fiches-outils, nos valeurs et règles de fonctionnement centripètes, et modes judéo-chrétiens de manipulation.

Tout ce qui est relaté a été vécu depuis 1983 jusqu'à ce jour de l'an de grâce 2006.
Fort heureusement, nous nous souvenons plus et mieux des bonnes choses que des mauvaises. Ainsi, certaines expériences sont-elles peut-être magnifiées par le temps, et la chronologie des événements n'est-elle peut-être pas tout à fait respectée, mais j'ai écrit les faits tels que je me les rappelle, ou tels que je veux me les rappeler, tout simplement... L'histoire de FAVI a généré son mode de fonctionnement collectif, un mode de management, comme disent les gens sérieux, et c'est cette histoire et les évènements qui ont généré un système cohérent, et nullement l'inverse! Nous avons FAIT, parce que nous étions libres de faire, parce que cela nous semblait utile, nécessaire et bien de le faire; et après, mais seulement après, nous nous sommes retournés pour observer, analyser ce qui avait été fait. Et comme le fil conducteur était le bon sens, il s'en est dégagé une cohérence de bon sens. Ayant constaté cette cohérence, nous en avons cherché les dénominateurs communs, ce qui a bordé la démarche et renforcé son dynamisme. J'ai commencé à modéliser notre démarche par des schémas, des petits dessins, dès le début, par souci de me faire comprendre de ma meute, et uniquement dans ce souci. Plus tard, d'autres Patrons m'ont fait l'amitié de m'interroger, m'ont demandé de témoigner sur notre démarche collective, et ces matrices m'ont permis de mieux partager la réflexion. Mais, à l'origine, il m'intéressait seulement d'être compris des gens les plus importants pour moi : les opératrices et opérateurs.

Ce document n'est qu'un témoignage, ce n'est ni un modèle, ni un exemple.
Une entreprise, c'est un Chef, des hommes et des femmes qui travaillent ensemble, certes, mais c'est aussi une région, une histoire, un moment de l'histoire de l'entreprise, un marché, une culture particulière, un métier, bref, tous les ingrédients qui en font quelque chose d'unique! Je suis sincèrement convaincu qu'il n'y a pas de modèle universel de couple, tout comme il n'y a pas de modèle d'animation d'une collectivité. Tout au plus, peut-on prendre connaissance de témoignages et s'en inspirer. Ce que je vais vous décrire sera assurément redondant, les même histoires apparaîtront sans doute dans différents chapitres car je vais vous raconter « en allant » :

❶ Tout d'abord ***comment*** ça marche ce jour, en 2006.
❷ Quelle est ***l'histoire*** de cette démarche commune recherchant un autre type de relations.
❸ La présentation de notre mode particulier de ***management*** à travers 68 points de différence.
❹ Notre perception et nos actions dans le domaine du ***développement durable.***
❺ Nos ***fiches-outils*** qui présentent de façon simple une centaine d'outils de la qualité.
❻ Nos ***fiches T.P.F.*** (Total Productivité Favi) qui présentent notre système de valeurs.
❼ Des ***histoires en vrac*** que je ne savais pas où caser.
❽ ***La conclusion.***

Vous pourrez donc lire cet ouvrage dans n'importe quel ordre, en regardant d'abord les « comment », si vous êtes pressés, ou l'histoire, si le pourquoi des choses vous passionne plus que le comment, ou les matrices de cohérence si vous souhaitez intellectualiser notre expérience. Merci de vous intéresser à cette belle histoire !

Un « Favien »

Comment cela marche en l'an de grâce 2006

Quatre principes de base :

1) Une MISSION individuelle :

« Chacun doit rechercher en permanence « l'amour » de son client »

Le dessinateur concepteur recherchera « l'amour » de l'outilleur qui fera le moule, l'outilleur « l'amour » du fondeur qui utilisera ce moule, le fondeur « l'amour » de son collègue qui usinera et assemblera la pièce brute de fonderie et enfin tous ensemble « l'amour » d'abord de l'opérateur du client Entreprise qui recevra et utilisera la pièce, et à travers lui l'amour du client final, qui, quelque part dans le monde utilisera des années durant le produit final.

2) Une CROYANCE :

« L'autre est systématiquement considéré comme bon ! »

L'homme « bon » ne fait pas exprès d'arriver en retard, donc les pointeuses sont superflues, n'est pas voleur, donc les magasins sont en libre service, est intelligent, donc toute structure d'accompagnement est vexatoire...etc.

3) Une première EVIDENCE :

« La performance vient des opératrices et opérateurs et d'eux seuls ! »

4) Une deuxième EVIDENCE :

« Il n'y pas de performance sans bonheur ! »

Croyant en ces quatre principes nous avons collectivement développé un système de fonctionnement extrêmement simple :

Notre POLITIQUE :

« Toujours plus et mieux pour moins cher pour chacun de nos clients, à HALLENCOURT dans le respect de la terre de nos enfants »

Notre ESSENTIEL :

« Vivre et s'épanouir en PICARDIE à HALLENCOURT »

Notre DEVISE :

« PAR et POUR le CLIENT »

Nos VALEURS MORALES :

- ***BONNE FOI***
- ***BON SENS***
- ***BONNE VOLONTÉ***
- ***BONNE HUMEUR***

Notre BLASON :

Notre RÈGLE ETHIQUE :
« En ce pauvre monde qui mérite d'être ménagé, il faut progresser pas à pas, respecter les personnes et progresser selon les circonstances »

A) La Structure

Pour un effectif de 500 à 600 personnes nous n'avons pas de service :

- Du personnel
- Planning
- Lancement
- Ordonnancement
- Méthodes
- G.P.A.O (Gestion de Production Assistée par Ordinateur)
- Achat

Nous n'avons pas non plus de :

- Chef d'équipe
- Chef d'atelier
- Chef de service
- Chef de fabrication
- Directeur technique

Nous n'avons que deux niveaux hiérarchiques en fabrication, ce qui ne nous a pas empêché, bien au contraire, d'être :

→ **dès 1997 la première fonderie Européenne à être certifiée ISO 14001** (**I**nternational **O**rganization for **S**tandardization) : concept reposant sur l'amélioration continue des performances environnementales.

→ **dès 2000 la première entreprise Française certifiée OHSAS 18001** (**O**ccupational **H**ealth and **S**afety **A**ssessment **S**eries) : la démarche environnementale ISO 14001 s'attache à réduire les impacts sur l'environnement extérieur, tandis que l'OHSAS 18001 focalise sur la santé et la sécurité au travail, la limitation des risques d'atteinte aux personnes à l'intérieur de l'entreprise.

→ **dès 2002 la première entreprise Française certifiée QSE** (Qualité Sécurité Environnement) *(juste avant une centrale nucléaire et un énorme laboratoire pharmaceutique)*

Nous avons en pourcentage d'effectif indirect :

5% en étude recherche développement
2% au commercial
3% en qualité
1% en « accompagnateurs » de progrès
1% en administratif
Un seul informaticien

❶ **Etude Recherche et Développement :**
C'est notre plus gros service car c'est celui qui nous permet d'assumer notre «essentiel» : vivre et se développer en Picardie à HALLENCOURT. Le service étude fonctionne bien entendu en vitesse de croisière ***en deux Equipes****, et en trois quand cela chauffe ! Nous avons en effet compris dès l'origine que plus que nos mains, c'était notre intelligence que l'on devait mettre en équipe, car il y aura toujours quelque part dans le monde des mains moins chères que les nôtres.*

❷ **La Qualité :**
En fait seulement 2% du personnel font réellement de la qualité, la vraie, celle qui sert le client, 1% environ font malheureusement des papiers parfaitement inutiles que certains gros donneurs d'ordre (étrangers bien entendu !!!) nous imposent, sans doute pour occuper et justifier leur propre structure qualité.

❸ **Le commercial :**
Ce sont tout à la fois les ***Héros*** *et les* ***Hérauts*** *de l'entreprise ! Leur rôle essentiel et de faire entrer le DEHORS, DEDANS !*

❹ **Les accompagnateurs de progrès :**
Ils n'ont pas de fonction hiérarchique ni fonctionnelle, ils ont des missions transversales, soit de «poil à gratter» qui dérangent et font progresser, soit d'assistance «quérable».

❺ **Les Administratifs :**
Ils assurent l'établissement du bilan et du compte d'exploitation mensuel (qui est le premier indicateur de la qualité), la gestion des achats, l'assistance sociale. Leur productivité est excellente, cela d'autant plus que personne n'ayant de secrétaire, il leur arrive d'assumer cette fonction pour les uns et les autres. Un seul informaticien qui lui non plus ne chôme pas, et n'a donc pas le temps de générer des états que personne ne songerait à demander.

→ Toutes les autres fonctions (Du personnel, Planning, Lancement, Ordonnancement, Méthodes, G.P.A.O, Achat.....) sont bien entendue assumées, mais directement par et sur le terrain.

B) Comment cela fonctionne ?

L'ensemble de l'entreprise est, à ce jour, divisé en 21 «Mini-Usines» :

Celles d'assistance :

- Commercial
- Bureau d'étude
- Laboratoire
- Qualité
- Administratifs

Celles de production :

- Entretien général, fabrication de machines
- Fabrication des moules et outillages
- Entretien moules
- Fonderies pièces automobiles
- Fonderies Pièces diverses
- PSA Valenciennes

- PSA Borny
- Citroën
- Volkswagen
- Audi Getrag
- Renault
- Fiat
- Volvo
- Pièces diverses électriques, serrurerie, arrosage, sanitaire...
- Compteurs d'eau
- Rotors cuivre

Toutes n'ont que deux niveaux hiérarchiques et leur organisation et mode de fonctionnement résultent de la matrice suivante qui sera plus longuement détaillée ultérieurement au chapitre 3, mais que l'on peut succinctement exploiter de la façon suivante :

→ **La performance vient des opératrices et opérateurs !**

→ **Il n'y a pas de performance sans bonheur !**

→ **Comment rendre les opératrices et opérateurs heureux ?**

Déjà par des aménagements physiques :

- Entrées d'usine agréables
- Locaux sociaux plaisants
- Absence de pointage
- Magasins en libre service
- Absence de sonneries

...

Puis des conditions d'ordre moral :

- Respect de l'autre
- Marques régulières d'estime et de reconnaissance
- Simple confirmation aux opératrices et opérateurs qu'ils sont les acteurs les plus importants de l'entreprise
- ...

Quand toutes les conditions matérielles sont en place, et que les conditions morales sont adoptées, respectées et vécues au quotidien; alors et alors seulement on peut considérer que :

- **Pour être heureux il faut être responsable.**
- **Pour être responsable il faut être conscient du <u>pour quoi</u> et du <u>pour qui</u> de ses actions.**
- **Donc être en contact DIRECT avec SON client.**
- **Etre Totalement libre du <u>comment</u> de ses actions.**
- **Donc ne pas avoir de structure entre l'opérateur et son client, et mettre en place, tout au plus, une assistance « quérable », à son initiative, à sa disposition.**

D'où l'idée d'exploser la structure de l'entreprise en Mini-Usines chacune en prise directe avec :

- **Soit un client, SON client (Fiat, Citroën, Volkswagen...)**
- **Soit un secteur d'activité (compteurs d'eau, rotors...)**

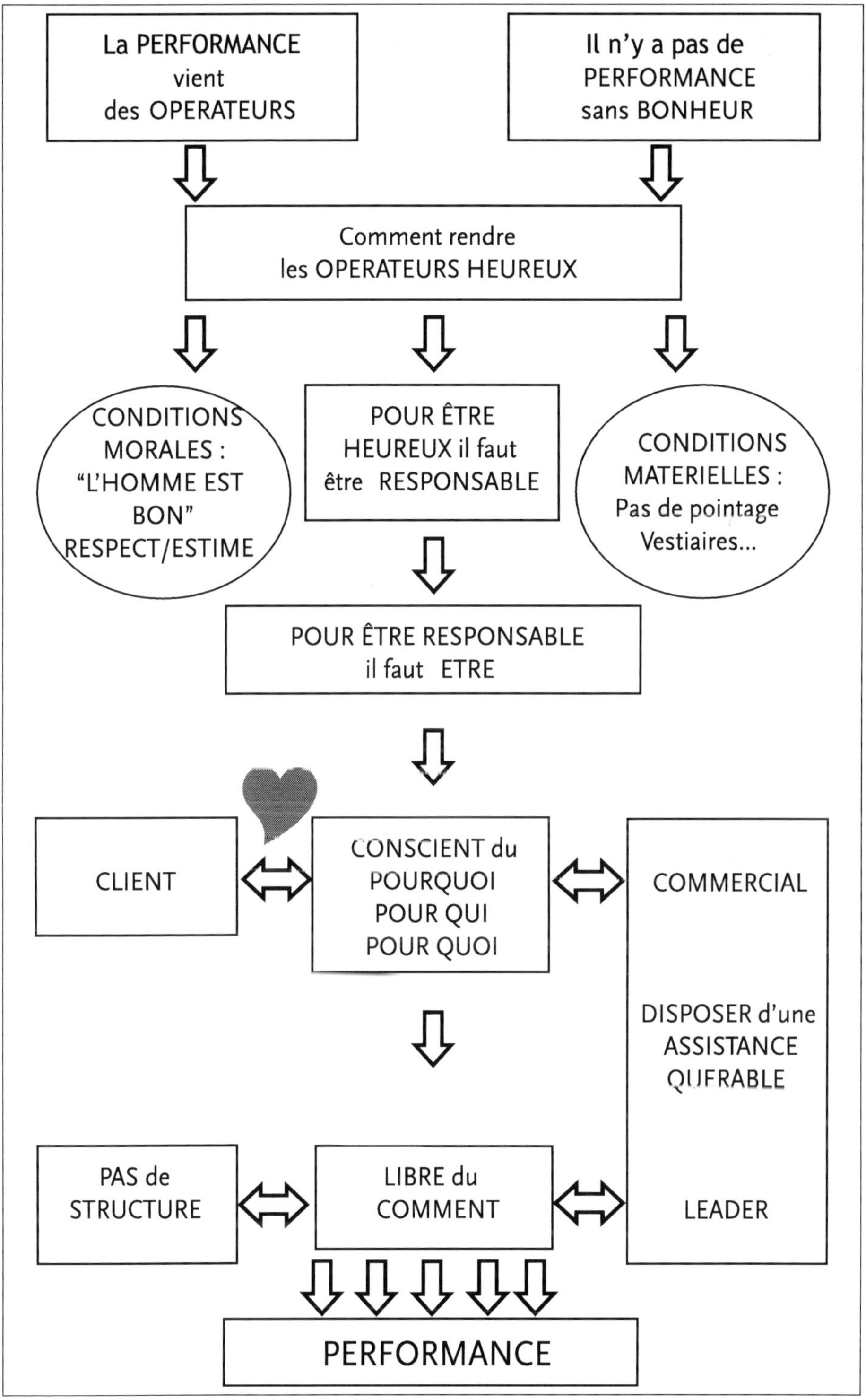
La PERFORMANCE vient des OPERATEURS
Il n'y a pas de PERFORMANCE sans BONHEUR
Comment rendre les OPERATEURS HEUREUX
CONDITIONS MORALES : "L'HOMME EST BON" RESPECT/ESTIME
POUR ÊTRE HEUREUX il faut être RESPONSABLE
CONDITIONS MATERIELLES : Pas de pointage Vestiaires...
POUR ÊTRE RESPONSABLE il faut ETRE
CLIENT
CONSCIENT du POURQUOI POUR QUI POUR QUOI
COMMERCIAL
DISPOSER d'une ASSISTANCE OUFRABLE
LEADER
PAS de STRUCTURE
LIBRE du COMMENT
PERFORMANCE

Bref, quelque chose de défini et de fini avec lequel l'opérateur pourra s'assimiler, étant entendu que dans un secteur d'activité, si un client se développait on créerait une Mini-Usine spécifique.

LA MINI-USINE :

- Elle comporte de 20 à 35 opératrices et opérateurs *(pas trop, pour que tout le monde se connaisse bien, et suffisamment pour que chacun ne soit plus un individu mais un membre d'une petite collectivité).*
  - C'est un lieu géographique qui regroupe l'ensemble des machines et process attachés à un client (ou secteur d'activité)
  - Elle a une couleur de sol et de machines spécifiques, et parfois un signe distinctif (logo du client)
  - Elle a, à un moment donné de son histoire, a coopté un des leurs qui est devenu LEADER

LE LEADER :

- C'est toujours un ancien opérateur qui a travaillé sur machine pendant plusieurs années
- Il/Elle a n'importe quelle formation (cela va de C.A.P. de boulanger, à B.T.S.)
- Il/Elle a des talents de meneur d'homme éprouvés et reconnus, assume toute responsabilité, **sans rendre compte à personne**, en termes de :
  - Sécurité, santé au travail
  - Confort des postes de travail
  - Respect de l'environnement interne et externe
  - Organisation et respect des délais et plannings
  - Salaires et augmentations de salaire
  - Gestion des congés
  - Définition des besoins d'embauche
  - Etablissement de la définition du profil recherché
  - Accueil, suivi et parrainage du nouveau
  - Décision de maintient après la période d'essai
  - Définition des besoins de formation
  - Suivi et parfois participation aux formations
  - Etablissement collégial du plan d'investissement
  - Suivi et gestion de l'investissement :
    - ✔ Choix des investissements
    - ✔ Choix des fournisseurs
    - ✔ Définition du cahier des charges
    - ✔ Réception des matériels (avec l'opérateur futur utilisateur)
    - ✔ Mise en route du nouveau matériel
  - Gestion et exploitation quotidienne de sa propre G.P.A.O
  - Gestion des incidents qualité internes et externes
  - Définition et animation des plans de progrès, de productivité, d'amélioration de la qualité.
  - D'animation au sens large de SA mini-usine

Tout cela en prise directe avec son client :

- Les commandes arrivent directement dans l'atelier, sont exploitées, puis seulement après remontent dans les bureaux pour le traitement administratif
- EN TOUTE INDEPENDANCE, sans structure intermédiaire avec la Direction Générale,
- Sans avoir à rendre compte à quiconque en interne, sauf à son client et à ses opératrices et opérateurs

- Sans objectif autre que ***« toujours faire plus et mieux et moins cher pour son client dans le respect de la terre de nos enfants »***
  - Sans indicateurs imposés (il choisit lui-même ceux qu'il veut suivre dans l'éventail proposé par le système informatique)
  - Sans contrôle interne, nous ne suivons que des comptes et indicateurs au niveau de l'entreprise

Sa seule obligation est, dans ***notre philosophie de Métaction*** *(représente l'action pour l'action, c'est le passage à l'acte sans analyse de risque. Elle est la caractéristique de l'entreprise « holomorphe » celle où le chef a le ballon.* **(VOIR T2, FICHE OUTILS 76)**, de mettre en place une action qu'elle quelle soit par semaine dans sa mini-usine (la moyenne 2005 s'établit à 3 actions par semaine mises en place par mini-usine)
Son but : sauvegarder les emplois existants par une démarche systémique de progrès permanent dans les domaines sociaux, sociétaux, économiques et environnementaux.
Sa sanction: perdre des affaires et des emplois par manque de créativité ou de réactivité.

Cela fonctionne selon le schéma suivant :
Les commandes arrivent directement dans les mini-usines qui les exécutent et les livrent directement au client. Au quotidien cette boucle fonctionne très simplement , il y a deux cas :

- Les Mini-usines qui livrent hebdomadairement ou mensuellement (Compteurs d'eau, pièces diverses, rotors..)
- Les Mini-usines qui livrent quotidiennement en flux tendu (automobile)

Dans le premier cas, le Leader, à réception de sa commande, planifie son activité et ses besoins en effectif à terme, sachant qu'en dehors des stocks de sécurité (stockés hors usine) on ne lance que ce qui est commandé en flux tiré par la commande du client donc sans aucun stock intermédiaire.
Dans le deuxième cas, le leader, chaque matin, en possession de la confirmation de la quantité à livrer le jour même, lance juste la quantité nécessaire étant entendu que nous nous sommes structurés au cours du temps pour tout fabriquer en une journée depuis le lingot, la fusion, le refroidissement des pièces *(car l'injection se fait à 1000°)* leur découpe, leur traitement d'ébavurage *(opération visant à éliminer « les bavures » détachables de la pièce)*, le ou les usinages, les assemblages et emballages, (en mettant à profit la culture apprise des philosophies et outils Japonais, **(VOIR T2, FICHES OUTILS)**. Dans ce deuxième cas, le Leader modifie son nombre de postes en fonction de la commande, il peut être amené à passer en un jour de 2 à 3 équipes instantanément.

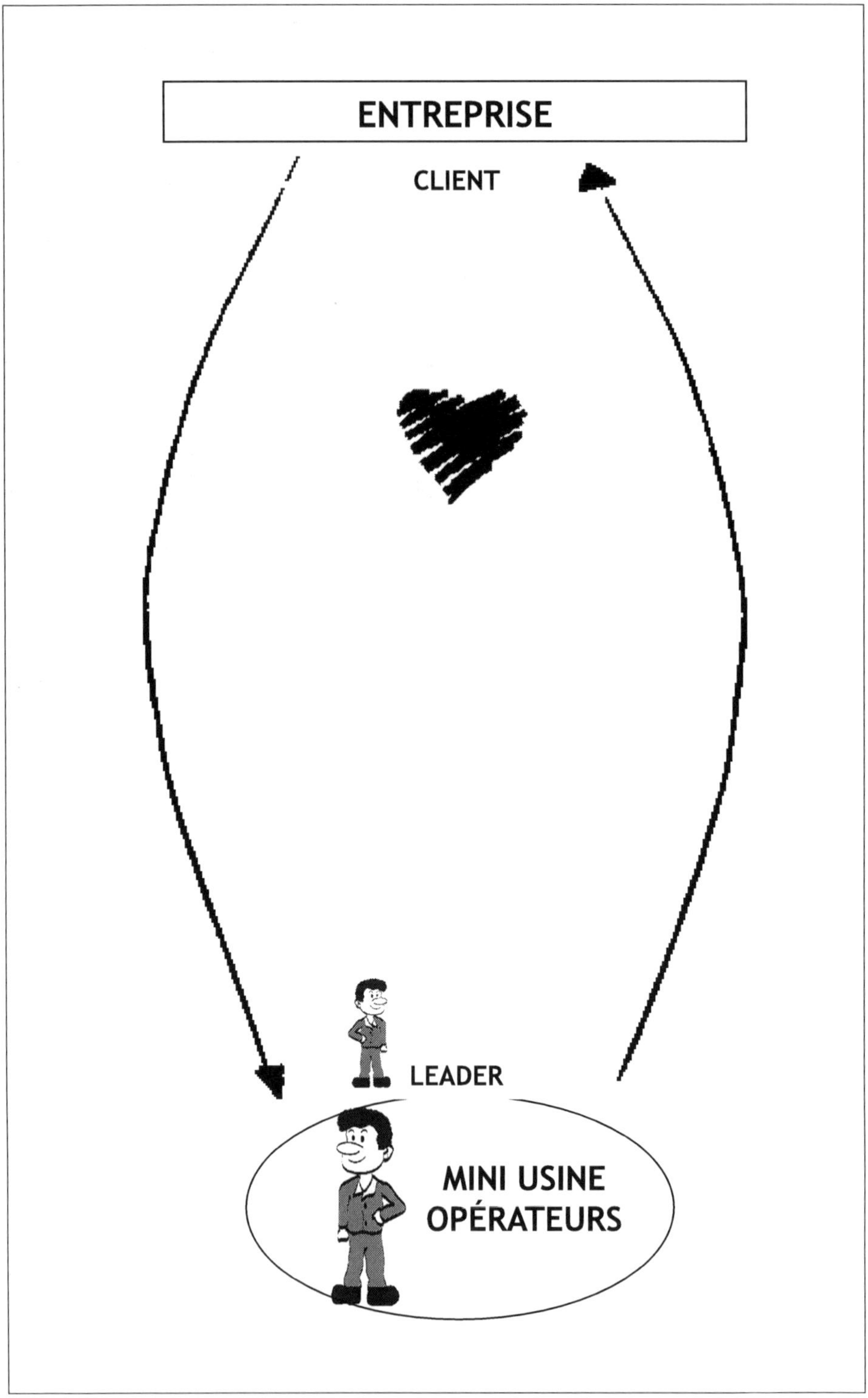
ENTREPRISE
CLIENT
LEADER
MINI USINE
OPÉRATEURS

Comment ?

S'il y a 6.000 pièces à faire dans la journée, les opérateurs et opératrices se répartissent tout seuls sur les différents postes selon leur compétence et envie du moment. Nous avons remarqué qu'en moyenne cette libre répartition du travail fait qu'elles et ils connaissent tous les postes de travail (10 à 15) d'une mini-usine en 2 ans environ. Nous avons de plus remarqué que, toujours en moyenne, les opérateurs migrent d'une mini-usine à l'autre tous les 2 ans, autrement dit quelqu'un qui a 6 ans d'ancienneté connaît 3 mini-usines.

Chaque leader a des tableaux de compétences et peut donc rapatrier dans sa mini-usine le personnel dont il a besoin pour augmenter le nombre d'équipes. Cela se fait de façon totalement informelle, verbalement du genre : « *Dis tu peux me rendre une telle, untel et untel ?* » Sachant que « *untel* » a le droit de refuser de changer, charge à lui de se trouver un remplaçant. Donc le système se régularise au jour le jour, sans heurt, avec une réactivité maximum, c'est ce qui explique que depuis plus de 20 ans nous n'ayons jamais livré en retard et parfois fait des prouesses impensables dans un système normalement structuré. (VOIR PAGE 105, *Histoire de la mini-usine FIAT qui fit en un week-end autant qu'en une semaine*). De même chaque mini-usine est libre de son mode de fonctionnement : certaines alternent les changements d'équipe toutes les semaines, d'autres tous les mois, et même au sein de chaque entité existent des particularismes : il arrive que celui qui construit sa maison négocie avec ses compagnons pour être toujours de nuit, pour bénéficier des primes de nuit, et disposer de plus de temps le jour pour bricoler. Cette gestion humaine *au ras du terrain et par le terrain* évite tout heurt, toute tension, et explique sans doute pourquoi nous n'avons à ce jour pas de syndicats dans l'entreprise, ni jamais connu de tension sociale. Qui plus est, vu du haut où je suis, je ne vois pas comment on peut, dans une entité de plus de 500 personnes, gérer ne serait-ce que les congés sans faire d'injustices donc de tensions.

Voila comment fonctionnent les FLUX DE PIECES :

Il y a deux autres flux qui pour nous sont aussi importants :

- LE FLUX AFFECTIF
- LE FLUX D'INFORMATIONS

Ces deux flux sont gérés par l'autre animateur des opératrices et opérateurs :

LE ou LA COMMERCIAL(E)

Elles et Ils sont une douzaine presque tous issus de la fabrication ou des études et repérés par « *moi* » lors de mes tours d'usine quotidiens. Elles et ils ont ce don du commerce, qui ne s'apprend pas à l'école ! ***Leur rôle est de dire à chaque opérateur si son client l'aime, de dire au client qu'on l'aime, et de procéder à des animations pour faire en sorte que cet amour réciproque augmente en permanence.*** De même leur rôle est de faire entrer le dehors, dedans, en véhiculant le maximum d'informations du client vers ses opérateurs, sur sa stratégie, ses nouveaux produits, ses évolutions... Et inversement de faire remonter vers le client des informations sur la vie de *sa* mini-usine.

Cela se fait de façon formelle au cours d'une réunion mensuelle de la mini-usine où le commercial donne toutes les nouvelles du client et de façon informelle par les tours de

mini-usine réguliers du commercial sur le terrain, ou bien quand il organise une conférence pour les opérateurs pour expliquer les différences qu'il y a entre différents types de compteurs, de boites de vitesse etc...Parfois il invite le client *(un ingénieur d'étude, un commerçant)* à venir directement expliquer aux opérateurs un point particulier, ce qui flatte d'autant plus le client que les opératrices et opérateurs, qui vivent avec leurs pièces 8 heures par jour, posent toujours des questions inattendues de pertinence. Quand cela est possible, le commercial met toute sa mini-usine dans un car pour aller voir chez le client ce que deviennent leurs pièces.
Là encore le commercial a un rôle multiple, elle ou il est librement responsable de :

- La prospection,
- L'animation de son ou ses agents à l'étranger
- L'accusé réception des demandes prix
- L'établissement des gammes prévisionnelles
- La définition de la marge
- La définition des investissements à réaliser, tant pour les nouvelles pièces que pour augmenter la productivité de SA mini-usine

→ La recherche puis du suivi des fournisseurs ou prestataires de service

- Emballages
- Transport
- Sous ensembles
- Etc....

→ Toutes les négociations, prix, qualité, et productivité vis-à-vis du client comme des fournisseurs

L'animation de sa mini-usine en temps que ***« marraine ou parrain »*** productivité *(cette fonction a pour vocation de contribuer à faire baisser les coûts de façon permanente sans le dire)*

→ Revues de contrat

→ Revues de projet en tant que chef de projet aux termes des normes

Des délais de livraison et de la qualité des produits de **son** client jusqu'à la fin de vie de ces produits.

Il n'a ni objectif, ni compte à rendre, ni primes de récompense. Il n'a de pression que celle du client, pour lequel il est l'interlocuteur unique, et qu'il représente sans partage dans l'entreprise. Si par hasard il me demande mon avis pour une nouvelle affaire, et que je ne suis pas en accord avec sa vision sur un point particulier, je ferai le maximum pour le convaincre, mais elle ou lui seul décidera.
Il est bien évident que pour assumer au mieux toutes ses fonctions, le commerçant à intérêt à s'entourer des conseils et avis des différents experts internes, mais en dernier ressort c'est lui, et lui seul, qui décide !!! Etant parrain ou marraine de sa mini-usine, il a les moyens de respecter les engagements pris avec son client.

Ce système permet d'éviter la dilution classique de la responsabilité entre ceux qui vendent et ceux qui fabriquent :

→ Ceux qui vendent prétendent qu'en fabrication ce sont des incapables !
→ Ceux qui fabriquent prétendent que les vendeurs vendent n'importe quoi !
Chez nous c'est le même, il a donc intérêt soit à vendre des choses facilement réalisables, soit à faire évoluer son process pour l'adapter aux évolutions permanentes du marché. Comme tout le monde il se doit de ***«faire plus et mieux pour moins cher pour son client, dans le respect de la terre de nos enfants.»***

Son but : créer des emplois à valeur ajoutée humaine et financière.
Sa sanction : perdre des emplois.

Nous avons moins de commerciaux que de mini-usines car *Jean-Luc, parrain productivité pour tout P.S.A. a en charge 3 mini-usines par exemple.* Tout ce petit monde se tutoie et se côtoie au quotidien avec une gestion essentiellement verbale. L'ensemble de notre système «rond» peut se présenter schématiquement de la façon suivante, par rapport au système classique «carré», et son mode de fonctionnement est largement expliqué dans la suite de l'ouvrage, notamment dans l'histoire de *l'entreprise «Y».*
En fait toutes les fonctions classiques d'une entreprise : Gestion du personnel, Planning, Lancement, Ordonnancement, Méthodes, G.P.A.O, Achat, Méthodes, Etablissement des gammes et remises de prix, Définition et gestion des plans de progrès, Gestion des problèmes qualité,... existent mais sont totalement décentralisées et assumées par et sur le terrain par le binôme LEADER/COMMERCANT.

Ces 21 mini-usines, fonctionnelles et opérationnelles, fonctionnent librement en réseaux informels, sans coordination centralisée, car je pense que cette centralisation tuerait toute réactivité et adaptabilité.

<u>Une anecdote vécue pour me faire comprendre :</u>
J'ai toujours aimé l'air, le vent, le vol. Après une vingtaine d'années de parachutisme sportif, je suis passé à la pratique de l'U.L.M. pendulaire, et me suis de plus construit un «pou du ciel», petit aéronef d'amateur des années trente. J'ai donc une vieille et bonne culture des choses de l'air et des réglementations en vigueur, notamment en France qui est, comme chacun sait, le seul système soviétique qui ait réussi!!!
Il y a quelques années, je m'étais rendu en Belgique à un rassemblement des poux du ciel belges. À ma grande stupéfaction, j'ai vu quelque chose d'impensable en France: des poux du ciel, des planeurs, des avions, des ULM, des hélicoptères et des parachutistes utilisaient l'espace aérien en même temps!
J'ai disjoncté, à un moment, quand j'ai vu des gars en chute (certes très haut) à travers les pales d'un hélicoptère en vol, alors que le pilatus, l'avion qui avait largué les parachutistes, descendait plus vite qu'eux. Par curiosité, je suis allé vers le bureau de piste pour essayer de comprendre comment on pouvait coordonner tant d'activités en même temps?
En fait il y avait trois personnes qui discutaient de la pluie et du beau temps, mais aucune coordination, ni même veille radio. Courtoisement, prenant profil bas, je m'étonnais de ce fait, quand un de mes interlocuteurs qui semblait être le chef s'emporta un peu :
«Allez ça va bien hein ! Pourquoi voulez vous qu'il se passe quelque chose puisque tout le monde a intérêt à faire attention !»

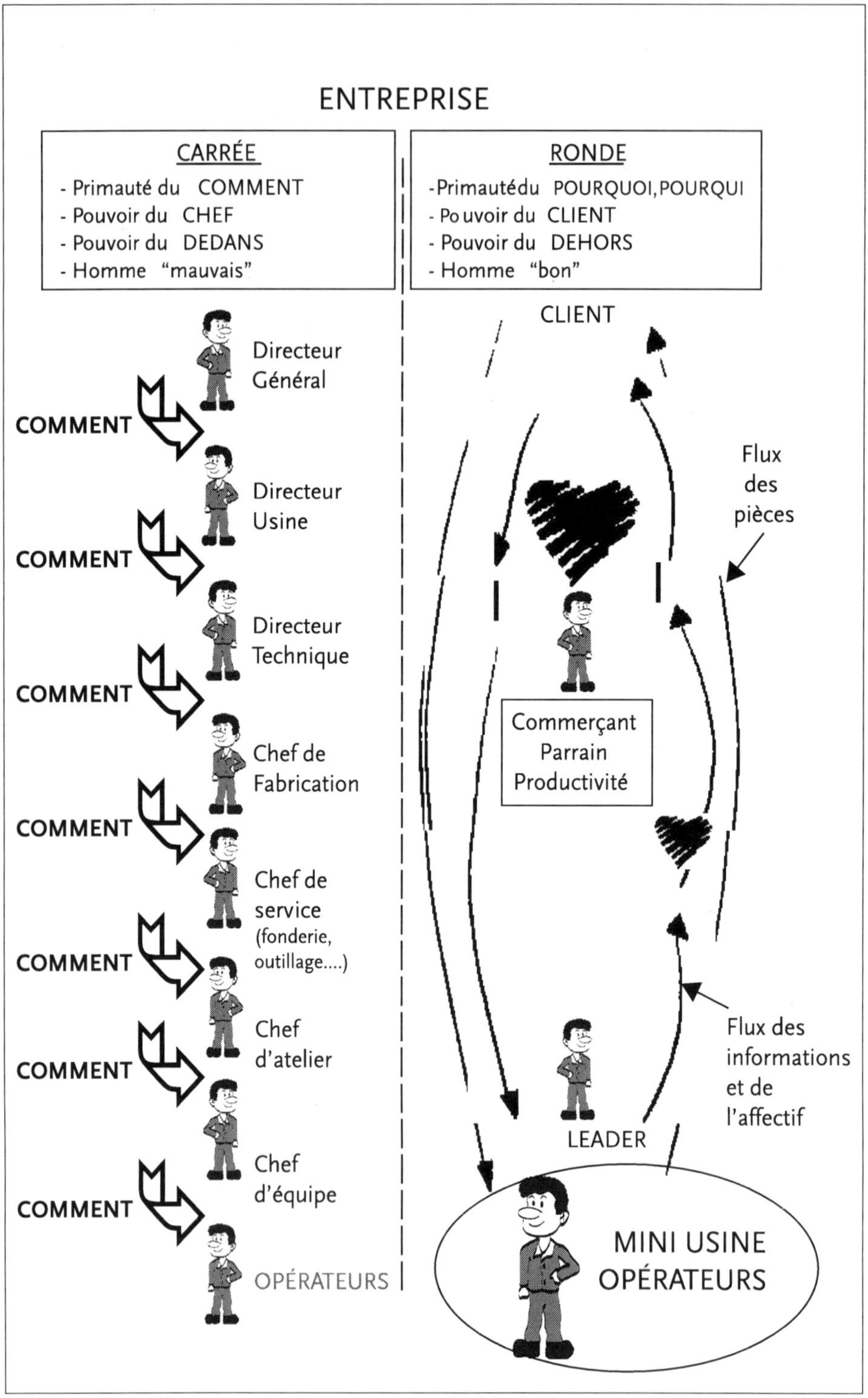
ENTREPRISE
CARRÉE
- Primauté du COMMENT
- Pouvoir du CHEF
- Pouvoir du DEDANS
- Homme "mauvais"
RONDE
- Primauté du POURQUOI, POURQUI
- Pouvoir du CLIENT
- Pouvoir du DEHORS
- Homme "bon"
Directeur Général
COMMENT
Directeur Usine
COMMENT
Directeur Technique
COMMENT
Chef de Fabrication
COMMENT
Chef de service (fonderie, outillage....)
COMMENT
Chef d'atelier
COMMENT
Chef d'équipe
COMMENT
OPÉRATEURS
CLIENT
Flux des pièces
Commerçant
Parrain
Productivité
Flux des informations et de l'affectif
LEADER
MINI USINE
OPÉRATEURS

Comme j'insistais un peu, par défi, l'apparent chef reprit:
« Allez, en France, vous avez bien un gros carrefour ! Non, une fois!!! »
« Ben oui » dis je « l'Etoile à Paris ! »
« C'est bien là où il y a l'Arc de Triomphe? » questionne le pseudo chef
« Ben oui! » dis-je interloqué
« Vous imaginez quelqu'un qui se mettrait en haut de l'Arc de triomphe et qui dirait :» À partir de maintenant c'est moi qui commande! Et ben à tous les coups plus personne ne passerait, et il y aurait plein d'accrochages; si les gens circulent dans votre carrefour, c'est parce que chacun sait ce qu'il veut faire, mais que tout le monde à intérêt à faire attention ! Et ben ici c'est pareil ! »

FAVI s'autogère de la même manière, pour reprendre l'expression de Mintzberg. FAVI est un système de cellules autonomes qui trouvent toujours la solution « AD HOC » aux problèmes posés par le client ou l'évolution des marchés. Il est certain que, dans une entreprise plus « carrée », il y aurait forcément quelqu'un en haut de l'Arc de Triomphe, et comme la circulation serait bloquée, au lieu de supprimer ce poste parasite, on le complèterait en multipliant les agents de circulation qui, à grands coups de sifflet ajouteraient à la confusion, et seuls passeraient ceux qui, ne respectant aucun ordre, se faufileraient en force ou en douce!!!

Histoires de La Genèse

Histoire du « Grand Max »

Max Rousseaux fait partie de ces grands capitaines d'industrie dont seules les périodes d'après-guerre permettent l'émergence. Il y a l'histoire et la légende, comme pour tous les grands hommes.
Je ne sais pas si l'histoire que je connais est la vraie et la seule, mais c'est celle que je connais :
Il est né en 1915 dans les Ardennes, fait toute sa scolarité au LTE *(Lycée Technique d'État)* d'Armentières qui a été créé à l'origine, vers 1880, pour inciter les enfants du Nord à continuer après le certificat d'étude jusqu'au baccalauréat, et permettre la formation d'instituteurs qui faisait cruellement défaut à cette époque.
Le Grand Max contait souvent ses souvenirs de jeunesse dans ce magnifique établissement, et notamment lors des réunions «*secrètes*» dans les souterrains.

Puis il fut diplômé ingénieur chimiste, avec un ami de promotion se lança, avant guerre, dans le domaine des cosmétiques, et comme il le disait, fort heureusement la guerre est arrivée car tous les deux avaient oublié une chose : la publicité indispensable dans ce domaine.
Après guerre, d'aucuns prétendent qu'il démarra en récupérant de vieux jerricans en les restaurant, les repeignant et les vendant.
Lui m'a dit qu'il avait repéré que les très nombreuses plaques d'envol *(plaques métalliques perforées qui s'assemblaient entre elles, qui déroulées sur une pâture formaient une piste d'envol ou d'atterrissage. Ces plaques ont été employées par les Alliés en 1944)*, laissées par l'armée américaine un peu partout dans les pâtures de France, étaient certes en majorité en acier mais aussi en aluminium et parfois même en magnésium. Il les rachetait donc un peu plus cher que tout le monde, les triait et ainsi commença à amasser les fonds nécessaires à la création de la **PUM**.
Toujours est-il que très rapidement il prit conscience que le pays avait besoin d'acier, et s'établit comme revendeur d'acier belge en y ajoutant une notion commerciale qui lui était propre, et surtout très vite il y apporta une notion de service (inconnue dans ce domaine après guerre, où l'acier faisait tellement défaut que les industriels se contentaient de ce qu'il trouvaient) en laminant l'acier, le découpant à dimension, le refondant, le décapant, le galvanisant etc.

Puis il étendit son activité aux aciers inox puis aux plastiques d'où les différentes ***PUM stations service acier, PUM plastique, etc.***
Il bâtit, à mon sens, sa réussite sur 5 principes élémentaires :
❶ **Il avait l'art de flairer et de repérer les hommes, puis de leur accorder sa confiance, *quelle que soit leur origine.***
Émule d'Auguste Detoeuf et de son célèbre Confiseur Barenton, il se méfiait des diplômés, et disait souvent qu'il n'y aurait que 2 «X» à la PUM : 1 à «Max» et 1 à «Rousseaux», car un de plus serait la catastrophe. Il fit d'un ancien chauffeur de camions un remarquable directeur

général, et d'un simple BTS, comme moi, un directeur d'usine. Il disait parfois :» ***Certains élèvent des chevaux, moi j'élève les hommes»****, je suis de ceux qu'il a contribué à élever.*
❷ **Il accordait sa confiance sans restriction.**
Maintes fois je l'ai entendu me dire alors que j'exposais quelque idée : ***«Je pense que ton truc est une connerie mais si tu y crois, fais-le !»***
❸ *«****On ne s'éclaire pas à la chandelle !»****, disait-il, et chaque fois qu'il créait ou reprenait une société, il imposait que dans les plus brefs délais soient établis un compte d'exploitation et un bilan mensuels. Il se moquait pas mal de savoir si les documents paraissaient le 10 ou le 15 de chaque mois, ce qui importait c'est qu'ils soient exacts au centime près. Il ne s'embarrassait pas de ratios compliqués, seul l'intéressait le cash-flow.*
❹ ***«Il faut payer des impôts, beaucoup d'impôts !».*** *Par cette formule il sous entendait qu'il fallait totalement et complètement respecter les lois et les règles fiscales, sociales, commerciales, afin de garder son esprit libre pour gérer le présent et préparer le futur. Dans son langage imagé et trivial il disait : «****si tu as peur de te faire prendre par derrière, tu serres les fesses, et si tu serres les fesses, tu peux pas bien marcher !»***
❺ *«****Il y a ceux qui ont et ceux qui font»****, et il n'est pas bon que ceux qui ont (les actionnaires) se mêlent de la gestion de l'entreprise, de même qu'il n'est pas bon que ceux qui font (les directeurs) aient des actions.*
L'expérience a prouvé que bon nombre de très belles entreprises ont sombré parce que les actionnaires, et plus souvent les héritiers, se mêlaient de «faire».
Quant à la deuxième règle, il la justifiait par cette remarque :
«Je sais que tu es honnête mais même si tu es honnête, inconsciemment, pour 10000 francs de dividendes, tu pourrais prendre une mauvaise décision à un million de francs pour l'entreprise.» *Au nom de ce même principe, il n'accordait pas de prime sur le résultat.*

À ces cinq principes de base, j'en ajouterai un dernier qui, de fait, était transversal : c'est la position primordiale du **client**, et il était parfaitement adapté aux relations d'après guerre avec les gros donneurs d'ordre, basées sur les repas d'affaire, les invitations sur son yacht, à la chasse en Sologne, le fait de les raccompagner en hélicoptère, etc. L'évolution des relations davantage basées sur les rapports de force entre client et fournisseur, qu'il constatait les dernières années, le laissait pantois.

Je me souviens qu'un jour, alors que je lui ramenais une voiture pas raisonnable du tout qu'il m'avait offerte, et qu'il s'en étonnait parce que je lui expliquais que ce type de véhicules n'était pas conforme à mon style de management, il m'avait répondu :
«De mon temps, quand le patron avait une grosse et belle voiture, l'ouvrier était fier !»
Telle est l'histoire, telle que je la connais, du Grand Max, qui, toute sa vie jusqu'à sa fin a confiné au grandiose, dans ses propos, ses réflexions, son apparence *(il avait quelque chose de Jean Gabin, sans pour autant l'imiter)*, sa voix grave et lente, son art d'écouter plus que de parler, en un mot :
Son amour des hommes !

Histoire de notre première rencontre...

En 1966, Marcel, un des directeurs généraux de la PUM, informa incidemment le patron que le dernier affineur de France venait de déposer le bilan et qu'il n'y en avait plus. Ce à quoi Max répondit:
«Si ! Il y en a un..... Nous ! Si plus personne n'est là pour satisfaire le marché français, il y a forcément de l'argent à faire, donc, tu montes une affinerie.»

À cette époque, la PUM était devenue le plus grand fournisseur d'acier de France *(de tôles pour l'automobile notamment)* comptait environ 4000 salariés et un certain nombre de chantiers ferraille qui contribuaient à recycler, entre autres, les déchets cuivreux qu'elle revendait à des fonderies.
« *L'affinage* » consiste à trier ces déchets, à préparer des charges, à les fondre sous forme de lingots titrés destinés aux mêmes fonderies de robinetterie, ou de fabrication de corps de compteurs d'eau.

Marcel embaucha donc Jacky, l'ancien chef de fabrication de l'affineur défaillant, récupéra Marius qui s'occupait du négoce des non ferreux sur un des chantiers ferraille et m'embaucha moi qui sortais du service militaire avec un BTS de métallographie *(science et technique de la métallurgie)*, pour créer le laboratoire d'analyse.
J'achetais donc le matériel de contrôle chimique, étudiais les normes existantes. L'usine située dans un petit village à une quinzaine de kilomètres de Reims, AFICA *(Affinage Champagne Ardennes)*, fonctionnait depuis un mois environ lorsque le grand Max, qui portait beau la cinquantaine et affectionnait déjà les grands chapeaux et les cache-poussière genre « *Il était une fois dans l'Ouest* », nous rendit visite avec Marcel qui assurait la direction générale et d'autres collaborateurs que je ne connaissais pas.
Il entra majestueusement dans le laboratoire et m'interpela d'un cordial
« *Est-ce que ça va ?* »
Auquel je répondis du haut de mes 22 ans sans trop réfléchir
« *Non, ça ne va pas !* »
Il me regarda interloqué quelques instants, m'observa, puis calmement de sa voix grave me dit :
« *Combien de fois tu baises par nuit ?* »
Pris de court et déstabilisé par la question, je commençais par l'appeler « *Mon Colonel* », sur l'inertie du service militaire et balbutiais quelque chose d'apparemment incompréhensible. Il insista :
« *tu baises ou tu baises pas ?* »
Ce à quoi je répondis :
« *Ben..., je suis marié, donc ça m'arrive de temps en temps* ».
« *Alors, si tu baises, c'est que ça va ! Pour le reste, tu viens me voir quand tu veux et tu m'expliques...* »

En ces temps-là, les traitements de texte, les photocopieuses et autres gadgets bureautiques n'existaient pas. Nous n'avions qu'une seule machine à écrire pour toute l'usine, qui était bien occupée par l'unique secrétaire comptable. Donc le soir, ma femme qui avait un BTS d'assistance de direction, me tapait sur une machine d'emprunt un rapport où j'expliquais mes vues.

Au bout de 15 jours, j'avais rassemblé la documentation, disposais d'un dossier d'un bon centimètre d'épaisseur et pris rendez-vous avec le patron.
Il me reçut, m'observa encore une fois longuement *(déjà à l'époque, il n'aimait pas les barbus)* puis me dit :
« Ah oui ! C'est toi qui baise mais qui n'est pas content ! »
Je lui tendis le dossier qu'il poussa négligemment sur le bord de son bureau en me disant :
« Je ne sais pas lire, raconte ! »
Je lui expliquais donc que nous faisions comme nos concurrents anglais, allemands et italiens, c'est-à-dire que l'on coulait des lingots, que l'on prélevait de la façon la plus intelligente possible des copeaux sur certains lingots, que l'on mélangeait le tout, que l'on faisait une analyse moyenne et qu'en fonction du résultat on affectait la production à tel ou tel client, et que parfois même on refondait la production pour corriger le titre, et qu'il me semblait préférable d'analyser avant coulée pour éventuellement corriger les bains.
Question : ***« Combien ça coûte ton truc ? »***
Réponse : ***« Un spectro à étincelle vaut, installé, dans les 500 000 francs. »***
Question : ***« Tu réalises que le capital d'AFICA n'est que de 400 000 francs ? »***
Comme ni aux E.O.R. *(École d'Officier de Réserve)*, ni en BTS, on ne m'avait appris ce qu'était un capital, je balbutiais quelque chose.
Et il reprit : *« Mais t'es sûr que ça marche ton truc ? »*
Ce à quoi je lui répondis :
« Il y a effectivement une difficulté, c'est que, en spectrographie d'émission, on ne peut pas doser l'élément majeur, le cuivre dans notre cas, car il sert de référence comme étalon interne; on l'obtient par la différence de la somme des autres éléments dosés, à 100%, et de ce fait on cumule les erreurs analytiques sur chaque élément, de plus il y a des interactions inter éléments. Mais j'ai réfléchi et préparé des étalons de référence, et je pense possible, par un système de facteurs correctifs, à appliquer sur les résultats, d'obtenir un résultat sur le cuivre proche de celui qu'on obtient par électrolyse. »
Il s'ensuivit un long silence de quelques minutes où il continua à m'observer calmement. Enfin, il rompit ce pesant silence en disant l'air sérieux et goguenard à la fois :
« T'as une bonne gueule, vas-y ! »
Tel était Max. Il testait, soupesait, jugeait les hommes puis à l'intuition, il accordait ou n'accordait pas sa confiance. On avait le droit à l'erreur, à deux conditions; la première d'être intègre, la seconde d'être toujours de bonne foi.
Et si aujourd'hui FAVI est ce qu'elle est, c'est grâce à lui, grâce à la confiance qu'il nous a toujours accordée.
Et si j'ai développé un système basé sur l'autonomie et la confiance c'est à son image...

EXPLICATION DE TEXTE

La décision du grand Max basée sur l'affectif, l'intuitif ou le fait que j'avais ***« une bonne gueule »,*** nous a fait prendre cinq ans d'avance sur la concurrence et très rapidement AFICA est devenu le leader européen de l'affinage des alliages cuivreux.

En effet nos concurrents anglais notamment, *(maisons ayant plus d'un siècle d'existence donc sérieuses et gérées par des gens sérieux)*, n'ayant pas la certitude que le spectrographe permettrait de doser le cuivre du fait des influences inter éléments, n'ont pas voulu investir tant que ce doute n'aurait pas été levé par une nouvelle génération d'appareils adoptant un mode d'excitation supprimant ces influences.

Donc pendant cinq ans, AFICA, grâce à la décision de notre patron, fut le seul à être capable d'analyser avant coulée et donc de corriger ces bains.

Comme entre temps avec Jacky le chef de la fonderie, nous avions fait le pari que les opérations d'affinage pourraient aussi se faire dans les fours électriques à fusion par induction, *(alors que la réputation voulait que seule la flamme permette cet affinage)*, et que le patron nous avait encore fait confiance, nous avons encore repris cinq ans d'avance sur les concurrents en divisant nos prix de fusion par plus de 5 tout en améliorant la qualité métallurgique de nos alliages.

À l'époque, la chose m'avait frappé et c'est pourquoi toute ma vie je me suis davantage basé, pour prendre des décisions, sur des éléments affectifs, intuitifs et de bons sens que sur de la logique ou sur la certitude de ne prendre aucun risque.

Dans les deux cas précédemment cités, il fallait faire l'investissement pour se donner les moyens, par des essais les plus intelligents possibles, de réussir! Sans investissement, on ne pouvait tenter ces essais et donc se donner les moyens de réussir.

C'est ce que résume la magnifique formule picarde « faire en allant ».

Voilà, c'est ça!

Max faisait « en allant », en jugeant, en jaugeant et en faisant plus confiance aux hommes qu'aux machines et autres investissements.

Nota : pour ceux que cela intéresserait de comprendre les effets inter éléments l'explication est la suivante : les métaux sont constitués d'éléments d'alliage : Cu *(Cuivre)*, Zn *(Zinc)*, Pb *(Plomb)*, Sn *(Etain)*, Fe *(Fer)*, Al *(Aluminium)*, etc.

Chaque élément est constitué d'atomes qui sont comme des petits systèmes solaires où le noyau est le soleil et les électrons périphériques sont les planètes qui tournent autour du soleil et, à l'échelle, à une aussi grande distance.

Si le noyau de l'atome d'hydrogène, par exemple, avait la taille d'un ballon de football et se trouvait à Paris, son électron unique (car il n'en a qu'un seul) graviterait sur une orbite qui passerait par Strasbourg.

Si les électrons étaient collés aux noyaux et les planètes collées au soleil, tout le système solaire tiendrait dans un dé à coudre, tout en conservant sa masse!

Quand on excite les atomes, en faisant un arc électrique par exemple avec un morceau de métal, les électrons périphériques des atomes gravitent sur une orbite un peu plus éloignée, comme un satellite de la Terre qui allumerait sa petite fusée s'éloignerait d'elle : puis ils reviennent sur leur orbite d'équilibre en cédant l'énergie qu'ils ont reçu sous forme lumineuse.

Les atomes de chaque élément émettent à 90% sur une longueur d'onde spécifique : par exemple, quand on met un bout de fil de cuivre dans une flamme, les atomes de cuivre émettent une lumière sur une longueur d'onde que l'œil humain voit en vert.
Donc si on met en face de cette longueur d'onde un «compteur de lumière», plus il y a de lumière, plus il y a de l'élément en question.
Oui mais les 10% restant sont émis sur d'autres longueurs d'onde qui parfois peuvent être proches de la longueur d'onde principale caractéristique d'un autre élément : d'où perturbations inter éléments.
Toutes les longueurs d'ondes sont parfaitement connues et ont été répertoriées de longue date. C'est pourquoi avec Jacky le chef de la fonderie, nous avions élaboré quelques centaines d'échantillons à composition choisie pour mesurer ces effets parasites, dont j'avais très précisément déterminé les compositions par analyse chimique.
Et dès que le spectrographe est arrivé, en comparant soigneusement les valeurs relevées avec les valeurs déterminées précédemment par analyse chimique, j'ai pu assez rapidement déterminer des facteurs correctifs pour compenser cette influence inter élément. Nos concurrents sérieux et donc bien gérés, auraient pu faire de même, mais ils n'avaient pas plus la certitude que je ne l'avais, qu'il était possible de déterminer des facteurs correctifs de façon exploitable industriellement. Et comme les constructeurs de spectrographes n'avaient pas les moyens de fonderie de faire ces étalons (qu'ils m'ont maintes fois proposé d'acheter ou de louer) ils ne pouvaient garantir la validité des résultats obtenus par spectrographie.

Donc pendant cinq ans, jusqu'à ce qu'apparaisse un autre mode d'excitation que l'arc électrique nous avons pu prendre une avance décisive, mais encore une fois grâce à la capacité du grand Max de prendre des décisions comme un véritable entrepreneur et non comme un gestionnaire.

Histoire de mon parachutage comme « chef » de FAVI...

AFICA fut créée en 1966, j'y débutais comme chimiste puis je formais un, puis deux laborantins. Revenant à ma formation de métallurgiste, j'améliorais quelques alliages, en fonction de la demande de clients, commençais à voyager en France puis à l'étranger pour faire de l'assistance technique aux clients *(choix des alliages, conseils dans le tracé des systèmes d'alimentation,..)* puis de la prospection, et des ventes.

Au début des années 70, un de nos clients, **FAVI** *(Fonderie et Ateliers du Vimeu)* rencontra de graves problèmes financiers, et Monsieur Rousseaux décida de racheter cette société par l'intermédiaire d'AFICA.
Considérant que j'étais d'origine arménienne, et j'avais beau lui dire que mon grand-père était suisse alémanique, que j'avais encore la double nationalité et que mon patronyme venait de *« zu oberste »*, *« celui qui vient d'en haut »* (mes ancêtres devaient être des pâtres), rien n'y faisait, pour le Patron, j'étais arménien, avec ma barbe, et donc j'avais la bosse du commerce !!!
Il me demanda donc d'aller de temps en temps à Favi en Picardie pour faire une forme de marketing avec ceux qu'il considérait comme d'excellents techniciens mais comme de piètres commerçants : ***« Ils ont un grand savoir-faire mais pas de faire savoir! »,*** disait-il.

En parallèle, à la demande de clients de Favi et en collaboration avec mes collègues de Favi, je continuais à développer des alliages *(pour les fourchettes notamment)* et allais donc tous les 15 jours-3 semaines en Picardie, mais je résidais à Reims où j'y avais mes attaches professionnelles et personnelles.
Au début des années 80, Dominique, le Directeur de la Société Favi, fit savoir qu'il voulait quitter l'entreprise pour se lancer dans l'injection des matières plastiques. Monsieur Rousseaux me chargea donc de lui trouver un successeur, ce que je fis, mais chaque fois que je lui en proposais ou présentais un, il ne lui plaisait pas et le temps passait.

Un matin d'avril, il m'appela en me demandant ce que je faisais, ce à quoi je répondis : *« Rien de spécial, Monsieur ».*
« Viens me voir » me dit-il.
Je descendis donc à Reims où se situait son bureau, sans penser à rien, car parfois lorsqu'il s'ennuyait, il invitait ses collaborateurs à déjeuner. Nous avions un statut un peu spécial, nous gens d'AFICA et de FAVI, et ce pour deux raisons : d'abord parce que, contrairement à la PUM où le patron avait des associés, nous lui appartenions à 100% et c'était ses sous à lui seul; la deuxième était que pour tous les gens qui touchent à l'acier et à la ferraille, les cuivreux ont toujours eu valeur de *« cagnottes »*, de *« trésor de guerre »*, que physiquement certains ferrailleurs enterraient (pour mettre à l'abri du vol et ...du fisc), et ne déterraient qu'en période de vache maigre sur le marché de la ferraille, ou quand il fallait changer la Poclain.

Je rentrais donc dans son grand bureau. Il me pria de m'asseoir dans un fauteuil profond, comme toujours dans les bureaux de Direction et, nonchalamment, il fit glisser sur son beau bureau Napoléon 1er d'époque, une pièce de 20 dollars en or en me disant : *« Je ne suis pas superstitieux mais ça peut te porter chance ! »*

Je me redressais, confiant, en me disant qu'il allait sûrement me féliciter ou me dire des choses agréables. Mais dans la foulée, il fit aussitôt glisser un ouvrage d'Auguste Detoeuf *« Barenton Confiseur »*, que je connaissais déjà, et je regardais la dédicace sur la page de garde où il était inscrit :
« J'espère que ces propos d'un homme qui bien qu'instruit avait su rester intelligent te seront profitables ». Signé : Max Rousseaux.

Là je me dis que j'avais du faire une bêtise, car quelques années auparavant, suite à une remarque stupide que j'avais faite à table devant témoins, il m'avait abonné à la Revue des 2 Mondes en me disant : *« Gamin, tu manques de culture ! »*
Entre la pièce en or et l'ouvrage, je m'apprêtais à recevoir une douche écossaise. Mais il ne dit rien, se leva, fit le tour du bureau et me dit : *« Suis-moi ! »*. Je l'interrogeais : *« Où va-t-on ? »* Il me répondit : *« Tu verras bien. »*
Nous sortîmes de l'immeuble, allâmes vers son hélicoptère qui attendait. Il monta devant à côté du pilote, que je connaissais bien par ailleurs parce que souvent le week-end, il pilotait bénévolement l'avion largueur du Para-club que nous avions créé avec quelques copains. Je m'assis donc sur la banquette arrière, décontracté et confiant, ne pensant à rien, profitant du paysage.

Une petite heure après, nous arrivâmes au dessus de Favi, en Picardie, nous nous posâmes sur la pelouse, juste devant l'usine et les pales étaient à peine immobilisées que Dominique, ayant entendu le bruit, s'était précipité et était au pied de l'appareil. Le Patron lui dit : *« Réunis l'usine ! »*
Et le temps que la chose se fasse, le pilote était resté à sa place. Le Patron, Dominique et moi-même parlions de choses et d'autres au pied de l'hélicoptère. Quand la centaine de personnes qui constituaient l'effectif furent réunis, le Patron dit de sa voix grave et forte : *« Dominique a fait du bon boulot, il veut s'en aller, c'est son droit, qu'il parte ! »* (Il n'aimait pas trop qu'on le quitte !)
Puis se retournant vers moi, il me désigna en disant :

« Son successeur c'est lui ! »

Et sans autre commentaire, il remonta immédiatement dans l'hélicoptère dont les pales se remirent en route et je me retrouvais seul avec Dominique, face au personnel, mon bouquin de Barenton dans une main, et ma pièce en or dans l'autre, et réalisais qu'il venait de se passer quelque chose d'important.
Dominique me demanda si je m'y attendais, ce à quoi je répondis que non absolument pas : que j'avais un appartement à Reims, fait acheter un appartement à mes beaux-parents vieillissants sur le même palier, que ma fille était scolarisée à Reims, que ma femme y travaillait, que j'étais président et moniteur de mon club de parachutisme à Reims et que je n'avais jamais imaginé quitter Reims.

Ceci étant, à tout hasard, Dominique m'aida à trouver une piaule en location chez un restaurateur local, je prévins ma femme, et ne sachant que faire, je décidai de laisser passer quelques jours. Car pendant trois semaines, le Patron ne me donna aucun signe de vie !
Ce n'est qu'au bout de ce temps qu'il m'appela et me dit : « *Ils ne t'ont pas bouffé ?*
... Alors tu restes. »

C'est ainsi que je me trouvais intronisé successeur de Dominique, malgré moi, mais pas tout à fait dépaysé, car fort heureusement, au cours des années précédentes, au cours de mes visites «*marketing*» ou «*métallurgie*» régulières, j'avais développé des liens d'amitiés solides et sincères avec ceux dont je me retrouvais le «*chef*»...

Histoire de mes 4 mois de « tourisme » à FAVI...

Mon parachutage ayant été impromptu, je n'avais évidemment pas imaginé avoir la chance et l'opportunité de diriger à terme une si belle entreprise, et pris de court, je proposais à Dominique, qui devait quitter l'entreprise fin juillet, ***de ne rien faire,*** de ne toucher à rien et ***de regarder,*** du mois d'avril jusqu'à fin juillet.

Je m'installais donc dans un bureau vacant, et, en bon touriste, passais mon temps à faire des tours d'usine, à discuter avec les uns et les autres et à assister à toute réunion sans y participer. De plus, Dominique étant un homme à très forte éthique, il n'a jamais formulé un jugement sur ce qu'il faisait, ni sur aucun de ses collaborateurs.

Il gérait parfaitement l'usine comme on gérait une usine dans les années 70, c'est-à-dire que :

- il avait un bureau à l'étage avec une fenêtre qui permettait d'avoir une vue sur l'ensemble de l'usine,
- il y avait les pointeuses, un règlement intérieur avec les règles classiques de l'époque :
  - *si on arrive 5 minutes en retard, on retranche 5 minutes sur la paye*
  - *si on arrive 2 x 5 minutes en retard, on retranche 15 minutes sur la paye*
  - *si on arrive 3 x 5 minutes etc.*
- il y avait deux magasins, bien entendu, fermés à clé,
- il y avait des distributeurs de boissons payants, avec l'été un forfait de jetons gratuits qu'il fallait aller chercher au standard,
- il y avait un Service Achats, un Service du Personnel, une fonction Planning, des Régleurs, des Contrôleurs, des Chefs d'Atelier, des Chefs d'Equipe, des Chefs de Service,
- il y avait le Repas Cadre annuel,
- il y avait la cérémonie quotidienne d'ouverture du courrier par la Direction,
- il y avait un Comité de Direction, des réunions cadres, des réunions planning, des réunions de synthèse des problèmes qualité rencontrés le mois précédent,
- des primes mensuelles, de qualité, de tonnes produites, de présentéisme, de chaleur en fonderie,
- il y avait des clés à molettes, pour économiser l'outillage et ne pas s'habituer au luxe,
- il y avait comme partout dans la région à l'époque, régulièrement et de façon tournante par atelier, un peu de chômage partiel, en fin de mois, pour maintenir une certaine pression.

Bref, il y avait tout ce qu'il fallait pour qu'une entreprise fonctionne bien, et elle fonctionnait bien. Les délais, de *« l'époque »*, étaient respectés. La qualité, de *« l'époque »*, était convenable et l'entreprise gagnait quatre sous. Donc rien de choquant et il est fort probable que si j'avais pris la succession de Dominique immédiatement, les choses seraient restées en l'état, d'autant plus que ni les salariés, ni l'encadrement ni le Patron ne souhaitaient une évolution.

Le cahier des charges du Patron avait été fort simple et conforme à sa philosophie. Lorsqu'il m'avait annoncé :
« Ils ne t'ont pas bouffé ? Alors tu restes ! »,
Il avait complété :
« Objectif : fais-moi du fric et ne va pas en prison ! »,
Ce qui dans son langage viril et imagé voulait dire :
« Tu as toute liberté d'action, dans le respect des lois. »

Donc je faisais mon tour d'usine régulièrement. Au début, autant les ouvrières trouvèrent ça gentil, autant certains ouvriers trouvèrent ça bizarre. Peut-être était-ce une forme de timidité car normalement en Picardie à cette époque, les « *Chefs* » traversaient les ateliers avec l'air préoccupé, et ne discutaient pas avec les uns ou les autres. En revanche ce qui était systématique, était que quand je pénétrais dans un atelier, le cadre responsable de cet atelier ne me lâchait pas d'une semelle. Cela devenait comique car lorsque je passais d'un atelier à l'autre, le 1er cadre s'arrêtait à la « *frontière* » et était relayé par le responsable de l'atelier suivant. Ce petit jeu dura jusqu'au jour où je réunis les cadres concernés et leur dis : ***« J'ai bien compris que chacun d'entre vous a fait pipi autour de son service ou de son atelier. Mais ce que vous n'avez pas vu c'est qu'en arrivant, dès que je suis descendu d'hélicoptère, moi, j'ai fait pipi tout autour de l'usine. Donc je suis partout chez moi. »***
Et à partir de ce jour, les choses allèrent mieux et s'arrangèrent d'autant mieux que très vite, les chefs concernés se rendirent compte que je ne parlais jamais travail avec les ouvriers, je leur parlais d'eux, leur demandais combien ils avaient d'enfants, où ils habitaient, leur passe-temps, leur sport favori, bref, que des choses insignifiantes et sans danger pour eux, les Chefs.

Donc en faisant mon tour quotidien, je regardais.
Je regardais d'abord DEHORS :
Dominique me présenta le Maire, le Député, les banquiers, les responsables de l'ANVAR *(Agence Nationale de Valorisation de la Recherche)*, de l'ADEPA *(Agence de la Productique)*, de l'ANPF *(Agence Nationale Pour l'Emploi)*, de la CRAM *(Caisse Régionale d'Assurance Maladie)*, l'Inspecteur du travail, bref tous les partenaires utiles et indispensables. Il m'accompagna visiter tous les clients, les gros comme les petits, et me présenta aux patrons locaux pour me permettre de créer un réseau.
Bref, Dominique me fit rencontrer tous les gens qu'il connaissait au dehors et je pus mesurer l'estime sincère et souvent l'amitié que tous ces partenaires et clients avaient pour lui.

Je regardais aussi DEDANS :
Un jour, en faisant mon tour, je tombe sur Alfred, qui attendait devant le guichet du magasin. *(On attend toujours aux magasins, même quand on est seul !)* Je m'enquis de sa présence, il me répondit : **« Je viens changer ch'gants ! »** en complétant « *ben j'ai ch'bon du chef, et les vieux gants !* »
En fait la règle du jeu était la suivante : *quand un ouvrier avait de vieux gants, il devait les*

montrer à son chef d'atelier qui lui faisait un bon. Avec ce bon il allait au magasin, traversait l'usine, allait pisser un coup, discutait un peu sur le trajet, sonnait au magasin, attendait que le magasinier arrive, et en échange du bon et des vieux gants, on lui donnait des gants neufs. Le tout prenait bien 10 bonnes minutes ! Je me renseignai à la compta, et appris que la machine sur laquelle travaillait l'ouvrier coûtait 600 F/h soit 10F/min et que les gants eux coûtaient 5,80F. Je me dis alors que cela faisait cher la paire de gant, et que, sans aucunement encourager le vol, si l'ouvrier en prenait une paire de temps en temps pour jardiner, tout le monde s'y retrouverait largement.

Je me fis la même remarque en ce qui concerne les distributeurs de boissons. *Renseignement pris une dosette de café + un gobelet + une dosette de sucre + une cuillère en plastique coûtaient 38 centimes, alors que faute de monnaie, ou parce qu'il n'y avait qu'un distributeur pour toute l'usine 3 à 5 minutes étaient perdues pour rien, ce qui mettait le café à 30 ou 50 F, ce qui faisait cher tout de même pour un café payant !*
Et quand, en été, les boissons étaient gratuites, le temps d'aller au standard chercher les jetons....

Je remarquais que lors des réunions mensuelles d'analyse de la non-qualité du mois précédent, on évoquait des problèmes qui remontaient à plusieurs semaines et dont plus grand monde ne se souvenait, surtout pas l'ouvrier qui, entre temps, avait rencontré d'autres problèmes, qui avaient occultés les précédents. *Cela me rappela la perception du temps, de ma fille quand elle était petite : elle raisonnait en unité de Dodo : on avait vu Mamy il y a un Dodo ; à plus de deux Dodos c'était l'infini !* ***Je me dis*** que pour quelqu'un qui fait de 5.000 à 10.000 pièces par jour, jour après jour, cela devait forcement être de même **(VOIR T2, FICHE OUTILS N° 72)**

Je remarquais que la cérémonie quotidienne d'ouverture du courrier ne servait pas à grand-chose non plus, car 95% des lettres ne concernaient pas la direction, et que surtout lorsque Dominique était absent, on attendait son retour pour ouvrir le courrier...

Je remarquais qu'Antoine, le responsable de l'établissement des gammes pour remettre les prix, faisait transiter de service en service chaque dossier, ce qui fait que parfois on mettait plusieurs semaines avant de décliner une affaire, qui, à la seule vue du plan n'était à l'évidence pas pour nous, et que Michel, le patron de l'outillage, annonçait des délais de réalisation d'outillage en cumulant les délais de toutes les demandes de prix, alors qu'à peine 10% étaient potentiellement pour nous !

Je remarquais que durant les réunions hebdomadaires de planning, tous les cadres passaient 1/4 d'heure à régler des comptes entre eux, devant le Directeur pour expliquer pourquoi ils n'avaient pas respecté le planning de la semaine écoulée, et seulement quelques minutes à préparer l'activité de la semaine à venir. ***Je me dis*** que faire la chose *a priori* ne servait pas à grand chose.

Je remarquais que le quart de l'usine était plein de bennes, jusqu'au plafond, et me demandais comment on pouvait faire du FIFO avec des bennes empilées les unes sur les autres.

Je remarquais qu'à force d'utiliser des clés à molettes, par souci louable d'économie, la plupart des boulons étaient arrondis, et qu'on perdait beaucoup de temps à les débloquer avec des clés à griffes, ce qui arrondissait encore davantage les boulons.

Je remarquais que le soir c'était la course vers les pointeuses, et que souvent certains attendaient, aux environs de la pointeuse, la sonnerie pour pointer.

Je remarquais que le Directeur passait plus d'une journée par mois pour calculer, avec chaque cadre, les primes mensuelles de leur personnel, et que la cote d'amour, officieuse par ailleurs, avait un coefficient, tout aussi officieux, très important. ***Je me dis*** que la part de la prime basée sur le tonnage produit, était un peu injuste, car l'ouvrier n'y était pour rien s'il y avait plus ou moins de tonnes à produire. ***Je me dis aussi*** que la prime de chaleur, en fonderie certains mois d'été, était un peu ridicule, car ce n'est pas parce que l'on donne une prime aux fondeurs qu'il fait moins chaud, de plus je remarquais que les fondeurs avaient tendance à fermer les fenêtres par temps chaud car la prime était proportionnelle à la chaleur relevée dans l'atelier !

Je remarquais que le chômage partiel en fin de mois n'était pas toujours très justifié, car souvent on avait du mal à livrer en début de mois, et ***je me dis*** que quand c'était justifié, ce n'était pas la faute des ouvriers, mais peut-être plus de la faute du commercial, qui lui n'était pas mis en chômage. ***Je me dis aussi*** qu'un seul commerçant, en plus du Directeur, qui par ailleurs avait trouvé des débouchés très importants pour la fonderie, ce n'était pas beaucoup. *Je me rappelais ma jeunesse quand je draguais, le plus dur ce n'était pas de faire l'amour avec les filles, le plus dur était de les amener dans le lit.* ***Je me dis*** qu'il faudrait avoir plus de monde pour amener les clients dans le lit de l'entreprise.

Je remarquais que les Picards utilisaient deux expressions inconnues pour moi, les Picards disent : ***« On va faire en allant! »***, et ils utilisent parfois le verbe ***« se mucher »***. *Je demandais à Roland, le cadre ayant débuté comme ouvrier en fonderie à l'âge de 14 ans, qui incarnait la mémoire collective de l'entreprise, ce que cela voulait dire. Roland en guise de réponse me suggéra d'aller visiter des muches ! Ainsi donc les muches étaient un truc qui se visite !!!* ***Je découvris*** que, en Picardie, sous certains villages, il y avait copie conforme de toute l'infrastructure du village : s'il y avait 300 familles, il y avait alors 300 pièces souterraines, parfois à 30 mètres sous terre, appelées des muches qui communiquaient avec les maisons par les cheminées. Il y avait une place centrale, une chapelle, la salle à manger du seigneur local, sa cuisine, et même le passe-plat entre les deux pièces. Il y avait des écuries, des étables, des greniers. Bref tout ce qu'il fallait pour que le village continue à vivre en cas d'invasion.

Je connaissais les deux grandes stratégies qui menaient le monde (**VOIR T2, FICHE OUTILS N° 64**)

❶ *L'affrontement direct type Clausewitz ou napoléonien :*
Soit une peuplade A avec un concept A protégée par une forteresse.
Soit une peuplade B avec un autre concept B, qui n'aura de cesse d'assiéger, d'envahir, de détruire la forteresse des adeptes de l'idée A pour imposer son idée. C'est cette stratégie qui a conduit les Américains à faire la guerre au Vietnam, car a priori ils ne manquaient pas de riz, et n'avaient pas l'intention d'annexer le Vietnam et d'en faire la 54ème étoile de leur bannière !
❷ *Le non affrontement type Tsun Tsé ou Mao Tsé Tung :*
Les partisans de l'idée nouvelle sont tellement convaincus de sa force que nul n'est besoin d'assiéger la forteresse des partisans de l'idée opposée. Ils en font le tour, occupent le terrain, et continuent leur chemin, et telle l'eau qui finit par attaquer les roches les plus dures, la force de leur idée finie par s'imposer !
Dans les deux cas c'est l'idée qui génère l'action, c'est la réflexion qui induit l'action. Et l'idée peut conduire à la mort.

Le Picard, lui, les idées des autres, il s'en moque. Quand un envahisseur se présentait avec une idée X ou Y sans même chercher à connaître cette idée, il se ***muchait*** en mettant à l'abri tous ses biens et même sa structure sociale, pour reprendre le cours normal de sa vie, le danger passé.
Imposer son idée ne l'importe pas, il accorde la primauté de **la vie** à **l'idée**, de **l'action** à **la réflexion**.
A priori pour les autres peuplades ***la réflexion précède l'action*** ils cherchent à ***comprendre pour faire. En Picardie c'est l'action qui engendre la réflexion, on fait pour comprendre.***
D'ou l'expression ***«faire en allant»*** : faire puis réfléchir pour aller plus avant !
En Picardie on fait d'abord, et on réfléchit après, et cela se voit dans les charpentes. Ailleurs on commence par faire un plan, puis on débite et conforme le bois selon le plan, puis on dresse la charpente. En Picardie, on essaye des bouts de bois, souvent de réemploi, et quand deux s'ajustent bien, on cheville, on dresse l'ensemble. Puis on regarde parmi les bouts restants celui qui complète au mieux le premier assemblage et ainsi de suite; ***on fait en allant***.
C'est pour cela que les charpentes et les colombages ne sont pas droits, mais ce faisant, non seulement on va beaucoup plus vite à bâtir, mais en plus comme la fibre du bois est respectée, les charpentes sont beaucoup plus solides et durent plus longtemps.
Cette manière d'être et de procéder me rappela un passage du film *«un taxi pour Tobrouk.» Lino Ventura, le pragmatique, et Charles Aznavour, l'intellectuel, sont en panne sèche dans le désert. Lino Ventura s'éloigne un jerrycan à la main et Aznavour l'interpelle :*
— «Où vas tu ?»
Réponse : — «Un con qui avance va plus loin que dix intellectuels assis !»
Cette vérité me plaisait bien, je la fis donc mienne, l'utilisais souvent, et fus ainsi toujours compris par mes Picards de collaborateurs.
De plus Roland m'expliqua que dans *la muche* était caché le bien le plus précieux du village : les semences de la prochaine récolte. Il importait donc de tenir secret au sein du village les entrées des *muches*, pour éviter que des membres d'autres villages ne les révèlent à quelques envahisseurs. D'où un très fort sens d'appartenance à une col-

lectivité restreinte et une défiance des «*étrangers*». Plus tard ***je découvris*** qu'un autre peuple, parfois *se muchait* collectivement pendant des siècles, et ***faisait*** toujours pour ***comprendre*** ; et avait un très grand sens du collectif; il s'agissait des ***Japonais***. C'est pourquoi je n'eus pas beaucoup de mal à adapter sur un mode judéo-chrétien Picard, les outils Japonais !

Plus tard ***je remarquais*** que **l'action** générait dans mes troupes de **l'optimisme**, alors que trop de **réflexion** générait un certain **pessimisme**, cela résultait sans doute de ce particularisme régional. C'est pourquoi je m'efforçais toujours, par la suite, de faire d'abord et d'expliquer un peu après, quitte à faire marche arrière, quand parfois la réflexion de mon entourage me prouvait que je m'étais fourvoyé.

Je remarquais enfin que les gens étaient tristes, regardaient souvent les horloges dans les ateliers et couraient presque en partant du travail.

Je remarquais tout ça sans avoir aucune réponse à proposer pour les cas les plus importants : **Faire en allant oui, mais faire quoi?**
Je me rappelais mes cours d'O.S.T. (Organisation Scientifique du Travail), au CNAM de Reims, les relus et les trouvais dépassés. Je cherchais donc à me former à nouveau, et découvris un organisme de formation qui s'appelait l'AFPIMM (Association de Formation Professionnelle de l'Industrie Métallurgique et Minière), qui était dirigé par une charmante Dame au nom tout aussi charmant, dans des locaux eux aussi charmants : un ancien appartement en étage rue de Rome près de la gare St Lazare. J'y rencontrais des gens curieux, qui disaient : ***«Chic un problème ! On va pouvoir progresser !»*** *Alors que la tendance à l'époque était plutôt* ***«Merde un problème !»*** *Qui parlait de SPC de KANBAN, de JEU D'ECHECS et de JEU de GO, de TPM de SOCIODYNAMIQUE, de PROJET D'ENTREPRISE...*
J'y rencontrais surtout Jean-Christian FAUVET dont l'enseignement lumineux devait servir de socle à notre évolution-révolution.

Je les rencontrais mais dans l'immédiat ne savais que faire de l'enseignement. Pour l'heure, les mois d'avril, mai, juin, juillet s'étaient écoulés. Fin Juillet le jour de la fermeture de l'usine pour les congés, on fit une grande fête : le Patron était venu, d'un coup hélicoptère, faire un beau et émouvant discours, Dominique y répondit avec beaucoup d'émotion, les ouvriers lui remirent, en remerciement de l'excellent travail qu'il avait accompli, un beau cadeau. On but le verre de l'amitié, et on se sépara. Dominique me remit symboliquement les clés de l'usine qu'il avait bâtie et qui portaient encore ses initiales, puis tout le monde, la larme à l'œil partit en vacances. Je mis à profit le mois d'Août pour rapatrier et installer ma petite famille, ce qui m'occupa l'esprit, sauf une fois !

La fois où ma tondeuse «*ratatouilla*» (**VOIR PAGE 44**). Heureusement cet incident advint la dernière semaine de congé, car après j'eus souvent une boule d'angoisse au niveau de l'estomac. Sans doute que trop de réflexion générait en moi un certain pessimisme, et que ce faisant, je devenais tout doucement **PICARD** !!!

Histoire de la tondeuse...

Au début des années 80, alors que je venais juste de prendre mes fonctions, je tondais ma pelouse, un samedi après midi, quand il me sembla que la tondeuse ne fonctionnait pas bien. C'était une tondeuse achetée d'occasion dans la précipitation de mon installation impromptue.

Elle n'était certes pas en panne, mais le moteur avait des ratés, ça «*ratatouillait*» par moments. Bref je pris la décision d'arrêter l'engin, et à l'instinct, à l'intuition, moi qui avais toujours bricolé des motos, et autres engins volants j'allais dans le garage prendre la clé à bougie, revins dans le jardin, démontais la bougie, constatais que les électrodes étaient encrassées et anormalement écartées, les nettoyais, remontais la bougie, relançais le moteur, mis la clé dans la poche et repris ma ronde.
Pour éviter d'avoir à ramasser l'herbe, je tournais du bord vers le centre de la pelouse afin de broyer à nouveau l'herbe fauchée au passage précédent. Je tournais donc suivant la géométrie du jardin en évitant les arbres et les fleurs, assez satisfait de moi même, assez satisfait d'avoir trouvé pile le défaut, et ce, du premier coup. Tout en tournant je me demandais comment un incident similaire se serait réglé à l'usine ?

Mon cerveau déroula la seule chronologie possible de résolution de l'incident, compte tenu des usages dans l'entreprise en ce début des années 80 :
- *Jules constate que sa tondeuse, la tondeuse n° 14, ratatouille.*
- *Jules ne s'arroge surtout pas le droit de toucher à quoi que ce soit, ce n'est pas son rôle d'ouvrier, il appelle le régleur.*
- *Le régleur constate le dysfonctionnement, bricole un peu, puis considère que ce n'est pas un problème de réglage mais d'entretien. Il prévient donc le chef d'atelier, et dans l'immédiat met Jules sur une autre tondeuse, car au nom de la productivité, il n'est pas question de laisser un ouvrier attendre les bras ballant que l'on répare sa machine !*
- *Le chef d'atelier qui n'a que 20 ans d'ancienneté, prévient son chef de service, car il est encore trop jeune pour se permettre de contacter directement le service entretien. Seuls quelques très anciens, à la veille de la retraite peuvent se permettre d'ainsi transgresser la hiérarchie !*
- *Le chef du service des tondeuses contacte donc le patron de l'entretien qui envoie un mécanicien*
- *Le mécanicien, à tout hasard, démonte et nettoie le carburateur, et constatant que cela ne va toujours pas mieux prévient l'électricien (Les spécialistes savent bien que généralement un carburateur démonté, remonté fonctionne généralement moins bien qu'avant !).*
- *L'électricien après avoir vérifié les connexions diverses, démonte la bougie, l'apporte au magasin, demande une bougie neuve, et remet la bougie défectueuse au magasinier, car quand on est un professionnel digne de ce nom, on ne perd pas son temps à nettoyer une bougie !*
- *Le magasinier met la dite bougie dans le stock des bougies à restaurer, car dans un souci d'économie, quand il y a un creux au service entretien, un jeune sable les électrodes, les calibres, et on range alors les bougies dans le stock des bougies restaurées. (Il est à noter que comme jamais personne ne demande de bougies restaurées, régulièrement, en fin d'année,*

au moment de l'inventaire le comptable demande que l'on se débarrasse de ces bougies pour éclaircir les stocks.)
- Donc l'électricien monte la bougie neuve sur la tondeuse n° 14, appelle le régleur
- Le régleur remet la tondeuse en route et appelle un contrôleur
- Le contrôleur vérifie que la tondeuse coupe bien, à la bonne hauteur, avec la bonne largeur, et prévient le chef d'atelier que tout est rentré dans l'ordre
- Le chef d'atelier remet alors Jules sur sa tondeuse.
Et tout rentre dans l'ordre !

Au fur et à mesure que mon cerveau déroulait cette chronologie un sentiment d'angoisse puis de panique me prit aux tripes. Le cœur battant, j'arrêtais de tondre, m'assis dans l'herbe, allumais une cigarette en me disant :
«Je n'y arriverai jamais ! Jamais je n'arriverai à faire en sorte que Jules puisse un jour avoir la liberté de dépanner lui même sa machine, de disposer de SA clé à bougie et d'une bougie d'avance. Et si j'y arrive, alors qu'est ce que je vais faire des régleurs, des contrôleurs, des chefs d'ateliers, des chefs de service !»
Une forme de bon sens me poussait à ne pas me résigner ; ce qui était vrai dans un jardin devait l'être aussi à l'usine, surtout que j'étais certain que le week-end, Jules n'avait besoin de personne pour entretenir et dépanner sa propre tondeuse.

Inconsciemment, cette incident me fit prendre conscience que :
→ ***Pour que l'entreprise soit réactive, il fallait que les décisions soient prises par les ouvriers eux-mêmes, en temps réel, sur le terrain !***
→ ***Qu'un bon ouvrier était un ouvrier qui prenait des initiatives !***
→ ***Que tous les ouvriers, chez eux, prenaient des initiatives !***
→ ***Que la structure de fabrication ne se justifiait que par le phagocytage de la prise d'initiative !***
→ ***Qu'il fallait donc supprimer cette structure, ou du moins la réorienter vers d'autres missions.***

Et si aujourd'hui nous avons une structure en fabrication à deux niveaux *(opérateurs, leaders)* c'est en grande partie grâce à ce ratatouillage de tondeuse !!!

Histoire de mes tentatives de changement...

La veille de la «*rentrée*» je dormis mal, comme lorsque j'étais enfant, la veille de rentrée scolaire. J'avais décidé de continuer à ne rien faire, du moins rien de plus que ne faisait Dominique.

J'avais décidé de ne rien faire pour deux raisons :
- La première était que je ne savais pas, au juste, quoi faire, ni sur quelle première ficelle tirer pour démêler l'écheveau de pratiques et d'usages qui choquaient mon bon sens.
- La deuxième était que j'avais lu quelque part une recommandation de Machiavel, me semble-t-il, qui disait : ***«Quand tu accèdes au pouvoir surtout ne fais rien ! Ne fais rien car si tu changes l'ordre établi tu auras assurément contre toi les tenants de l'ancien ordre, et tu n'auras pas avec toi ceux de l'ordre nouveau, car ils douteront de ta réussite et ménageront prudemment leurs arrières !»***

En fait cette recommandation me sécurisait dans ma décision de ne rien faire, car ma vraie motivation était mon incapacité à élaborer une stratégie de changement cohérente. J'avais bien en tête la **matrice de Fauvet**, avais bien compris que FAVI était ***«mécaniste»***, et qu'il fallait aller vers ***«l'holomorphe»*** mythique, où ***«le chef est celui qui a le ballon»***, où ***«la métaction»*** remplace ***«l'anaction»*** *(voir histoire de l'entreprise «Y»)*, mais comment faire ?

Le matin de la rentrée, je réunis les cadres et leur dis : *«Un, je ne partirai jamais ! Nous irons dans le mur ensemble, ou nous nous développerons ensemble mais je ne quitterai jamais volontairement le navire !» — «Deux, je vous donnerai ma démission tous les 5 ans, car je sais que le pouvoir rend fou, d'autant plus que Max laisse tout pouvoir à ses directeurs, et je veux vous donner l'opportunité de préserver l'intérêt de la collectivité qu'est l'entreprise, si cela m'arrivait. De plus je peux présenter les qualités et les défauts qu'il faut à un moment donné de l'histoire de l'entreprise, mais ces mêmes qualités et défauts peuvent se révéler incompatibles avec l'intérêt de la collectivité, à un autre moment de son histoire !» — «Trois je ne veux plus rien faire d'ici trois ans ! Pour le reste, l'usine marche et marche bien, je ne vois pas l'intérêt de changer quoi que ce soit dans l'immédiat.»*

La réaction des cadres me permit de compter mes alliés : un quart environ, ceux de fabrication notamment, parurent rassurés et satisfaits. La moitié semblait neutre. Le dernier quart sembla déçu. Visiblement ils attendaient quelque chose d'un nouveau directeur qui n'avait pas encore quarante ans. Les ouvriers, eux visiblement n'attendaient rien. Sauf du travail !
Et de fait, je suis toujours là ! J'ai bien eu la tentation de partir une fois, dix ans plus tard, parce que tout allait trop bien et que je m'ennuyais. Mais le Grand Max, qui était vraiment un Grand capitaine me dissuada en me prouvant que je partais par lâcheté !

« Tu veux partir, parce que tu as fait 90% du chemin vers un autre type d'entreprise, mais tu te sens incapable de faire les 10% restant ! Alors tu pars reprendre une entreprise classique pour refaire le même chemin. » De plus il me rappela qu'***être*** était facile, **que la vraie difficulté était de durer**.

Surtout et enfin il m'annonça que si je partais il vendrait, à un groupe que je connaissais bien où régnaient les Polytechniciens !!! Cette menace était d'autant plus sérieuse, qu'il s'était dégagé de la cinquantaine d'entreprises qu'il avait possédées et n'avait gardé que nous : AFICA et FAVI. Je restais donc, et ne l'ai jamais regretté.
Tous les cinq ans, à la date anniversaire de mon arrivée, je demandais à Roland, le cadre le plus ancien, puis à Jean Pierre quand Roland partit en retraite, de consulter ses confrères pour savoir si mon mandat quinquennal était renouvelé. Bien entendu je ne voulais pas savoir qui pensait quoi, ni le pourcentage de voix favorables.

Le troisième point fut plus difficile à respecter. En fait il me fallut près de quatre ans pour commencer à ne rien faire. Je m'y pris de la façon suivante :
- ***J'avais remarqué*** de longue date qu'un individu était une somme de bonnes, et de moins bonnes choses, de qualités et défauts, et que si on centrait, professionnellement quelqu'un d'exceptionnel dans sa zone de faiblesse, il serait mauvais, et d'autant plus mauvais qu'il aurait conscience d'obtenir de piètres résultats.
- ***J'observais*** donc mes collaborateurs pour déceler la part d'excellence qu'ils portaient en eux, puis j'imaginais un organigramme idéal où chacun d'entre eux serait parfaitement centré dans son domaine d'excellence.
- ***Je découvris*** que par chance l'ensemble de mes collaborateurs avait des qualités complémentaires, entre eux, et surtout qui compensaient mes énormes défauts. Moi qui suis quelqu'un de brouillon, d'imprécis, qui fonce, ouvre les portes avec la tête, j'étais entouré de collaborateurs essentiellement précis, rigoureux !
- Puis ***j'attendis.*** J'attendis que des circonstances favorables se présentent pour doucement, quasi naturellement, laisser chacun entrer dans la bonne case. Parfois je provoquais un peu les circonstances avec des questions du genre :

« Dis moi ça fait combien de temps que tu fais ce job ? »
« Dix ans !!!....t'en as pas un peu marre ? » Puis une semaine ou quinze jours plus tard :
« Au fait si c'était à refaire qu'est-ce qu'il te plairait de faire ? » Etc...etc...
Ce fut long car parfois cela s'apparentait à ce jeu de patience où il faut faire coulisser un petit carré pour libérer un espace pour pouvoir bouger un autre petit carré. Voilà pourquoi cela prit quatre ans.
Mais après cela je me retrouvais entouré de ***collaborateurs tous meilleurs que moi***, dans leur domaine de compétence. Ce qui fait que quand je tentais de faire quelque chose, je faisais forcément moins bien qu'eux. Ainsi je m'étais condamné à ne rien faire, du moins tant que mes collaborateurs, qui eux aussi avaient décelé en moi quelques plages de compétences, ne me délèguaient du travail, ou m'envoyaient *« au charbon »* quand ils estimaient qu'il était plus efficace que ce soit la fonction de Chef qui monta au créneau.

Dans l'immédiat, le fait que je ne changeais rien aux modes de fonctionnements habi-

tuels de l'entreprise, faute d'idées précises, me frustrait, agressait mon bon sens. Tout au plus je supprimais la cérémonie quotidienne de l'ouverture du courrier, qui faisait perdre du temps à tout le monde, en demandant à une comptable d'ouvrir et de distribuer le courrier comme bon lui semblait. *(VOIR FICHE PAGE X : « comment on gère l'information », et les difficultés qu'il y eut à supprimer quelque chose d'apparemment simple)*. Je remarquais d'ailleurs que je fus très vite mieux informé que précédemment, car comme tout le monde savait que je ne regardais plus le courrier, chacun m'informa, quand je faisais mon tour d'usine quotidien de ce qu'il pensait que le « *chef* » devait savoir. Alors que précédemment, il m'arrivait de lire certaine lettre en diagonale et de ne pas en saisir la portée réelle. J'évitais aussi de plus en plus de participer aux réunions de planning hebdomadaires, pour limiter les règlements de comptes entre chefs de services. C'est en effet moins drôle de s'engueuler quand le « *Chef* » n'est pas là !
Enfin je restais dans le bureau que j'avais pris, fis murer la grande fenêtre *(Des années plus tard, le professeur Shiba considéra que cette mesure fut le signal pour toute collectivité que tout allait changer)* qui permettait de surveiller les ateliers d'en haut, et affectais l'ancien bureau de Dominique à la comptabilité.

Je fis des petites choses :
- *J'avais remarqué que Chantal, la secrétaire commerciale mettait 2 jours à enregistrer les commandes alors que certaines ne nécessitaient qu'un jour de fabrication. Je décidais donc que les commandes arriveraient d'abord en Fabrication, puis remonteraient dans les bureaux.*
- *Pour raccourcir les délais de réponses d'Antoine, le préposé aux gammes et remises de prix, je donnais le pouvoir à Michel, l'unique commerçant, de décliner lui-même les demandes de prix, qui visiblement n'étaient pas compatibles avec notre technologie.*
- *Je shuntais l'autre Michel patron de l'outillage, en décidant que dorénavant on ne fixerait plus les délais d'outillage pour les remises de prix, mais que l'on utiliserait la formule « Délais à convenir en cas de commande ».*
- *Je supprimais la traditionnelle réunion cadre du lundi matin, qui en fait servait surtout à me sécuriser dans mon rôle de chef.*

Bref des bricoles, simples, de bon sens qui remettaient certes en cause le pouvoir de certains, mais qui ne pouvaient qu'être respectées, car de bon sens !

Mais pour le reste je ne changeais rien. Je passais un jour et demi par mois à calculer avec chaque chef de service les sacro-saintes primes, je présidais la réunion mensuelle qualité où on abordait des problèmes dont plus personne ne se souvenait, je laissais en place les clés à molettes, le magasin, les distributeurs de boisson payants, les pointeuses, les chronométrages....

Mais petit à petit, les choses se précisaient dans ma tête. Je sentais intuitivement qu'il fallait aborder le problème par l'aspect **social** ! Mais au fait, qu'est ce que cela veut dire **social** ? Un petit Robert ou autre Larousse m'apprit que *social* venait de socius qui signifiait ***compagnon***, et que ***compagnon*** venait de ***cumpagni***, qui partagent le même pain (comme copain d'ailleurs). ***Être social c'est manger dans la même gamelle !***
Cela me donna un éclairage nouveau, complété par l'étude de l'organigramme de

l'époque qui reflétait qu'à l'évidence l'homme y était considéré comme voleur, puisque tout était sous clé, paresseux puisqu'on lui imposait des cadences, «inintelligent» puisqu'il y avait des méthodes qui pensaient pour lui, peu consciencieux puisqu'il y avait des contrôleurs, qui eux-mêmes n'étaient pas très sérieux puisqu'il y avait un contrôle volant, lui aussi laxiste puisqu'il y avait un contrôle expédition... bref l'organigramme était bâti autour du postulat que ***l'homme est mauvais !***

Je m'amusais à tracer un autre organigramme dans lequel on considérerait que ***l'homme est bon.*** *Je connaissais déjà Mac Gregor* (VOIR T2, FICHE OUTILS N° 65) *et Maslow* (VOIR T2, 2 FICHE OUTILS N° 34). Et cela me donna la perception de la route à suivre, d'autant plus que j'avais déjà remarqué que le regard que l'on porte sur les choses et les gens modifie ces choses et ces gens.
Les gens finissent toujours par être comme on les considère. Généralement ce sont les jaloux qui finissent par être cocus, et non les cocus qui deviennent jaloux !

L'HOMME EST BON. Ce fut la première ***«étoile»*** que je tentais de désigner aux cadres. Pour ce faire, je provoquais une réunion cadre, leur montrais l'organigramme classique de notre entreprise en leur faisant remarquer qu'à l'évidence il était basé sur le postulat que l'homme est mauvais, puis qu'il y avait un magasin fermé à clé, un bureau méthode, des contrôleurs...

«Et si on considérait que l'homme est bon !», leur proposais-je. Ce fut un tollé, résumé par cette formule d'un cadre qui par la suite s'avéra un excellent entraîneur d'hommes :
«Un bon fondeur est un con musclé !»

Devant la réaction massivement négative, je compris que je ne pourrais pas compter sur leur consensus pour aller de l'avant et qu'il faudrait que je provoque, ***moi, tout seul***, une rupture franche, brutale, irréversible pour les mettre devant le fait accompli ! Je compris aussi qu'il fallait que je m'appuie sur une autre *«caste»* que la leur, qui avait tout à perdre au changement...

Histoire des 4 principes de la péripatéticienne...

Devant mon incapacité à faire bouger les choses ***par le haut***, j'avais décidé de les faire bouger ***par le bas.***
Le jour de la fermeture de l'usine pour les congés de Noël me sembla le bon moment.
Oui ! Mais que faire, que dire ?
Fauvet m'ayant appris l'effet de **niche** (VOIR T2, FICHE OUTILS N°36) mais aussi que tout était ***dehors*** et que mon rôle était de faire entrer le ***dehors dedans***, Je me dis qu'il fallait exploiter ***le sens solidaire de l'esprit de muche***, mais aussi faire comprendre qu'il fallait aussi ***sortir de la muche, s'ouvrir sur l'extérieur !***

Je cherchais donc l'exemple d'une profession qui ne peut s'exercer qu'en s'ouvrant sur l'extérieur, comme de plus je cherchais un exemple simple, plaisant et reposant sur une valeur solide, j'en arrivais rapidement à la *péripatéticienne* qui à l'évidence ne travaille que parce qu'elle « racole » ***dehors***, et dont l'image est plaisante pour notre esprit Gaulois !
Je préparais donc, dans ma tête, un discours charpenté autour de cette profession, en cherchant les passerelles entre ce métier et le nôtre, sans oublier que le but était de passer d'un système où l'homme est considéré comme ***mauvais***, à un autre où l'homme serait considéré comme ***bon***.

Le jour de Noël, donc, alors que l'activité arrêtait à midi, et que la matinée était consacrée aux rangements et nettoyages traditionnels des veilles de congés, je fis savoir vers 9h que je souhaitais présenter mes vœux à l'ensemble du personnel. On m'avait fait une estrade de quelques palettes, et vers 11 heures, entouré de toute ma meute, j'entamais un discours à la Fidel Castro :
« Ça fait 9 mois, que je suis parmi vous. 9 mois comme pour faire un enfant ! »
Ce qui déclencha quelques rires, et me décontracta. *« 9 mois que je vous regarde, et que je vois des gens courageux, de grands professionnels qui aiment leur métier, mais qu'on empêche de bien travailler ! »* Et j'en suis arrivé à la conclusion que *« des gens comme vous, qui ont vos qualités n'ont plus besoin de carotte, ni de bâton d'ailleurs ! »* Je constatais alors, du coin de l'œil que quelques cadres de fabrication commençaient à pâlir visiblement ils se demandaient où j'allais...» *La carotte et le bâton sont indignes de professionnels comme vous ! C'est pourquoi, quand vous reprendrez le travail, en janvier, les pointeuses seront démontées !*
Si, par accident, car tout le monde peut avoir un accident, vous arrivez en retard, nous regarderons ensemble le pourquoi de ce retard, et si c'est par exemple un problème de mobylette, plutôt que de sanctionner, ce qui ne résout pas le problème, on vous aidera à réparer la mobylette. Il n'y aura plus jamais de pointage, ni de chronométrage, vous n'êtes pas payés pour faire des heures, mais pour faire des pièces, et des pièces bonnes ! C'est pourquoi les sonneries seront elles aussi supprimées ! Il n'y aura plus jamais de prime non plus, ce que chacun a eu depuis 2 ans, il l'a mérité ! Nous prendrons donc la moyenne de ce que chacun a eu sur ces 2 dernières années que nous mettrons dans le salaire ! »

Ce fut au tour de Ginette, la secrétaire qui était occupée quasiment à plein temps, pour contrôler le pointage, les primes, les sanctions de retard, de s'agiter. « *Il n'y a pas de voleur parmi nous c'est pourquoi la porte du magasin sera démontée. Comme disent les Chinois : « la porte la mieux fermée est celle qui peut rester ouverte ». On va mettre quelque part un panneau et un marqueur, et chacun indiquera non pas son nom car cela n'est d'aucune utilité, mais ce qui a été pris, de façon à pouvoir lancer les commandes de réassort. Il n'y aura plus non plus de distributeurs de boissons payants, mais dans chaque atelier deux distributeurs d'eau fraîche avec des sirops, et d'eau chaude avec des dosettes de café et de sucre. Nous allons supprimer les clés à molette et doter chaque machine d'un lot d'outillage, et de plus, pour que chacun puisse s'équiper comme il l'entend, tous les salariés de l'entreprise vont disposer d'un chèque de 500 F pour acheter ce que bon leur semble du moment que cela à un rapport avec le travail.* » Je marquais une pause pour mesurer les réactions qui étaient plus du domaine de la stupéfaction que de la satisfaction. Dans un silence impressionnant je poursuivis :
« *Il n'y aura plus jamais de chômage partiel ! Si un jour nous sommes contraints de recourir à de telles mesures, alors je mettrai d'abord les cadres au chômage, même moi. Il n'y aura plus jamais, non plus, de repas cadres, nous mangerons tous ensemble ou nous ne mangerons pas !* »

Je me retournais alors vers les cadres qui s'étaient naturellement groupés et poursuivis :
« *Comment allons nous faire pour fonctionner à l'avenir? À vrai dire je ne sais pas. Je suis certain que vous méritez que nous fonctionnions autrement, mais je n'ai pas de modèle de remplacement. Je propose que, tous ensemble, nous faisions* ***en allant****, en gens de bonne foi, de bon sens, et de bonne volonté. Il y a bien quelque chose dont on pourrait s'inspirer......, c'est des règles de fonctionnement du plus vieux métier du monde : celui de Prostituée ! Si ce métier à traversé des millénaires c'est qu'il a assurément des principes dont on doit pouvoir s'inspirer .* »

Je ne suis pas sûr que la suite de mes propos ait été perçue, car les ouvriers, comme les cadres, pour des raisons strictement opposées d'ailleurs, étaient tellement abasourdis par les chamboulements qui touchaient aux usages / rouages fondamentaux de l'entreprise, qu'ils paraissaient entendre sans écouter, le cerveau en roue libre. Je poursuivis néanmoins :

→ ***« Le premier principe de fonctionnement de la prostituée est qu'elle se montre ! Si elle reste enfermée dans sa chambre, elle ne se fera pas de client nouveau. Donc nous allons nous montrer. Nous montrer à nos clients, bien sûr, à nos prospects, à nos familles, à nos amis, au Maire, au Préfet, bref à tous ceux qui peuvent nous être utiles ! »*** Je m'attendais à une réaction de la part de gens qui se muchent, mais visiblement plus grand monde m'écoutait. Je continuais néanmoins :

→ ***« Le deuxième principe de la prostituée est qu'elle se maquille, à outrance pour attirer le regard. Hé bien nous ferons de même, nous nettoierons les machines, les peindrons en rouge, en vert, en jaune, en couleurs qui en jettent ! »***
Il faut se remettre dans le contexte de l'époque ; nettoyer une machine était perdre son temps. Ce deuxième principe tint lieu de 5S avant la lettre pendant quelques années.

→ ***« Son troisième principe de fonctionnement est qu'elle a assurément une ou des spécialités ! On peut en effet penser que si elle ne fait rien de plus ou de mieux qu'à la maison chacun reste chez soi. Hé bien nous ferons de même; nous qui ne faisons que des pièces brutes de fonderie nous allons essayer de les usiner, de les assembler, de les livrer, et en aval, de les concevoir, de les optimiser, de les tester, bref nous allons tous ensemble essayer de faire plus, et davantage pour nos clients. »*** Ce troisième principe, lui, tint lieu de stratégie, pendant des années.
→ ***« Son quatrième principe enfin, est qu'elle ne donne pas de maladie à ses clients, car alors elle perd non seulement ses clients, mais aussi les copains de ses clients. Et on peut penser que même quand elle est guérie tout ce beau monde préfère peut être ne pas prendre de risque et aller ailleurs. »*** Là je surpris quelques sourires qui semblaient attester que je captais à nouveaux l'attention de mon auditoire.

« Il y a trois maladies dont il faut que l'on se guérisse :
→ ***La première est le retard de livraison.*** *C'est une maladie impardonnable car incontestable : Lundi ce n'est pas Mardi. Si on a promis quelque chose le Lundi il faut à tout prix tenir cette promesse, sinon il sera impossible de faire croire au client que des choses qui ne se voient pas tout de suite, comme la qualité ou le prix, sont aussi respectées dans son produit ».* Il est à noter que dès les premiers mois de l'année suivante ce principe fut respecté, et est **toujours** respecté.
Une fois pourtant il s'en fallut de peu : un vendredi vers 11 heures, Valérie, marraine d'une mini usine vint me voir, au bord de la crise nerveuse, en bredouillant :
« Nous allons livrer en retard, nous allons livrer en retard ! » Je lui répondis :
« Non Valérie, ce n'est pas possible ! »
« Si ! » répliqua-t-elle, *« j'ai les pièces de Le Branchu, mais j'ai oublié le transport et nous avons promis les pièces pour quatorze heures en Bretagne ! »* — *« Ce n'est pas grave »*, répondis-je, *« On va appeler un hélicoptère. »* Et de fait, un hélicoptère est venu se poser sur la pelouse, devant l'usine, pour que tout le monde le voit. Il n'embarqua qu'une partie de la livraison prévue, mais peu importe, ce qui était important est que nous nous prouvions à nous même qu'à n'importe quel prix nous respections **toujours** les délais de livraisons. Je connaissais le patron de l'usine qui m'appela en me disant : *« On a vu arriver un hélico avec des pièces de chez toi ! T'es fou, on n'était pas à une journée près ! je ne savais pas que tu t'étais mis au hachisch ! »* Ce à quoi je répondis :
« Ce n'est pas pour toi que j'ai loué l'hélico ! C'est pour nous ! Pour nous prouver qu'on ne pouvait ***jamais*** *livrer en retard ! » (Cette anecdote valut à Valérie d'être appelée Miss Supercoptère pour quelques années).*
→ Pour en revenir à mon discours fleuve, j'abordais ***la deuxième*** maladie dont l'usine, comme toutes les usines d'ailleurs, souffrait : ***la compétitivité.***
Je sortis son stylo de ma poche le montrais et dis : *« La deuxième maladie des entreprise est le prix ! C'est difficile de prouver à un client que nos produits sont au bon prix. Prenez ce stylo par exemple s'il n'est pas cher mais qu'il ne marche pas, il est beaucoup trop cher ! Comment prouver à nos clients que nos prix sont bons ? Je ne vois qu'une seule solution : c'est de ne plus jamais augmenter nos prix de ventes ! Comme tout le monde augmente ses prix de ventes (à l'époque, il était de tradition, compte-tenu de l'inflation, de mendier 8% d'augmentation pour en obtenir 6), si nous nous ne les augmentons pas alors, forcément, un jour, nous aurons*

les meilleurs prix de France, et pourquoi pas d'Europe, et pourquoi du monde !!!»
Cela prit un an ! Et à la date anniversaire de ce discours il fut décidé de ne plus jamais augmenter les prix *(hors part matière cela s'entend)*. Et forcément ce qui devait logiquement arriver, arriva : même quand dix ans plus tard la Lire Italienne passa de 0,45 FF à 0,30 FF, l'usine qui était payée en FF ne perdit pas une affaire, et fut même un des rares fournisseurs à continuer à être payée en FF.

→ *« **La troisième** et dernière maladie des usines est **la non qualité de ce qui est fourni aux clients !** Et là, je n'ai pas de remède miracle ! Mais c'est vous, ouvrières et ouvriers qui pouvez tout ! Tout ce qu'on peut faire nous, dans les bureaux c'est de vous écouter et d'essayer de vous aider, mais retenez bien ceci **C'EST VOUS, et VOUS SEULS sur votre machine QUI POUVEZ TOUT FAIRE.** Vous savez on a beaucoup de pièces qu'on vend 5 Francs ! Quelqu'un au SMIC coûte à peu près 60 Francs de l'heure tout compris : les assurances diverses, les congés, la retraite etc., ce qui fait 1 Franc de la Minute. Or sur une pièce très bien vendue nous avons 10% de marge soit 0,50 Franc. Autrement dit si quelqu'un met 30 secondes de trop au cours de la fabrication, ou bien si la pièce passe entre trois mains et que chacun met 10 secondes de trop, hé bien tout le monde aura travaillé pour RIEN. En revanche si quelqu'un trouve une combine pour gagner 10 secondes quelque part, alors tout le monde aura gagné 30% de marge en plus ce qui est énorme !!! Vous voyez bien que c'est vous et vous seuls qui détenez les clés de la réussite ! Et je vous regarde travailler depuis presque un an, et votre sérieux, votre maîtrise du métier m'ont convaincu, que vous aviez entre vos mains les solutions à nos problèmes !»*

Sur cette envolée, je me tus, descendis de l'estrade de palettes pour décourager toute velléité d'applaudissement ou de réaction prématurée. Seul Michel qui était un des cadres que je connaissais bien depuis près de quinze ans, car ensemble nous avions collaboré à la mise au point de ce qui allait devenir le produit phare des années à venir, s'approcha, et discrètement, comme à son habitude, me dit en passant : « *Bien, Très bien !* »
En m'éloignant de la meute assemblée qui commençait à se disperser, je ressentis un sentiment proche de celui que j'avais souvent connu à l'époque, encore récente où je pratiquais de façon assidue le parachutisme : cette euphorie qui vous envahit juste après avoir franchi la porte, après avoir quitté le fracas cacophonique de l'avion pour se plonger dans l'harmonie du bruit apaisant du vent. Le parallèle entre les deux situations se justifiait par deux raisons :
→ La première était que le processus que je venais d'enclencher était aussi irréversible que le fait d'avoir abandonné l'avion largueur. Il n'y avait pas de marche arrière possible, et l'esprit conscient de ce fait s'en trouvait apaisé.
→ La deuxième était que je savais que la tension accumulée aux cours des mois d'inaction précédant cet acte irréversible, nourrirait les actions futures.
Je savais d'expérience que l'intensité de la tension précédant l'action était proportionnelle à celle de l'énergie disponible pour gérer les imprévus potentiellement à venir. Comme si l'appréhension bandait un ressort intérieur, et cela d'autant plus fort qu'elle avait été grande ! Plus tard j'ai formalisé cette démarche qualité de la péripatéticienne sous forme d'une fiche outil (VOIR T2, FICHE OUTILS N° 40) qui contribua grandement à notre notoriété...

Histoire des suites du discours...

Je passais d'agréables fêtes de Noël, en famille, conscient tout de même que j'avais allumé un certain nombre de mèches sans trop savoir ce qu'il y avait au bout.
Après tout, sur 100 personnes, j'étais au moins sûr d'avoir avec moi l'ensemble des ***Opératrices et Opérateurs.*** La seule chose que je fis pendant mes congés fut justement de décider que dorénavant je ne parlerais plus jamais ***d'Ouvrières et d'Ouvriers***, mais ***d'Opératrices et d'Opérateurs !*** Et que je le ferai comme ça. Sans même l'annoncer, pour marquer dans mes propos quotidiens la différence. Dorénavant tout le monde, moi y compris, serait compté comme ouvrier c'est à dire qui *œuvre* dans l'intérêt du client.
Le jour de la rentrée, j'arrivais de bonne heure et de loin, surveillais la réaction des opérateurs et opératrices devant l'absence de pointage. Les pointeuses et les casiers, où chacun rangeait sa fiche cartonnée de pointage, avaient été démontés et seules restaient leurs traces, reliques d'un temps révolu, sur le mur. Curieusement chacune et chacun regardait ces traces avec une forme de respect, et faisait un crochet devant les résidus de bouts de fils qui pendaient encore le long du mur. En arrivant dans mon bureau, je découvris que les cadres de fabrication m'attendaient déjà dans le couloir. Leurs traits tirés semblaient attester de leur nuit agitée, ou de leurs congés gâchés. Ils s'engouffrèrent avec moi dans mon bureau et m'agressèrent de questions et d'affirmations du genre :
« Vous ne les connaissez pas ! Ça va être le bordel ! On a toujours travaillé comme ça ! Comment voulez-vous qu'on se fasse respecter s'il n'y a plus de primes !
Ils vont tout faucher ! Les cadences vont s'effondrer... »
Je les laissais parler pendant une demi-heure, sans rien dire, puis quand ils eurent vidé leur trop plein d'indignation, je leur proposais d'aborder le problème tous ensemble à 8 heures quand tous les cadres seraient arrivés.
À cette époque, il y avait 9 cadres, dont 4 directement impliqués dans la fabrication, et trois particulièrement véhéments. Sur les 9 cadres il y en avait 3 que je connaissais mieux et tutoyais, parce qu'ensemble nous avions collaboré, une dizaine d'années auparavant, au développement d'alliages spécifiques, à l'époque où j'œuvrais, en temps que métallurgiste, à AFICA. Il est à noter que 20 ans plus tard ces trois cadres demeuraient les seuls avec lesquels je pratiquais le tutoiement ! Voilà ce que c'est que la force des habitudes. Et même parmi ces trois supposés alliés, je décelais les trois composantes réactionnelles à mon action :
Michel, la composante «*socialo écolo*», était pour, sans pour autant s'engager, Georges neutre, et Jean Pierre violemment opposé.
J'ouvris ***ma*** première véritable réunion cadre depuis 10 mois en disant :
« Les pointeuses sont démontées, la porte du magasin dessoudée, les distributeurs de boissons rendus, les sonneries débranchées, ce qui est fait est fait, ce qui est dit est dit !
Nous ne pouvons plus faire marche arrière ! J'ai l'intime conviction qu'on ne pouvait pas continuer à travailler de façon si archaïque. Que faire ? je n'en sais trop rien, les seules véritables expériences du maniement des hommes que j'ai pu connaître sont un peu pendant mon service militaire, comme sous-lieutenant, où il a fallu que je trouve des combines pour donner des ordres idiots à des gens intelligents, et davantage comme moniteur de colo quand à 17

ans j'ai eu la chance d'avoir à occuper des gamins de mineurs du Nord qui avaient 15 ans, des monstres qui me dépassaient pour la plupart d'une tête ! Voilà ce que je vous propose transformons-nous en moniteurs de colo ! Nous ne devons plus ordonner, nous devons animer ! Nous ne devons plus récompenser ou sanctionner, mais montrer le bon chemin ! Nous ne devons plus contrôler l'activité mais aider chacun à mesurer son propre résultat ! Comment ? Je ne sais pas ! Ce que je sais c'est que nous avons une chance extraordinaire. Nous avons un grand Patron qui nous laissera libre, totalement libre d'œuvrer comme nous l'entendons, du moment que l'on respecte les lois ! C'est une chance extraordinaire, rarissime, la plupart des entreprises sont coincées entre un siège social et des actionnaires qui veulent se mêler de tout, ou sont à la merci de leur banquier, ou d'une famille complète qui noyaute l'entreprise. Nous, la seule chose que nous ayons à faire est de nous mettre d'accord, ensemble, sur ce que nous voulons faire ! Ce n'est quand même pas bien compliqué !»

Par respect pour la fonction de Chef, plus que pour moi-même, personne ne m'interrompit, en revanche il y eut bon nombre de haussements d'épaules et de sourcils. Jean Pierre intervint le premier :
« C'est bien beau tout ça, mais qu'est ce qu'on fait en attendant ? »
« Tu fais comme d'habitude » dis-je « laisse les contrôleurs contrôler, les régleurs régler, en revanche bascule le magasinier au service entretien et supprime les chronométrages ! »
« De plus » continuais-je « Vous allez tous vous former à Paris auprès de l'AFPIM parce qu'il y a là-bas des gens qui disent des choses qui devraient nous servir, je ne sais pas encore bien comment, mais je sens que les outils dont ils parlent seraient bien adaptés à l'entreprise idéale que je vous propose de créer tous ensemble ».

Premiers effets de l'abandon du pointage et des primes

Contre toute attente les cadences se mirent à augmenter, mais à augmenter vraiment ! À cette époque il y avait de nombreuses opérations de découpe, et une vingtaine de presses étaient alignées où œuvraient des Dames, et les mêmes Dames, sur les mêmes machines avec les mêmes pièces firent couramment 20% de pièces en plus à l'heure, et la chose était incontestablement relevée par des compteurs sur chaque machine !!! J'en fus le premier étonné, et n'osais pas, dans un premier temps, en parler aux opératrices de peur que ce phénomène imprévu ne cesse. Seulement au bout de quelques semaines timidement, je leur demandais pourquoi et comment elles arrivaient à faire autant de production j'avais deux types de réponse.
Les unes gentilles :
« C'est pour vous aider à prouver aux « chefs» que vous avez raison ! »
Mais surtout :
« Il y a un rythme qui aide à passer le temps ! »
Autrement dit elles travaillaient au rythme physiologique optimum, de moindre énergie, qui s'avérait être sensiblement plus rapide. Et quand je leur demandais pourquoi elles ne faisaient pas ça avant quand il y avait des primes pour avoir plus d'argent à gagner ? La réponse était toujours :
« On n'est pas folles, si on avait fait ça, on n'aurait plus jamais eu de primes ! »

Conscientes qu'elles étaient qu'immanquablement «*les chefs*» auraient augmenté le quota de pièces à faire.

Deuxième effet totalement inattendu : Avant à 6 heures tout le monde attendait devant les pointeuses. Dorénavant à 6 heures chacun était sur son poste de travail et commençait sa journée, parfois même, le soir, il devint courant de voir certains rester un quart d'heure de plus tout simplement pour finir de remplir leur benne, alors qu'avant, à la sonnerie *(que j'avais fait aussi supprimer)* les gens étaient depuis quelques minutes déjà devant les pointeuses et avaient depuis belle lurette quitté leur poste de travail.

Les premières actions

En me basant sur l'observation de la chronologie amoureuse. Je me dis que la méthode avait fait ses preuves depuis le temps... *Quand, jeune homme, bien entendu, on drague, la difficulté n'est pas d'honorer le sexe opposé, mais de l'amener dans le lit théâtre des exploits. C'est pourquoi on commence généralement par amener l'élue du moment soit en boîte, ou dans un pub pour partager une* ***vision****. Si la vision est acceptée, on cherche une chambre,* ***on se protège*** *éventuellement, et enfin on* ***passe à l'acte !*** *Parfois, toujours maladroitement, on s'enquiert de l'effet de la prestation !*

Je considérais donc qu'il fallait dans l'ordre accorder de l'attention :

→ À proposer des visions

→ À structurer ceux qui mettent les clients dans le lit de l'entreprise : ***les commerciaux***

→ À étoffer ceux qui les déshabillent : ***les études***

→ À mettre sur pied un service de protection avant passage à l'acte : le contrôle qui deviendrait ***la qualité***

→ À remettre en cause la manière de passer à l'acte : ***la fabrication***

→ Enfin à ne pas donner trop d'importance à ceux qui s'enquièrent du résultat : ***les administratifs***

Je me dis que la **vision** était **mon** problème, et que la seule ***«étoile»*** que j'avais à montrer à ma troupe, dans l'immédiat, était que ***l'homme était bon***, mais qu'il faudrait que j'en trouve rapidement d'autres.

Je me dis que ce devaient être les meilleurs qui devaient consacrer leur temps à amener les clients dans le lit de l'entreprise ! Et que Michel tout seul quelle que soit son expérience cela était un peu juste. Michel, comme tous les cadres, avait fait toute sa carrière dans l'entreprise. Quand il avait été embauché, vers la fin des années 60, le directeur de l'époque, un homme remarquable de rigueur et de «*visions*», lui avait donné une pièce, une lime, des bouts d'acier et demandé de faire «*un passe travers*» de la pièce. Des semaines durant Michel avait limé. Et à chaque fois qu'il présentait son résultat, ce Directeur lui disait «*Ce n'est pas parfait !*» Un jour ce fut parfait et le Chef lui dit «*C'est bien !*» et jeta les deux morceaux. Des mois plus tard Michel osa demander pourquoi on lui avait faire cette pièce pour rien ? Il lui fut répondu que c'était pour lui apprendre à bien faire !!! Et de fait depuis Michel avait dirigé tous les services de l'entreprise, la fonderie, l'outillage, les études, le contrôle pour finir au commercial. Je savais que le sens

du commerce cela ne s'apprend pas à l'école. C'est un don.
De plus il n'y a pas de modèle type de bon commercial, certains tous mous à l'esprit lent font d'excellents commerciaux. Je voulais des commerciaux ***guichets uniques***, qui soient capables de prendre toutes décisions devant le client. Il fallait donc impérativement des gens venant de la fabrication, ayant transité par les études et si possible, la qualité. De plus il fallait impérativement des gens précis et organisés pour n'avoir jamais à revenir sur un engagement pris devant un client, cela d'autant plus qu'on allait s'engager à ne jamais augmenter les prix de vente.
Dans un premier temps j'avais repéré François qui était au Bureau d'Études depuis 3 ans et qui parlait un peu l'anglais et l'allemand, et lui proposais donc de passer au commercial, de suivre des cours de langues, et je l'aidais, au début, au début seulement à structurer le service export.
Puis je fis monter Dominique pour épauler Michel sur la France, puis comme les affaires sur l'Italie se développaient je fis monter Carlos, d'origine portugaise qui apprit rapidement l'italien puis Jean-Claude, puis Jean-Luc l'ancien régleur passé en étude puis leader, puis responsable du laboratoire de validation etc.
Cela faisait partie de mon travail de Chef de repérer, au cours de mes *«promenades»* quotidiennes ceux, et pourquoi pas un jour celles, qui ont ***ce don des dieux : la bosse du commerce !*** Quand j'avais repéré cette perle rare alors je lui proposais un essai de 6 mois, étant entendu que je ne voulais que les meilleurs au commercial.
Parfois je me suis trompé et d'un commun accord, l'impétrant réintégrait sa fonction d'origine en fabrication, d'autre fois comme Dany c'est le candidat lui-même qui au bout de plusieurs mois considérait que la culture commerciale qu'il avait acquise lui serait utile, mais qu'il préférait reprendre une mini usine comme leader.

Comment je fis sauter un premier nœud de pouvoir

Pour mieux comprendre le fonctionnement de la fonction commerciale, je suivis une demande de prix depuis sa réception au courrier. Je constatais que l'on mettait couramment trois semaines pour décliner, et deux mois pour répondre !
Le goulot se situait au niveau d'Antoine : Responsable du B.E., Antoine aimait être entouré de piles de dossiers, bien rangées et alignées sur le bord de sa planche à dessin. Quand il estimait que les piles étaient assez hautes, et seulement à ce moment là, alors il ouvrait un dossier pour regarder la faisabilité de la pièce dans notre technique, et comme il pratiquait une forme de FIFO, par un empilage à l'envers, cela provoquait systématiquement une inertie de plusieurs semaines entre le moment où un dossier descendait du commercial et le moment où Antoine décidait d'y jeter un œil ! Je tentais de convaincre Antoine que 5 minutes font toujours 5 minutes, aujourd'hui comme demain, et que pour notre image vis-à-vis des prospects il serait préférable qu'il jeta un œil dès qu'il était en possession d'une étude pour qu'au moins nous puissions décliner immédiatement. Rien n'y fit Antoine tenait fermement à ses piles de dossiers. Alors de guerre lasse, je demandais aux commerciaux de décliner directement, dès réception des demandes, puisque venant de la fabrication et des études ils avaient toute compétence pour ce faire, et d'accuser systématiquement réception des demandes de prix par un petit mot de remerciement, chose qu'on évitait de faire pour que le prospect ne rap-

proche pas les dates de réception de sa demande et celle de l'émission de l'offre. Le but était bien évidemment de responsabiliser les commerciaux vis-à-vis du délai de réponse. Comme, à l'époque la technique spécifique de la fonderie sous pression des cuivreux était encore peu connue, une demande de prix sur deux était davantage destinées à des techniques voisines *(matriçage, estampage, fonderie sable ou coquille...)* et faisait donc l'objet d'une lettre courtoise précisant ce fait et orientant honnêtement le prospect vers la bonne technique. Ce faisant Antoine vit instantanément le nombre de dossiers qui lui étaient soumis divisé par deux, et on aurait pu penser que cela l'encouragerait à les traiter d'autant plus vite... Que nenni, ce fut strictement le contraire, comme Antoine tenait apparemment sa légitimité de l'épaisseur de ses tas de dossiers, il mit, toutes choses étant égales par ailleurs, deux fois plus longtemps à les ouvrir !!! J'essayais encore de le convaincre qu'il tenait de fait sa légitimité auprès de la collectivité de ses très grandes qualités de technicien, et non de gestionnaire de dossiers, rien n'y fit.
Jusqu'au jour où je demandais aux commerciaux d'établir eux même les gammes et de les soumettre directement pour validation aux cadres compétents concernés. Effectivement cette mesure fit sauter un nœud de pouvoir, mais en révéla un autre qui était sournoisement dissimulé par l'entêtement d'Antoine à affectionner les piles de dossiers : celui de Michel *(celui de l'outillage)*.

Michel était chef du service qui était alors considéré comme le plus important de l'entreprise : ***l'outillage.*** L'usinage était inexistant, la fonderie composée de «*cons musclés*», *(selon l'expression consacrée de l'époque, car il fallait être musclé pour manier 150 à 200 fois par heure une louche de 50 cm chargée de 2 à 3 Kg de métal à prés de 1000°C, et con pour faire ce travail répétitif et pénible qui ne nécessitait aucune formation apparente, puisque seuls les régleurs avaient le droit de toucher aux machines)*. Alors que tous les outilleurs avaient un C.A.P. !
Donc l'outillage composé de gens importants, était le service le plus important. Fort de ce fait, Michel mettait une bonne semaine à chiffrer les outillages et surtout s'ingéniait à proposer des délais de réalisation qui considéraient que toute demande de prix pourrait aboutir à une commande, donc il cumulait les délais de toutes les demandes existantes, ce qui fait que couramment les clients se voyaient remettre des délais de réalisation en cas de commande de plusieurs mois.
Là encore, je tentais de faire appel au bon sens, mais en vain, c'est pourquoi je décidais, de guerre lasse que dorénavant Michel ne serait plus consulté pour les délais et que les offres mentionneraient : «*Délai de réalisation d'outillage à convenir en cas de commande*». Quant au prix des outils, latitude fut laissée aux commerciaux pour les chiffrer à plus ou moins 10%, étant entendu que Michel était systématiquement consulté si la commande semblait se préciser.

Ces mesures qui marquaient un début de retour au bon sens en rappelant que **l'intérieur** de l'entreprise était au service de **l'extérieur**, eurent deux effets positifs et un négatif :
- D'une part les commerciaux prirent l'habitude d'assumer la responsabilité du suivi de chaque consultation, et, avec le temps, commencèrent même à se transformer en ce qui deviendrait des chefs de projet.

D'autre part l'affrontement qui fut toujours cordial, mais parfois viril avec Michel, fit redécouvrir à l'ensemble de l'entreprise que l'outillage n'était qu'un service au service de notre vrai métier : **LA FONDERIE**
En revanche au bout de quelques mois, Antoine démissionna, et l'entreprise perdit un excellent technicien, ce qui perturba la vie du B.E. pour quelques années.

J'en tirais la conclusion qu'il serait sage, que dorénavant, j'accorde plus de temps au temps, que j'essaie d'attendre, ou de provoquer des circonstances favorisantes pour justifier les prochaines modifications d'habitudes de fonctionnement de l'entreprise. Ce fut notre première base **éthique :**

MENAGER, AVANCER PAS A PAS,
PROCEDER SELON LES CIRCONSTANCES...

Histoire de l'extraordinaire coup de chance...

Nous étions en avril, je crois, soit 4 mois après la rupture provoquée par le discours basé sur les *4 principes de la péripatéticienne*, quand Michel et moi sommes convoqués à la SOGEDAC *(centrale d'achat de Peugeot Citroën)*.

Nous sommes reçus par un acheteur de notre âge que nous avions croisé quelques années auparavant à Poissy, du temps de Chrysler France quand nous développions le fameux alliage fourchette *(voir la belle histoire des fourchettes)*.

Après avoir évoqué le bon vieux temps de SIMCA puis de CHRYSLER France, notre interlocuteur nous informe que, comme nous livrions depuis 2 ans une fourchette, et qu'il n'y avait eu aucun problème ni de qualité ni de délais, *(tout le mérite en revenait à Dominique mon prédécesseur)* ils avaient décidés de nous confier la fourniture d'une boite de vitesse complète, et qu'il faudrait être en série dans un an.

Ce que cet acheteur ne savait pas, car à l'époque les grands donneurs d'ordre suivaient moins leurs fournisseurs, c'est que cette affaire représentait un chiffre d'affaires de 50 millions de francs alors que notre chiffre d'affaires n'était que de 40 ! Fort de cette nouvelle embarrassante, le jour même, de retour à l'usine je réunis ***ma meute***.

La nature et l'équilibre de cette meute sont en grande partie la source de notre développement harmonieux. Elle était en effet, par hasard, composée d'éléments aux qualités et défauts complémentaires :

- Nous avions tous la petite quarantaine, donc suffisamment d'inconscience, et de maturité pour nous lancer dans de grandes aventures, sans complexe, mais avec ce qu'il faut de conscience pour ne pas faire n'importe quoi.
- Il y avait Jean Pierre, le pessimiste né, mais néanmoins fonceur,
- Georges, l'ancien instituteur, précis, rigoureux,
- Michel le commercial socialo, écolo avant l'heure,
- Alain, l'électron libre qui se passionnait pour toutes les techniques nouvelles et qui fut le porteur de toutes les innovations managériales que les années 80 allaient nous apporter du Japon,
- Claude, l'autre Michel et André de très grands professionnels meneurs d'homme en fonderie, usinage et outillage,
- Jeannine, la secrétaire à tout faire, entrée à FAVI à l'âge de 16 ans,
- Roland, l'ancien entré lui aussi à l'âge de 14 ans et qui était notre mémoire collective,
- Hervé, un peu plus jeune, le « père fouettard » indispensable dans toute collectivité,
- Et moi le laboureur fou, qui laboure à l'impulsion mais qui est incapable de semer, récolter, engranger, ce que fort heureusement mes collaborateurs faisaient très bien.

J'annonce donc la nouvelle au groupe, et Jean Pierre de s'exclamer :
« Tu te rends pas compte doubler le chiffre d'affaires en un an, on n'y arrivera jamais ! » Ce à quoi je répondis : *« O.K : donc on décline l'affaire ? »*

« Ha ben oui, mais non ! On ne peut pas laisser passer une occasion pareille ! »
« Bon ben alors on dit oui ? » — « Ouais mais si on n'y arrive pas et qu'on plante Peugeot.... ! » — « Bon ben je dis non alors ? »
Et au bout de trois allers et retour comme ça je propose :
« À mon sens, si on continue à travailler comme on travaille, c'est certain qu'on ne va pas y arriver ! Mais n'est ce pas l'occasion d'imaginer tous ensemble un autre mode de fonctionnement, différent, plus dynamique, plus souple, qui intègre ce que les uns et les autres nous apprenons de ***Fauvet****, à l'****AFPIM*** *!*
Je suggère que l'on prenne l'affaire, que l'on mette en place un ***PERT*** (VOIR T2, FICHE OUTILS N° 24) *qui était le seul outil que nous connaissions à l'époque), et que tous les vendredis matins on se réunisse pour imaginer ce nouveau mode de fonctionnement ! »*

Cette proposition ayant été acceptée à l'unanimité, ce fut le véritable début de la mise en place d'un autre mode de fonctionnement. Le principe était que, au fur et à mesure que nous trouvions, ou définissions quelque chose, Jeannine voyait l'ensemble du personnel par groupe d'une quinzaine de personnes pour les amener à redécouvrir par eux-mêmes ce que nous avions établi, et régulièrement elle nous donnait le feed-back des réactions des groupes, et ainsi nous adaptions notre pas à celui de la troupe pour ne pas nous retrouver dans la position de la locomotive qui a perdu ces wagons !
Nous avons commencé par le commencement : **- C'est quoi le but de FAVI ?**
Au bout de deux réunions nous sommes arrivés à la conclusion que notre but collectif, était de **DURER**.
Après nous avons cherché un symbole de la durée, et l'arbre nous sembla un bon symbole pour nous, implantés à la campagne, et à l'évidence l'arbre le plus imposant de la forêt n'a aucune conscience de sa supériorité, un arbre est un système à faire des fleurs, qui font des fruits, qui font des graines qui font d'autres arbres.

C'est pourquoi, pour entrer à FAVI, il faut faire le tour d'un arbre et qu'à l'autre entrée de l'usine est dessiné un grand arbre sur le mur pour que chacun, chaque jour se rappelle cette évidence!
Pendant cette réflexion, avait été abordé bien évidement le rôle du profit, de l'argent, et c'est ***Fauvet*** qui m'a apporté la réponse. En effet , avec lui, comme plus tard avec d'autres *« gourous »*, j'avais pris l'habitude de suivre plusieurs fois le même module de formation, pour m'imprégner du message et comprendre ce qu'il y avait derrière le message, pour percevoir quelles étaient les conditions préalables à la mise en place d'un outil, d'une philosophie ou d'un mode de fonctionnement. Par exemple, ce n'est qu'à la troisième écoute du module sur le T.P.M. (VOIR T2, OUTIL N° 37) que j'ai compris qu'il fallait impérativement supprimer toute référence à l'argent en fabrication pour permettre l'épanouissement des indicateurs T.P.M. Bien sûr quand un intervenant voit la même tête 3 fois de suite, surtout quand c'est celle d'un patron, car très souvent les auditeurs des nouveaux outils sont des conseils qui viennent se former pour régurgiter, il a tendance à le prendre à témoin et notamment pendant la pause repas il continue le dialogue avec lui.
Ainsi donc, nous philosophions avec ***Fauvet*** à la pizzeria du coin sur le sujet quand est

venue cette évidence : ***«L'argent n'est incontestablement pas le but de l'entreprise, ce n'en est que le moyen, comme la respiration est le moyen majeur de la vie !»***
C'est ainsi que nous sommes arrivés à cette deuxième définition : ***L'argent est la respiration de l'entreprise !***
Et pour faire bien comprendre la chose, il a été convenu que Jeannine, après avoir fait «spontanément» découvrir par les opérateurs, que le but de FAVI était de durer comme l'arbre, demanderait aux opérateurs et opératrices de rester une minute sans respirer, puis de leur faire remarquer que pendant toute la discussion, qui parfois durait une heure, pour définir collégialement le but de la vie, personne n'avait évoqué la respiration. Ainsi de leur faire prendre conscience de la différence qu'il y a entre le **but** et le **moyen** : ***le but est de durer, le moyen de la durée est la respiration***.

«Quelle est la respiration de l'entreprise?»

Telle est la question que Jeannine posait alors, et le débat était alors entretenu jusqu'à ce que quelqu'un énonce cette évidence :
« L'argent est la respiration de l'entreprise !»
Et de même qu'on ne plaisante pas avec la respiration, car je ne connais aucune religion où on ne respire pas le vendredi après midi, ou le samedi matin, on ne plaisante pas avec le profit ! Que l'on discute du partage du profit certes, mais encore faut il qu'il y ait du profit.
L'étape suivante fut de définir l'origine du profit de l'entreprise. Nous avons déjà tous les éléments de culture commune car la plupart d'entre nous avaient bénéficié des enseignements de ***Jean-Christian Fauvet*** et selon sa théorie du ***jeu de go*** (VOIR T2, FICHE OUTILS N°9), connaissions sa matrice de la ***socio-dynamique*** (VOIR T2, FICHE OUTILS N°7) et sa théorie de l'***entreprise holomorphe*** (VOIR T2, FICHE OUTILS N°7BIS *et* PAGE 113, L'HISTOIRE DE L'ENTREPRISE Y). Nous connaissions sa théorie du ***Bien Commun*** (VOIR T2, FICHE OUTILS N°78) d'où dérive le besoin de valeurs partagées. Nous sentions tous implicitement qu'il fallait réinventer quelque chose qui s'éloigne du modèle anglo-saxon classique pour aller vers un modèle plus judéo-chrétien. Et c'est cette approche, qui nous a permis, d'aboutir au bout de 2-3 réunions de discussion, à cette ***notion culturelle d'amour***, ***amour de l'autre***, puisqu'on le considère comme ***bon***, et de rechercher de ***l'amour du client***. Il me semble que c'est Jeannine qui a émis cette idée simple mais d'avant-garde : ***«Le profit résulte de l'amour du client».***
Et c'est ainsi que fut créée la matrice qui est la base de notre système de valeurs (VOIR T2, FICHE TPF N°2), matrice qui est affichée dans chaque mini-usine et que pendant des années je présentais aux entrants dans ***«la famille Favi»***.
Au cours d'une réunion de plusieurs heures au cours de laquelle je les interrogeais sur le but de leur vie et après débat d'une bonne heure, j'amenais mon auditoire à la conclusion qu'ils ne vivaient que pour durer : *«je vais me marier, avoir des enfants etc»*. Ensemble, nous redécouvrions la valeur symbolique de l'arbre en la matière, puis après avoir demandé à tous et chacun d'arrêter de respirer pendant une minute nous redécouvrions cette notion d'argent, respiration de l'entreprise. Enfin message plus long, nous arrivions collégialement à la conclusion que **seul l'amour du client générerait ce profit moyen et indispensable de la durée de Favi**. Depuis 2004, ces réunions sont animées par Dominique le nouveau berger du troupeau.

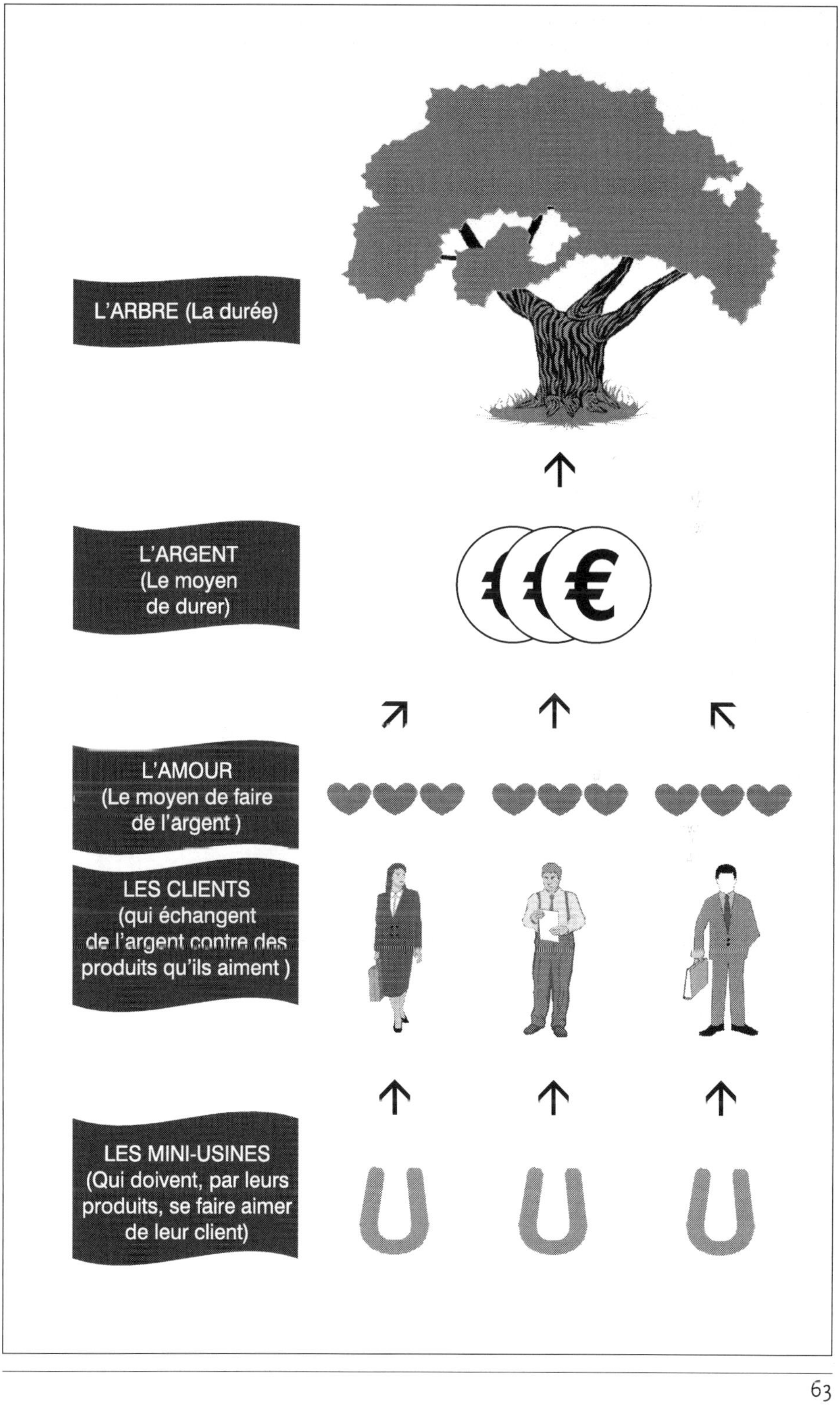
L'ARBRE (La durée)
L'ARGENT
(Le moyen
de durer)
L'AMOUR
(Le moyen de faire
de l'argent)
LES CLIENTS
(qui échangent
de l'argent contre des
produits qu'ils aiment)
LES MINI-USINES
(Qui doivent, par leurs
produits, se faire aimer
de leur client)

Histoire des premières mesures concrètes...

Grâce à la culture commune acquise de ***Fauvet***, nous avions commencé par classer les individus dans chaque atelier selon sa matrice qui répartit les individus en ***B1, B2, B3 etc.*** (VOIR T2, FICHE OUTILS N° 7).
Et avant de mettre en place toute évolution dans un service, nous faisions en sorte, que pour le moins, ***les oppositionnels*** *(car nous n'avions pas et n'avons toujours pas de* ***casseurs****)* et ***les déchirés*** passent dans le domaine du ***donnant-donnant***. Sachant qu'il fallait que le ***donnant-donnant*** ne soit pas basé sur de l'argent mais sur la considération ou une forme d'estime. Ceci nous permit déjà d'évoluer tout doucement, sans heurts ni réticences.

La 2nde grande évolution fut - et il me semble que le mérite en revient à Jean-Pierre. Nous sommes passés des ***mécanistes*** que nous étions, comme toutes les entreprises à l'époque, c'est-à-dire au minimum de l'intérieur comme de l'extérieur, au stade de l'entreprise mythique ***holomorphe***, au maximum de l'intérieur et de l'extérieur. Nous y sommes parvenus de façon indirecte en travaillant sur ***l'axe tribal***, par l'effet de niche appris par ***Fauvet*** (VOIR T2, FICHE OUTILS N° 36) et sur **l'axe individualiste** et **favorisant** l'autonomie des gens et leur turn-over interne (VOIR HISTOIRE DE L'ENTREPRISE «Y» et T2, FICHE OUTIL N° 7BIS). Ce faisant, en travaillant en permanence sur ces deux axes concrets, nous espérions obtenir comme résultante <u>naturelle</u>, une évolution vers l'entreprise holomorphe un peu abstraite.

Pour le 1er point, on envisagea un uniforme *(le blouson Favi)* puis des *«grades» (les maîtres ouvriers)*, des liturgies *(le discours semestriel du Chef)*, des cérémonies : l'accueil des nouveaux avec remise symbolique de pins Favi, la fête aux Anciens qui partent en retraite et qui se voient remettre la pièce sur laquelle ils ont le plus travaillé, dorée à l'or fin, installée sur un socle en bois ou en pierre, et discours du Chef qui devait amener, pour être réussi, la larme à l'œil de chacun, le cadeau traditionnel du Chef au 1er janvier se traduisant par une belle orchidée à toutes les dames de Favi, avec un mot personnalisé pour chacune etc.

Quant à l'axe individualiste, l'idée petit à petit, dominait de faire des groupes autonomes d'opérateurs qui recevaient directement les commandes et qui s'autogéraient pour réaliser la commande depuis la matière première jusqu'à l'expédition, en laissant toute liberté au groupe pour sa propre organisation. Donc toute liberté à chacun de travailler en accord avec ses collègues sur telle ou telle machine du moment que toutes les commandes soient honorées.
Nous en étions à ce stade de réflexion quand nous avons décidé de nous faire assister dans notre démarche par un autre intervenant dans nos formations AFPIM : Gilbert...

Histoire de la création des mini-usines...

Gilbert, dès la première journée de son intervention vint me voir dans mon bureau, s'assit nonchalamment en face de moi, prit un air décontracté et me dit comme une évidence : ***« il faut virer Dédé ! »***
Au moment même où il s'exprimait, je réalisais qu'il avait raison, qu'inconsciemment je le savais, mais que mes liens affectifs avec André, dit Dédé, le patron de l'usinage, m'empêchaient de voir cette évidence. Interloqué, je laissais quelques minutes de silence puis je dis à Gilbert : ***« Malheureusement, je crois que vous avez raison, mais ce n'est pas possible parce que Favi c'est Dédé et Dédé c'est Favi ! »***

Et de fait j'avais compris que Dédé était fait et programmé, pour piloter une dizaine de personnes, mais pas plus. En application du *3e principe de la péripatéticienne,* nous recherchions et engrangions de plus en plus de pièces nouvelles usinées et que son service très rapidement était passé de 10 à 80 personnes.

En réfléchissant avec Gilbert, on s'est dit : Comment ramener le nombre de personnes en dépendance directe de Dédé à moins de 10 ? Et c'est comme ça qu'est venue l'idée de faire des groupes autonomes attachés à un client ou une famille de produits, qui « généraient un leader » par cooptation. Le Leader, avec sa « *patrouille* » pourrait gérer en toute autonomie ses commandes et ses fabrications, ce qui ramènerait le nombre d'interlocuteurs de Dédé à moins de 10.

Rapidement, cette idée fut reprise par le groupe de réflexion du vendredi matin. Nous avions décidé d'appeler chaque patrouille une **mini-usine** pour bien montrer son degré d'autonomie et renforcer l'***axe individualiste*** qui, avec toutes les actions que nous entamions sur ***l'axe tribal***, amenait en résultante le cheminement vers ***l'entreprise holomorphe***, de métaction et, où le Chef est ***« celui qui a le ballon »***.

Plus tard je découvris qu'ainsi nous avions créé une nouvelle caste, celles des ***leaders*** sur laquelle je m'appuyais, qui était ma caste, tous issus de la production, puisque tous avaient été opérateurs sur machine 3 ou 4 ans, tous jeunes et enthousiastes *(20-25 ans)*, et ce faisant inconsciemment je shuntais le rôle opérationnel des cadres chefs de service qui, au fur et à mesure de leurs départs en retraite, ne furent pas remplacés ; ou qui comme Claude fut réaffecté à plein temps à la Recherche & Développement d'une nouvelle technologie *(l'injection du cuivre pur à haute conductibilité)-(Voir la Belle Histoire des moteurs électriques)*.
Pour arriver à une structure unique à **2 niveaux hiérarchiques en fabrication** :
- **les opératrices et opérateurs**
- **leur leader.**

Histoire des résistances au changement...

Ces trois chances inattendues *(les augmentations spontanées de cadence, l'augmentation sensible du temps de travail, et surtout la magnifique affaire Peugeot)*, firent passer le taux d'adhésion au changement de la classe dirigeante de 20% à 80%.

Ainsi très rapidement cette volonté de travailler autrement, cette volonté de transformer les opératrices et opérateurs pour que, partant de leur rôle passif d'exécutants, ils aient la possibilité de devenir des **acteurs** de progrès puis leurs propres **auteurs** de progrès, ne fut plus jamais mon seul fait, mais la volonté collective de l'ensemble des cadres.

Ne faisons pas d'angélisme, il y eut encore pendant de nombreuses années le souci pour certains d'entre eux de se préserver un territoire de ***pouvoir***, une grande difficulté à lâcher leur ***pouvoir*** sur l'organisation des flux et des hommes pour ne se contenter que d'un ***pouvoir*** de compétence, mais tous, participèrent sincèrement à la réflexion collective pour travailler autrement.

Mon rôle se limita à proposer des axes de changement, puis à pérenniser chaque étape de ce changement, en la formalisant, la modélisant, la portant en interne comme en externe pour qu'elle contribue à notre image d'entreprise à part, à laquelle on peut faire confiance.

Il est certain que le partage d'une culture commune, nouvelle, acquise entre autre auprès de ***Jean-Christian Fauvet***, cimenta l'équipe. De plus, la grosse affaire, car ce n'était pas une mince affaire que de doubler le chiffre d'affaires en un an, occupa les esprits, et justifia les remises en causes du statut de certains.

Le travail de Jeannine de *feed-back* réguliers entre le «*haut*» et le «*bas*» nourrit aussi la démarche, par exemple :
Un message remonta des réunions animées par elle : ***«C'est bien joli tout ça, on a compris qu'il fallait gagner le maximum d'argent pour sauvegarder nos emplois de demain, pour se développer, trouver de nouveaux clients, mais si on en gagne qu'est ce qu'on aura de plus, nous les opératrices et opérateurs ?»***

J'apportais la réponse lors de mon discours semestriel suivant : ***«Il n'y a plus de prime, toutes les augmentations sont au mérite, et uniquement au mérite. Maintenant que la différence est faite par le salaire, nous allons prendre 6% de la ligne GW de liasse fiscale (résultat avant provisions) qui reflète la réalité du résultat de notre démarche collective que nous partagerons à égalité que l'on soit opératrice, opérateur, cadre ou directeur. Bien entendu chacun aura une part strictement proportionnelle à son temps de présence pendant l'année. Si quelqu'un a été absent 4 jours, pour quelque raison que ce soit, pour***

220 jours ouvrables, il aura une part diminuée de façon strictement proportionnelle, et la part ainsi libérée sera partagée par ceux qui n'auront jamais été absents pour quelle que raison que ce soit ! »

Ainsi le changement se fit sans rupture apparente, car nous nous *auto-corrigions* au fur et à mesure que nous avancions...

Nota : *Conformément à la loi, cette règle de répartition égalitaire d'une part du résultat fiscal, fut codifiée pour bénéficier des avantages liés à l'intéressement, à savoir une franchise de charges sociales.*
Toujours conformément à la loi, tous les trois ans, cette règle est renégociée avec la commission spécifique du Comité d'entreprise.

Une année, alors que l'effort collectif avait été particulièrement soutenu, et que l'écart entre l'inflation réelle, et celle retenue par nos politiques s'était particulièrement creusée, je me suis rappelé de la réflexion de Roland, vieil opérateur plein de sagesse :
« C'est bien qu'on n'ait pas de syndicat ! Car on peut avoir des relations directes, simples et honnêtes, mais faites toujours comme si vous en aviez un fort et dur pour rester simple et honnête ».

C'est pourquoi la veille de la réunion triennale avec la commission intéressement du C.E. je me suis dit : *« Si j'avais en face de moi un syndicat « pur et dur », à tous les coups, cette année il me demanderait de porter le part de prélèvement de la ligne GW de 6 à 8%, et après d'âpres discussions, nous transigerions à 7% ».*

C'est pourquoi le lendemain, j'annonçais, aux représentants élus du personnel que compte tenu des résultats et de l'effort collectif important, le patron avait décidé d'augmenter la part réservée à l'ensemble du personnel en portant le prélèvement de 6 à 7% !

Et maintes fois je me suis souvenu de cette remarque pleine de sagesse de Roland, une autre de ses remarques, faites lors de mes tours quotidiens des ateliers :
« C'est le bon ouvrier qui fait le bon patron et pas le contraire...Le boulot du patron c'est de faire en sorte que l'ouvrier soit bon !!! »

La belle histoire des fourchettes...

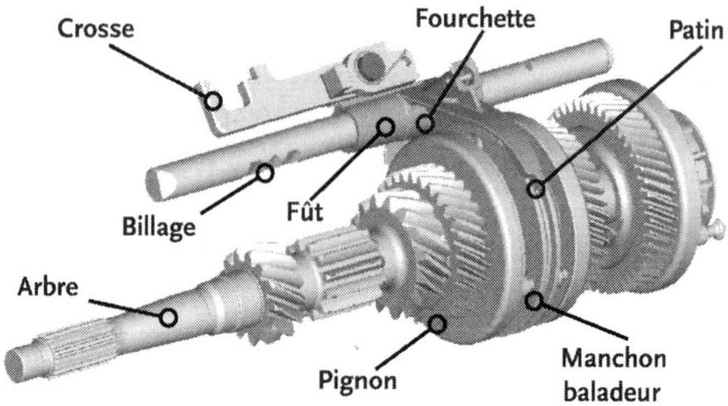

Il était une fois, dans les années 1970, une société qui venait de cesser de s'appeler **SIMCA** pour s'appeler **Chrysler France.**
Cette société avait une usine à La Rochelle, un centre d'étude à Carrières sous Poissy, et utilisait des fourchettes de boîtes de vitesse, *essentiellement faites en fontes coulées croning (Technique mise au point par les Allemands avant la deuxième guerre mondiale pour monter des grenades dans des moules en sable aggloméré)*, mais aussi pour certaines faites en alliages cuivreux, qu'elle achetait à la société le **Bronze industriel**.

Chrysler rencontrait, de façon chronique des problèmes de qualité fonctionnelle du produit, *(usures aléatoires des patins, que l'on attribuait soit à des défauts de phosphatation des baladeurs (la phosphatation c'est l'opération de traitement superficiel pour durcir les surfaces) mais plus souvent à un problème de constance d'alliage des fourchettes)*. La société mandata donc, un de ses Métallurgistes, du laboratoire de Poissy, pour trouver une solution de remplacement.
Ce Métallurgiste, vieux Monsieur de 50 ans, *il faut dire qu'à l'époque j'en avais 25 et que 50 ans me paraissait un âge canonique*, avait et a toujours une forte personnalité. Ce personnage, car Monsieur ***Moussa*** en est un remarquable, volubile actif, toujours en mouvement, le cerveau en perpétuel bouillonnement, prit donc son bâton de prospecteur et fit le tour de France des solutions alternatives.

La fourchette, objet de ses préoccupations, étant en alliages cuivreux, tout naturellement il contacta puis visita les fonderies spécialisées dans cette famille d'alliages.
À l'époque, nous injections des alliages de laiton depuis une vingtaine d'années et nos marchés étaient essentiellement le sanitaire, la serrurerie, les compteurs d'eau et quelques rares pièces techniques.
L'origine de FAVI est une histoire d'amitié entre hommes du «**Vimeu**» *(région comprise*

entre les vallées de la Bresle et de la Somme, pour ceux qui connaissent notre belle Picardie Maritime). Monsieur ***Valentin*** pressentait l'explosion du marché du sanitaire : *ce qui se passe sous le lavabo*. Le tout à l'égout se développait dans nos campagnes, et donc le bête tuyau, généralement en plomb, qui crachait dans la rue, était, suite à la mise en place du tout à l'égout, remplacé par un écoulement qui imposait un siphon bloquant les remontées de mauvaises odeurs.
Monsieur ***Valentin***, donc, incita son ami Monsieur ***Decayeux***, qui fabriquait des réchauds à alcool en laiton embouti, *(opérations de mise en forme d'un objet par emboutissage d'une tôle, ce qui avant l'arrivée du gaz était un marché considérable)* à fabriquer les fameux siphons.

Les premiers essais débutèrent dans un garage avec des presses à eau, comme celle qui trône devant l'usine de nos jours *(voir photo ci-dessous)*. La technique étant maîtrisée l'usine se développa à Hallencourt dans les locaux d'une ancienne usine de tissage de lin, spécialisée dans le luxe et entre autres en services de tables pour la cour de Russie et les paquebots de croisière comme le Normandie, dit-on. Puis naturellement à ces fabrications s'ajoutèrent des petites pièces mécaniques pour répondre à un besoin très local pour la serrurerie notamment.

Il est à noter que pendant près de 50 ans nous avons produit **le siphon J.B.M.** symbole de cette amitié entre messieurs **J**ean Valentin, **B**ader *(le directeur de l'époque)* et **M**arcel Decayeux.

Dès l'origine, la sous-pression *(technique de fonderie consistant à injecter du métal en fusion dans un moule avec des pressions de l'ordre de 1 000 bars)* fut adoptée pour des raisons d'économie de matière et de poids par rapport au matriçage *(technique de fabrication consistant à frapper sur une forme du métal rendu pâteux)* et à la coulée sable *(technique de fabrication consistant à mettre en forme des pièces à partir de métal liquide coulé dans une empreinte de sable pressé)* ou coquille *(technique de fabrication consistant à mettre en forme des pièces à partir de métal liquide coulé dans un moule métallique)*, utilisés dans la région. Il semblerait que nous ayons été les premiers au monde à utiliser cette technologie et ces alliages de façon industrielle !

Il faut savoir qu'avant-guerre la mise en œuvre des alliages de cuivre, sous toutes ses formes, fonderie, matriçage, emboutissage, usinage... était une spécialité du Vimeu.

Cela, dit-on, pour trois raisons possibles :
- La première est que de tous temps, sévissaient sur nos côtes des tribus de naufrageurs, qui par gros temps faisaient déambuler sur les berges des bovins avec des lanternes accrochées aux cornes simulant des embarcations à l'ancre. Tout naturellement les navires en perdition croyant trouver un havre se dirigeaient vers ces lumières salvatrices et s'échouaient ! Comme de tout temps le cuivre et le bronze sont les seuls matériaux qui résistent à la corrosion marine, ces alliages étaient en relative abondance sur les épaves récupérées. Fort de cette matière première il s'est très vite développé un artisanat de petite serrurerie complémentaire à la traditionnelle activité de pêche.
- La deuxième raison, plus noble, serait qu'il y avait des mines de cuivre et d'étain dans les îles Anglo-Normandes, et comme nous disposions de forêts donc de réserves de bois, donc de combustible, l'industrie de la fonderie de ces minerais se serait développée dans la région. Il est à noter que les mêmes raisons expliquent la traditionnelle et toujours florissante industrie du verre et du flaconnage.
- Troisième et dernière hypothèse, la plus belle des trois, serait que depuis plus de cinquante mille ans, l'homme a, dans nos régions, taillé le silex pour en faire des outils. La chose est tellement vraie qu'encore de nos jours à chaque saison des labours remontent en abondance des silex taillés et que le site d'Hallencourt, bien que connu et répertorié par les spécialistes, n'est pas protégé tellement les échantillons sont en nombre chaque année. Donc depuis cinquante mille ans, des hommes font ici des outils pour d'autres hommes et tout naturellement lorsque les alliages de bronze sont apparus, pour faire face à un début de mondialisation *(déjà !)* nos ancêtres se convertirent à la fabrication d'outils en bronze.

Peut être qu'en fait l'origine de cette spécialisation dans les cuivreux sous toutes ses formes est un mélange des trois...Toujours est il que si FAVI est dans le Vimeu, nous le devons à des raisons non pas séculaires, mais assurément millénaires !
Donc tout naturellement Monsieur ***Moussa*** dans sa quête de nouveau fournisseur nous visita. Il s'avère que Monsieur ***Bader***, le directeur des débuts, avait pressenti, dès les années 50 la possibilité de faire des fourchettes et même quelques échantillons existaient. On s'empressa de montrer ces échantillons qui prouvaient la faisabilité technologique, mais cela ne suffisait point, car ce qui préoccupait Monsieur ***Moussa*** ce n'était pas tant la technologie que l'alliage, d'où notre première rencontre car à l'époque je sévissais, à ***AFICA***, en tant que métallurgiste FAVI spécialisé dans les alliages cuivreux.
Lors de cette toute première rencontre, la discussion s'étaya à partir de la norme spéci-

fique **Chrysler**. Dès la première lecture de ce document je fis deux remarques :
❶ ***« Est-ce qu'une fourchette tordue était encore fonctionnelle ? »***
Réponse : ***« NON ! Une fourchette tordue est une fourchette foutue ! »*** (L'expression demeura longtemps). Donc il fallait considérer la limite élastique *(charge maximum supportée par une matière avant de se déformer d'une façon permanente)* et non l'allongement *(sous charge maximum d'une matière avant sa rupture)* tel que défini par la norme interne.
❷ L'analyse spécifiée était antinomique avec les structures micrographiques *(aspect d'un alliage vu au microscope)* type imposées. En effet, avions-nous appris, à notre hôte, les alliages de laiton ont la particularité d'avoir été très bien étudiés au début du 20ème siècle par des métallurgistes matriceurs qui avaient découvert le principe d'équivalent zinc pour chaque élément... Ils avaient, à force d'études et de recoupements, précisé ces équivalents : *0,5 pour le Manganèse / 6 pour l'aluminium / 10 pour le Silicium / 0,9 pour le Fer etc.*
C'est-à-dire que 1 % de Silicium équivalait à 10 % de zinc, 1 % de fer équivalait à 0,9 % de zinc ...etc

Ce principe permettait ainsi de transformer un alliage composé d'une dizaine d'éléments en un alliage binaire cuivre / zinc, et donc de prévoir très précisément la structure de l'alliage. Or il s'avérait que, ayant l'habitude de manier la formule, *parce qu'à l'époque j'essayais de mettre au point un alliage non dézincifiable*, j'avais mentalement à la lecture de la norme **Chrysler**, converti la composition et constaté que l'on devait obtenir une structure monophasée bêta *(arrangement atomique particulier d'un alliage en fonction de sa composition)*, fragile comme du verre et non une structure harmonieusement biphasée et malléable comme l'imposait la micrographie type.
Ces deux remarques convainquirent Monsieur ***Moussa*** de notre professionnalisme, et ainsi avons-nous décidé d'établir un protocole d'essais.
Nous commençâmes des essais, longs et fastidieux, *car à l'époque nous ne disposions pas de matrice comme les plans d'expériences notamment*, et le jeu consistait pour nous à fixer six éléments, à faire varier le septième par, pas de 0,10%, à élaborer une petite quantité de chaque alliage, charge pour nous de faire les caractérisations micrographiques et mécaniques, Poissy prenant en charge les opérations de tribologie *(essai de laboratoire de résistance à l'usure des matériaux)*, puis nous tirions les conclusions avant de faire varier un autre élément, etc.

Nous étions en cours d'étude depuis 6 mois quand d'un côté Monsieur ***Moussa*** se vit intimer l'ordre d'arrêter ces essais jugés trop longs et qui bloquaient ses installations de tribo, au profit de quelque chose de plus urgent, et de mon côté le P.D.G. de FAVI de l'époque me fit comprendre que cette étude n'était pas prioritaire et que je ferais mieux de me concentrer sur les alliages non dézincifiables. Donc, un peu déçus, nous avons d'un commun accord arrêté l'étude de l'alliage fourchette.

Quelques mois passèrent, et un jour, Monsieur ***Moussa*** qui m'avait pris en amitié, m'appela et me dit : ***« Et si on reprenait l'étude en douce ? Parce que je ne crois plus à la fonte dont on atteint les limites, et je pense que si on met au point un alliage qui se passe de***

traitement complémentaire (il fallait en effet mettre du molybdène, un métal blanc, dur cassant et peu fusible, déjà très coûteux, sur les patins en fonte pour en limiter l'usure) avec la grande productivité de l'injection cela devrait déboucher sur un marché rentable pour tout le monde !»
Alors discrètement nous reprîmes l'étude et l'avions amenée à son terme, quand nous avons été convoqués par **Renault**, au laboratoire de Billancourt *(Là où trônait sur la pelouse le petit FT 17 char de 1916 mis au point par Louis Renault et le Général Estienne) (Voir histoire du général Estienne)*. Nous sommes reçus par un métallurgiste qui nous dit : ***«On a appris que vous avez mis au point un alliage pour faire des fourchettes, et nous voudrions le caractériser.*** *(procédure d'homologation officielle des caractéristiques d'un matériau)*
Pouvez-vous faire quelques prototypes?» Après avoir demandé l'accord de principe à Monsieur ***Moussa*** nous avons donc réalisé ces prototypes. Je n'ai jamais su comment Renault avait appris ce fait. Indiscrétion d'un stagiaire? Indiscrétion du patron à la chasse? Toujours est-il que Renault caractérisa l'alliage et nous commanda une pièce, une seule qui fut bientôt en série.
Voyant cela, quelqu'un dans la hiérarchie de **Peugeot**, qui venait de reprendre **Chrysler France**, demanda au labo de Poissy de se rapprocher de nous pour étudier ce nouvel alliage. Et ainsi nous avons rapidement fait une pièce aussi pour **Peugeot**.

Il est à noter que ces deux pièces ont certes évolué au cours du temps mais sont toujours en service, et sont à ce jour vendue moins cher qu'il y a 23 ans !!!
25 ans après il y a prescription, d'autant plus que les protagonistes sont tous largement en retraite mais ce qui est à retenir est que, **souvent les belles innovations, sont faites «en perruque», en marge des projets et stratégies officielles**.

Puis les choses s'enchaînèrent toutes seules : **Fiat**, qui rencontrait des problèmes chroniques avec une boîte en série, fit une étude fonctionnelle comparative et constata que la meilleure boîte de vitesses du marché était la boîte B.E. *(type de boîte de vitesse de la gamme PSA)* de **Peugeot**, et en disséquant la boite découvrit que les fourchettes étaient en cuivreux injecté, et non en fonte. Ils mandatèrent un de leurs fournisseurs de pièces pour trouver le fabricant des dites fourchettes. Celui-ci se renseignant auprès du Syndicat des Fondeurs de France, nous découvrit, devint un ami et notre agent en Italie. Depuis nous équipons un certain nombre de modèles pour **Fiat**, **Alfa Romeo** et **Lancia**. Pendant quelque temps nous avons même fait une fourchette pour **Ferrari** !

Volvo fut une autre belle histoire : Pendant longtemps **Volvo** s'approvisionnait en Allemagne, et un jour cette société fit réaliser par un cabinet indépendant, une étude qui révéla que le meilleur rapport qualité / prix / service n'était plus en Allemagne, mais en France. À ce titre, un jour, nous vîmes débarquer un acheteur Suédois, furieux, mécontent, avant même que d'arriver, car il avait été coincé trois jours du côté de Pau par une grève conjointe d'**Air France** et de notre belle **SNCF**, et dès notre première rencontre il me signifia qu'il venait par principe, mais que jamais il ne travaillerait avec un tel pays ! Je me permis de lui faire remarquer que nous n'étions pour rien dans ses problèmes

de transport, et que ce genre d'incident ne pouvait en rien affecter notre prestation. Il me fit alors comprendre que s'il en était ainsi de deux compagnies publiques, il en était sûrement de même avec cette autre compagnie qu'est l'**E.D.F.** !
Il s'avère que, quand au nom du quatrième principe de la péripatéticienne, *(dit «principes de la pute» en interne,* VOIR T2, FICHE OUTILS N°40*)* dès 1983, nous avions décidé de ne plus augmenter nos prix de vente, j'avais demandé à tous nos fournisseurs de faire de même. Tous avaient accepté sauf l'**E.D.F.** qui s'était écroulée de rire.
Comme je voulais aussi gagner sur l'énergie, j'avais équipé l'usine de groupes électrogènes pour bénéficier du contrat E.J.P. *(Effacement Jours de Pointe par auto-fourniture d'énergie)* qui permettait de baisser les coûts de 20%.

Donc nous avions des groupes, que je m'empressais de faire visiter à l'auditeur-acheteur en lui prouvant que tous nos moyens de fusion et de fabrication étant électriques, la capacité installée permettait de tourner sans apport extérieur !
Ceci le frappa, à tel point qu'il fit un rapport élogieux, et, relativement rapidement, **Volvo** nous accorda le rare privilège de fournir 100% de leur besoins en commandes de boites de vitesse, ce dont nous sommes toujours très fiers.
Quant à **Volkswagen,** nous sommes entrés chez eux grâce à des suites de dépannages catastrophiques sur des problèmes qualité rencontrés avec leurs fournisseurs allemands, et à ce jour, c'est notre deuxième client automobile.

Ce qu'il faut retenir de ces histoires est que **ce sont nos clients qui nous ont trouvés !!!**
Nous nous sommes contentés, en bons artisans serviables, d'être très réactifs, et si à ce jour nous fournissons près de 50% du marché Européen, c'est certes grâce à notre système où une personne suit chaque client, **SON** client, mais aussi de par notre système de mini-usines qui participent de façon active aux développements des projets, car tous les prototypes sont réalisés dans et par la mini-usine, qui met toute son énergie à le faire, consciente qu'elle est que, de cette réactivité, dépendent ses emplois de demain, alors que nos concurrents ont généralement une structure à part qui n'a pas cet instinct réel et concret de conservation...

Histoire de la suppression des régleurs...

Au début des années 80, j'avais pris l'habitude de rencontrer un vendredi après midi tous les mois, 4 autres chefs d'entreprises de la région, de taille similaire à la nôtre, dans des domaines très différents : *fabrication de boites à outils, de serrures, de pièces sanitaires et électriques*. Le but de ces rencontres n'était pas tant de se visiter et présenter ses installations que de, chacun à son tour, témoigner d'une action particulièrement réussie ou mieux d'un brillant échec du genre : *« comment j'ai complètement raté la mise en place de la GPAO ! »*

Quand le chef de l'entreprise qui faisait des pièces électriques nous reçut, il nous raconta l'histoire suivante : ***« Tout doucement l'entreprise que je dirige s'endormait, s'enfonçait dans l'indolence des sociétés familiales qui perdurent depuis 4 générations et qui considèrent qu'elles sont éternelles, qu'il ne faut pas s'inquiéter, qu'on s'en est toujours sorti et qu'il n'y a pas de raison que cela change. »***

Devant la baisse continue des résultats et du carnet de commandes j'avais alerté plusieurs fois l'aïeul, actionnaire principal, en lui proposant des plans d'actions. Mais en vain ! Sa réponse était régulièrement la même : ***« ne t'inquiète pas Fiston ça va revenir ! On a déjà connu ça »***. Jusqu'à ce qu'on s'enfonce profondément dans le rouge, et que les banquiers commencent à faire sérieusement les gros yeux. Alors l'aïeul, pris de panique me demanda quelles étaient mes conditions pour sauver l'entreprise.
Elles étaient simples : avoir carte blanche et liberté de procéder à un plan social indispensable. Ce point fut pénible à accepter par l'aïeul car il était d'une génération pour laquelle licencier était un déshonneur plus grand que de déposer son bilan. De plus je lui demandais de m'accorder le droit de licencier qui je voulais même et y compris **la Famille**.
Il faut dire qu'en Picardie, il était courant que tout un clan, frères sœurs, mais aussi belles-filles, gendres, cousins et autres neveux vivent d'une même entreprise qui, généralement, avait leur patronyme comme raison sociale.

Ce point fut dur à faire accepter, mais à tout prendre, l'aïeul considéra que le fait de toucher à la famille prouverait au microcosme local l'impérieuse nécessité du plan de restructuration et estomperait le déshonneur d'un licenciement. Pour faire simple j'ai donc décidé de licencier ***toute*** la famille, et me suis donc trouvé du jour au lendemain sans maîtrise, sans régleurs, sans contrôleurs, bref sans blouses bleues ! (Les quelques rares blouses blanches étant hors du clan).

Contre toute attente j'ai constaté que la productivité augmentait, que les défauts diminuaient, que les machines tombaient moins en panne. J'ai constaté qu'auparavant, les régleurs réglaient juste ce qu'il fallait pour pouvoir intervenir quelques heures plus tard, alors que l'ouvrier non seulement savait régler, mais encore, comme sa noblesse était de tenir un rythme de production, il réglait pour ne pas être interrompu dans sa fabrication.

J'ai découvert qu'un rythme régulier et élevé **aidait mieux la journée à passer**, pour reprendre l'expression que j'ai entendue depuis dans l'atelier.
J'ai découvert que les contrôleurs multipliaient les contrôles pour justifier leur place, de même pour certains membres du service entretien, qui au moindre prétexte changeaient des pièces soi-disant usées, **bref j'ai découvert que tout marchait beaucoup mieux sans structure de terrain**. C'est pourquoi je suis en train de réfléchir pour imaginer une totale prise en charges de toutes les fonctions annexes directement par les ouvriers...

Fort de ce témoignage, dès le lundi matin j'allais voir Claude, le chef de fonderie, lui contais l'histoire et lui dit : ***«Si c'est comme ça là-bas, c'est forcément comme ça chez nous ! On va donc commencer par les régleurs en fonderie ! Comment les «supprimer» en douceur?»***

Après discussion il fut décidé de prendre une machine pilote, et une seule pour rôder la démarche, étant entendu qu'il fallait prendre un cas crédible pour pouvoir le dupliquer au reste de la fonderie.
Je m'enquis de savoir quel était le meilleur fondeur, Claude me précisa que c'était Alain. Ce qui ne m'arrangeait pas particulièrement car quelques mois plus tôt j'avais vécu avec Alain une expérience un peu tendue : Alain était un fondeur dans la quarantaine triomphante, taillé comme un colosse, arbitre de foot respecté durant les week-ends. Un jour, alors que je faisais mon tour d'usine habituel, je saluais Alain qui me dépassait de deux bonnes têtes perché qu'il était sur une estrade métallique pour être à hauteur de manœuvre de sa machine, et qui m'apostropha :
— ***«Alors on a encore fait une connerie !»***
— ***«Qu'est ce qui se passe?»***
— ***«On a déplacé le four, on l'a mis entre la fenêtre et la machine, et maintenant dès qu'il y a un courant d'air je prends toute la fumée dans la figure ! Comme d'habitude on n'a rien demandé à celui qui est le plus concerné !»***
Pris de court, je n'ai rien dit sur le moment, fait semblant de ne pas avoir entendu le vocable «*connerie*» ou du moins considéré qu'il ne s'adressait pas directement à moi, et pendant plusieurs jours évitais, dans mon tour d'usine la machine d'Alain.
Je fis déplacer le four, et le lundi suivant, j'incluais à nouveau cette machine dans mon circuit, saluais Alain en lui disant :
— ***«J'ai réfléchi à ce que vous m'avez dit. Vous avez raison, c'est indiscutable, c'est pourquoi je vous propose dorénavant d'être Monsieur implantation en fonderie.»***
— ***«C'est quoi ce truc? Qu'est ce que ça veut dire?»***
— ***«Ca veut dire qu'avant de bouger quoi que ce soit en fonderie, on vous montrera le plan, vous en discuterez avec vos copains, mais je ne mettrai plus jamais rien en application tant que vous n'aurez pas signé le plan.»***
Et de fait depuis systématiquement Alain avait été consulté, y compris pour déterminer

l'emplacement des ventelles *(dispositifs d'aération en toiture)* sur le toit pour évacuer les calories en été, à telle enseigne qu'on l'appelait parfois « *Monsieur chaleur* », ce dont il était très fier.
Cet intermède passé, les relations étaient devenues un peu plus harmonieuses mais Alain restait un fondeur qui ne souriait jamais, et qui refusait de donner un peu de son savoir à un jeune. Il travaillait ***seul*** sur ***sa*** machine !
Comme pilote de l'opération « suppression des régleurs », ce n'était certes pas le cas le plus facile, mais incontestablement si ça marchait avec lui ça marcherait partout.

Avec la complicité de Claude, je fis installer à l'aplomb de la machine d'Alain un grand panneau avec un cache en plastique fumé monté sur charnière qui masquait l'inscription : **« PRESSE EN AUTORÉGLAGE »**,
Puis, quelques jours plus tard, un autre panneau blanc sur pieds qui portait la mention :
Mr. .... est en autoréglage sur les pièces ....
Le tout en belles lettres bien propres.
J'éludais de mes tours d'usine cette machine pendant quelques jours pour laisser à Alain le temps de s'interroger sur les pourquoi possibles de ces panneaux.
Un matin j'allais donc saluer Alain comme si de rien n'était et fus bien entendu apostrophé à la virile :
— « C'est quoi ces conneries ? »
Questionna Alain en montrant les panneaux du bout de sa louche.
— « Ah oui les panneaux ! »
— « Oh c'est un pari que j'ai fait avec Claude : J'ai parié avec Claude que vous étiez parfaitement capable de faire tourner votre machine sans personne. Oh bien sûr peut être pas pour toutes les pièces, mais certaines du moins ! »
— « Oui et alors ? »
— « Eh bien c'est simple, quand vous pensez que vous pouvez, pour une pièce donnée, travailler tout seul, alors vous marquez le nom de la pièce sur le tableau, vous levez le cache et alors personne n'aura le droit d'intervenir sur votre machine »
— « Personne ? »
— « Personne ! »
— « Aucun régleur ? »
— « Aucun régleur ! »
— « Même pas Claude ? »
(Car à cette époque Claude avait la manie de repasser derrière les régleurs pour ajuster les réglages, sans doute sa manière à lui de « Faire pipi » autour de chaque machine)
— « Non même pas Claude il me l'a promis ! »
Bien entendu Alain leva le cache, ne le rabaissa plus jamais !
Ainsi fut entamée la démarche progressive de suppression des régleurs qui s'étendit sur quelques années.
Pour terminer l'histoire d'Alain, petit à petit il s'humanisa, accepta de former un jeune, et surtout commença à sourire à tel point qu'un jour, alors qu'il avait réalisé une action particulièrement méritoire, je lui proposais une augmentation de salaire en cours d'année ce qui était contraire au système en place, et cela à une condition : qu'il m'explique

pourquoi, lui qui faisait toujours la gueule avant, souriait toujours maintenant.
Sa réponse fut simple :
— ***« Sans doute, et tout simplement, parce que maintenant on me fout la paix, et on me laisse bien travailler ! »***

Que devinrent les régleurs est une autre histoire, qui vous sera comptée ultérieurement.

EXPLICATION DE TEXTE

« En ce pauvre monde qui mérite d'être ménagé, il faut procéder pas à pas, profiter des circonstances et respecter les personnes ».

Cette pensée de **De Gaulle,** que j'ai découverte des années après cette expérience, s'applique à la démarche suivie, nous avons avec Claude créé les circonstances, par les panneaux, nous avons laissé un peu de temps au temps, pour ménager l'interrogation, et on n'a pas forcé la démarche, elle s'est déroulée naturellement, une fois le décor mis en place, dans le respect de la forte personnalité d'Alain.

Manipulation ? Bien sûr !
Il y a deux mots que j'ai remis en vigueur à FAVI :
→ ***Manipulation*** ; car la vie est manipulation, nos enfants, nos femmes, nos amis nous manipulent gentiment. La manipulation quand elle n'est pas utilisée pour un profit personnel, mais dans l'intérêt d'autrui ou de la collectivité ne me semble pas condamnable.
→ ***Exploitation*** ; car le but d'une entreprise est de ***s'exploiter*** au mieux les uns les autres, dans les meilleures conditions, dans l'intérêt collectif.
De plus nous avons pratiqué la politique de la tache d'huile,
toute petite dont la beauté irisée attire le regard
et qui petit à petit s'étend à toute la mare...

Histoire du premier tour à commande numérique...

Quand les machines à commandes numériques *(CN)* sont apparues sur le marché, en bons judéo-chrétiens Picards, ***ruraux***, nous avons laissé passer quelques années, le temps que les prix baissent et que d'autres que nous «débuguent» les problèmes de jeunesse.

Puis partant du principe que, ***seuls ceux qui font savent***, nous avons repéré deux tourneurs qui nous semblaient compétents pour mener cette étude.
Nous les avons discrètement valorisés auprès de leurs compagnons outilleurs, puis Michel, le patron de l'Outillage, a réuni ses troupes, leur a expliqué les avantages de la *CN (Commande Numérique)* et leur a proposé de nommer deux de leurs confrères pour réaliser l'étude. Bien entendu ceux-ci cooptèrent les deux tourneurs que nous avions valorisés.

Ils firent donc l'étude, allèrent en Italie, en Allemagne, visitèrent des fournisseurs japonais installés en France et au bout de deux mois leur étude étant réalisée, la conclusion se fit dans mon bureau.
À l'unanimité ils me dirent que le meilleur rapport qualité/prix était un tour japonais. Je leur fis remarquer que nous étions en Europe, que nous étions dans une guerre économique sévère avec le Japon, notamment, et que sans aller jusqu'à la triste maxime :
«il est des Japonais comme des Indiens à savoir qu'un bon Indien est un Indien mort», j'aurais souhaité qu'ils choisissent pour le moins un fournisseur européen.
Ils m'informèrent qu'il y avait effectivement une société allemande sérieuse mais qui n'avait pas de ***poupée automatique*** *(accessoire permettant de tenir la pièce à usiner sur un tour)*.

Ne connaissant pas leur métier et leur faisant confiance, je ne leur demandais pas de m'expliquer ce qu'est une poupée automatique mais au moins de me dire, pour avoir une échelle de référence, quel était le prix de cet accessoire.
— *«50 000 francs»*, me dirent-ils.

Au vu du montant global de l'investissement qui était de l'ordre de deux millions, j'insistais pour savoir si vraiment cet accessoire était indispensable. Ce à quoi ils me répondirent : **«s'il n'y a pas de poupée automatique, autant garder le vieux tour !»**
Ébranlé par cette affirmation je leur demandais néanmoins de voir si exceptionnellement la société allemande ne pouvait pas faire un modèle spécial, ce qu'ils firent.

Nous étions en septembre et la société promit, avec difficulté, *(car pour les Allemands, le catalogue c'est le catalogue et en sortir n'est pas une mince affaire)*, un modèle pour janvier de l'année suivante.

Les deux comparses firent valoir que les Japonais avaient un modèle disponible dès septembre. Les Allemands proposèrent donc de prêter un modèle d'exposition immédiatement.

Ce que refusèrent les deux compagnons : ***«Si les japonais nous donnent du neuf, vous n'avez qu'à faire du neuf!»***
Comme le ton montait, à un moment donné le patron de l'usine allemande m'appela directement pour savoir qui était le chef dans cette société.
Ce à quoi je lui ai répondu que c'était une excellente question, que moi-même n'avais pas la réponse mais que pour l'étude en question, les chefs qui avaient tout pouvoir, étaient les outilleurs !!!

De guerre lasse, les Allemands mirent à disposition un tour neuf en septembre qu'ils échangèrent contre un autre tour neuf, en janvier, doté de la fameuse poupée automatique et de certains boutons de commande là où le voulaient les outilleurs.
Je suis certain que devant la pression, n'importe quel Service Achat aurait à un moment donné cédé et n'aurait jamais pu obtenir ce qu'avaient obtenu les deux outilleurs.

Et de tout temps lorsque nous achetons des gros matériels, ce sont les opérateurs qui vont utiliser la machine qui définissent, en se faisant aider parfois, le cahier des charges, et surtout qui vont réceptionner les machines.

Ce faisant nous n'avons jamais fait de mauvais investissement, et surtout **l'équipement est à peine arrivé qu'il tourne !**
Il me souvient d'une machine d'électroérosion ainsi achetée, que le comptable *(ch' manieu de crayon !)* était venu admirer et en discutant avec l'opérateur il avait négligemment posé sa main sur la machine *(main propre, car un «manieu de crayon» ça ne se salit pas les mains)* et immédiatement l'opérateur avait passé un coup de chiffon pour bien marquer que c'était sa machine et qu'il ne fallait même pas la toucher !

Histoire du leader qui était redevenu opérateur...

En 1989, nous avions pour un client donné important, deux mini-usines, chacune s'étant spécialisée sur un produit de ce client.
Il y avait donc deux leaders : *Fabrice et Jean-Luc*. Tous deux étaient sortis du rang, l'un avait un CAP de boulanger et l'autre un BEP de mécanique générale, et après quelques années de fonction d'opérateur sur machine, ils avaient été remarqués, reconnus et cooptés leaders.

Arrive 1990, le 1er effet « *Saddam* », d'où une période de morosité du consommateur, d'où une baisse de la consommation automobile, d'où baisse de la production, d'où auto-équilibrage des opératrices et des opérateurs vers les mini-usines qui fournissaient des secteurs plus porteurs, d'où baisse des effectifs des mini-usines de Fabrice et Jean Luc.
Un jour, lors d'un des mes tours d'usine, ils m'arrêtent tous les deux et me disent :
— ***« À l'évidence, il n'y a plus assez de boulot pour deux leaders et deux mini-usines. La logique est de fondre nos deux mini-usines en une seule. Qu'en pensez-vous ?***
- Ben je pense que vous êtes plus aptes que moi à juger de la situation et de ce qu'il convient de faire.
- Ok, mais comment allons-nous nous organiser tous les deux ?
- Honnêtement, je ne sais pas !
Vous n'avez pas démérité ni l'un ni l'autre, ce n'est pas de votre faute si régulièrement l'espèce humaine se comporte comme des lemmings (qui périodiquement se suicident en masse en sautant du haut d'une falaise) et qu'elle a pris prétexte de l'affaire Saddam pour stocker des pâtes, de la farine, de l'huile, du sucre et de ne plus acheter de voitures ! Que faire ? À mon sens, commencez par reconstituer une seule mini-usine et réfléchissez tranquillement, il n'y a pas le feu ! »

Quelques jours plus tard, ils m'arrêtent dans mon tour quotidien et m'annoncent qu'ils ont décidé d'être leader à tour de rôle par alternance de quinze jours, l'autre quinzaine, ils redeviendraient opérateur ordinaire sur machine. Ainsi fut fait pendant environ deux mois.
Bien entendu il était évident que les salaires ne changeraient pas et la question d'ailleurs ne s'était pas posée, ni dans mon esprit, ni dans le leur.
Deux mois plus tard, je constate que depuis trois semaines, Fabrice est posté comme opérateur et je m'en étonne. De concert ils me répondent :
— ***« Non ça va pas ce système, les mecs sont paumés, c'est pas un bon truc : il ne peut pas y avoir 2 chefs ! »***
Et Fabrice de préciser :
— ***« On a demandé aux gens qui ils préféraient comme chef. Et ils ont choisi Jean-Luc, j'ai donc décidé de redevenir opérateur à plein temps ! »***

Je pris acte de leur décision, les félicitai pour leur sagesse et précisai à Fabrice que je le remerciai au nom de l'ensemble des Faviens, que j'appréciai sa très grande honnêteté intellectuelle et que bien entendu si l'opportunité se représentait, il reprendrait l'animation d'une mini-usine.

Je lui suggérai de plus de profiter de cette période de retour à plein temps en production pour analyser, critiquer, améliorer les postes de travail où il travaillerait et que je lui accordais un crédit illimité sous réserve que, par respect pour les autres opérateurs, il fasse sa cadence quotidienne.
C'est ce qu'il fit pendant près de deux ans, et il faisait même plus que la cadence moyenne de la mini-usine.
Au bout de trois mois, tout en produisant ses deux mille pièces quotidiennes, il remarqua que systématiquement pour faire un alésage *(alésoir : outil permettant de traiter l'état de surface d'un trou)* H7 *(qualité de surface à l'intérieur d'un trou)*, il y avait deux têtes d'usinage : l'une dotée d'un foret, l'autre équipée d'un alésoir.
Il s'enquit du pourquoi auprès du bureau d'études et bien entendu, il lui fut répondu qu'il était impossible en une seule passe d'obtenir la qualité de l'alésage !
Comme dans notre système il n'y a pas de service achat, les représentants de fournitures extérieures traitent directement avec les leaders et parfois même avec les opérateurs. Donc mon Fabrice, pour se faciliter la vie, tout en assumant ses productions quotidiennes, fit venir divers représentants et sous-traitants affûteurs. En liaison étroite avec les uns et les autres, Il fit des essais d'un outil unique le «foret-alésoir» à deux étages qui permettait de faire les deux opérations en une seule passe et donc d'économiser un réglage.
Et ne sachant pas que cela était impossible, il y arriva !
Ainsi toutes nos machines d'usinage furent-elles modifiées pour récupérer une tête sur deux pour toute opération d'alésage des fûts des fourchettes, qui sont fort nombreuses chez nous puisque nous en fabriquons 100 000 par jour. Curieusement cette action fut soumise au Trophée Qualité mais le jury d'opératrices et d'opérateurs ne lui accorda qu'une faible reconnaissance.

EXPLICATION DE TEXTE
Les américains ont une formule qui leur est chère :
«Il était un innocent qui ne savait pas que la chose était irréalisable, alors il l'a faite.»
Il faut des B.E. *(Bureau d'Étude)* bien sûr, mais souvent ceux-ci trop spécialisés sont prisonniers des impossibilités apprises.
C'est une des règles de base du KAIZEN : **«c'est celui qui fait qui sait !»**
D'où l'intérêt à donner le maximum de pouvoir à ceux qui font !
D'où l'intérêt à ne pas avoir de structure en production car la structure est payée pour savoir, et ce faisant, par simple instinct de conservation, interdit toute autre délégation de savoir !

Histoire des intérimaires qu'on a gardés...

En 1990 : 1ère guerre du Golfe. Crise de consommation, baisse des commandes. Nous avions petit à petit réduit la voilure, profité de la baisse d'activité pour repeindre, ranger, accélérer les plans de formation, mais courant février-mars ces mesures n'étaient plus suffisantes.

Nous devions être, à l'époque, environ 300 et une trentaine d'intérimaires.
L'intérim pour nous a toujours été *l'antichambre de l'embauche* et un moyen de nous adapter aux nombreuses contraintes de notre Code du Travail.

Classiquement les intérimaires faisaient l'objet d'un contrat de 2 fois 3 mois à l'issue duquel les meilleurs bénéficiaient d'un contrat à durée déterminée d'un an, dans le cadre des lois du moment *(contrat d'insertion, contrat de qualification etc.)*

Ce système nous permettait de disposer ainsi de dix-huit mois de période d'essai réciproque avant une embauche définitive et le fameux contrat à durée indéterminée, qui dans notre pays est plus contraignant qu'un contrat de mariage car <u>il est plus facile de divorcer que de se séparer d'un collaborateur</u>.

Ces dix-huit mois étaient structurés avec des points de passages obligés, conformément au document joint ***« intégration des nouveaux »***.
Donc face à la baisse d'activité, ne sachant que faire, je décidais de réunir toute l'usine pour tenter de trouver une solution tous ensemble.
On m'avait fait un podium de quelques palettes et j'expliquais à *la tribu* la situation, les mesures qui avaient été prises, l'état des stocks qui étaient plutôt pléthoriques et concluais mon intervention en signalant que nous avions une trentaine d'intérimaires dont nous pouvions nous séparer très simplement, mais que c'était une bien triste mesure, une forme de ségrégation pour ces jeunes dont nous voulions à terme faire des compagnons de travail !

Un jeu de questions/réponses s'instaura entre diverses solutions proposées et à un moment donné, Gérard, un outilleur de la cinquantaine me demanda :
« Et si on arrêtait de travailler une semaine sans être payé, est-ce que l'on pourrait garder les intérimaires plus longtemps ? » Ce à quoi je répondis qu' effectivement, nous pourrions sans doute les garder un mois de plus voire, plus longtemps il faudrait faire le calcul, et que cela nous permettrait assurément d'attendre la reprise, qui forcément viendrait, puisque nous savions tous que les crises de consommation basées sur des craintes collectives artificielles ne durent guère longtemps.

Après débat, je proposais à l'ensemble du personnel de procéder à un vote à main levée. Ce qui fut fait et à ma grande stupéfaction, **toutes les mains sans exception se levèrent !**

Je décidais donc d'arrêter la production pendant une semaine, que chacun resterait chez soi, mais que l'ensemble de l'encadrement et de la maîtrise travaillerait sans être payé pendant cette semaine étant entendu que quand l'activité reviendrait, nous retravaillerions les uns et les autres des samedis complets pour récupérer les salaires perdus. Ce qui fut fait dans les quelques mois qui suivirent.

EXPLICATION DE TEXTE

Dans ce cas là, comme dans le cas des ***«35 heures»***, ou dans maints autres cas, inconsciemment, j'avais reconnu mon incompétence, et donné le pouvoir à ceux qui étaient en état de décider.
Chaque fois que je l'ai fait, je n'ai jamais été déçu car le bon sens et la bonne volonté sont l'apanage de ceux qui **font** au quotidien.
Qui plus est, à supposer que nous ayons pris cette décision avec les délégués du personnel, la vendre au personnel aurait été considéré comme une contrainte par celui-ci.
Cette démarche est une démarche d'humilité, mais je crois que le vrai management EST humilité.

Histoire de la formation des dames de FAVI à la commande numérique...

En ce temps là, les machines à commandes numériques commençaient à se faire de plus en plus nombreuses et il devenait évident que cette évolution toucherait rapidement toutes les machines, et ne se cantonnerait pas aux seules machines d'outillage ou d'usinage.
Il y avait donc un saut intellectuel collectif à effectuer !

Dans les années 80, nous avions perçu la même évolution avec l'informatique qui à l'évidence deviendrait, non plus l'affaire de spécialistes, mais une culture indispensable à tous.

À l'époque, nous avions acheté quatre ou cinq ordinateurs domestiques - *des Commodores me semble-t-il* - et la règle du jeu était que tous et chacun, surtout les opératrices et les opérateurs, avaient le droit d'emprunter un ordinateur et de l'amener à la maison pour jouer avec, sur une période limitée à une semaine pour éviter que l'objet ne soit délaissé.
En parallèle, François l'informaticien, puisque Windows n'existait pas encore, donnait des cours collectifs pour apprendre à faire un programme calculant un périmètre, une circonférence ou une surface.
Dans le cas de la commande numérique, il est évident qu'il était difficile de mettre à disposition des machines. Il fallait donc passer par une formation collective spécifique.

Notre main d'œuvre masculine était essentiellement d'origine rurale et je craignais que ce saut dans leur travail quotidien ne leur fasse peur, c'est pourquoi je me dis que si ***toutes** les dames de Favi* étaient qualifiées opératrices sur machine à commande numérique, aucun homme n'oserait se considérer incapable d'en faire autant. Il fallait que ce soit ***toutes*** les dames !
Or nous avions comme femmes de ménage Christine, mariée à Jacky du Service Entretien et qui logeait sur place pour assurer avec son époux le gardiennage, et Patricia, mariée à Daniel qui était à l'époque en fonderie.

Dans mon esprit, il importait que même, elles, soient concernées par cette formation pour que la démarche soit vraiment exemplaire auprès des mâles. Je savais que compte tenu de leur conscience professionnelle, si je leur proposais d'abandonner leur fonction pour être affectées en fabrication, j'avais de fortes chances qu'elles considèrent que si je faisais cela, c'était parce que j'étais mécontent de la qualité de leur travail. Il fallait donc que la demande vienne d'elles.

C'est pourquoi, moi qui déjà à l'époque ne faisais pas grand-chose et avais du mal à occuper mes journées, je vins à 5 heures du matin tous les jours de façon à pouvoir les rencontrer et discuter. Elles s'en étonnèrent bien entendu et je fis une réponse hypocrite du genre : ***« Oui en ce moment je suis un peu surchargé »***.
Au bout de quelques jours, je tâtais le terrain avec Patricia en lui demandant depuis combien de temps elle faisait le ménage : ***« Douze ans »***, me répondit-elle. Naïvement je lui demandais si elle n'en avait pas un peu assez et ne désirait pas faire autre chose. Instantanément elle me répondit : ***« Non ! J'aime bien ce que je fais ! »***

J'en profitais pour la féliciter pour la qualité de son travail et quelques jours plus tard, je tentais une autre approche avec Christine en lui demandant si Jacky - *son mari* - lui parlait de temps en temps de son travail au Service Entretien et notamment de l'apparition des premières machines à commandes numériques. Et partant de là, matin après matin la conversation s'instaura sur le sujet avec Christine et Patricia, et au bout de quelques jours, je leur dis : ***« Savez-vous que des études japonaises prouvent que les femmes sont plus aptes à travailler sur ce genre de machine que les hommes ? »***
Et petit à petit je fis semblant d'avoir l'idée en même temps qu'elles de faire une formation de toutes les dames de Favi, avant les hommes, ce qui les intrigua puis les enthousiasma.

Enfin, après 4 à 5 semaines de réveil matinal, Christine finit par me dire : ***« j'en ai parlé avec Jacky, et il trouve que ce serait bien que vous fassiez cette formation ! Et Patricia et moi on aimerait bien la suivre mais on ne peut pas puisqu'on est femmes de ménage ! »***
Ce à quoi je leur demandais de me laisser une journée de réflexion et le lendemain leur proposais de sous-traiter le ménage à une société extérieure, étant entendu que comme elles connaissaient bien leur travail, c'est elles qui choisiraient la société extérieure et qui fixeraient le cahier des charges, puis de les affecter en fabrication afin de bénéficier de la formation, ce qu'elles acceptèrent.

EXPLICATION DE TEXTE
Notre principe éthique est une formule de De Gaulle :
« En ce pauvre monde qui mérite d'être ménagé, il faut avancer pas à pas, respecter les personnes et profiter des circonstances ».
En la matière j'avais péniblement créé les circonstances.

Histoire de la formation de toutes les dames

Fidèle au principe de Kawakita (VOIR T2, FICHE OUTILS N°38), qui dit quelque part: ***«Si tu veux faire traverser une rivière aux gens, d'abord, fais-les rêver sur la beauté de l'autre rive, puis veille à ce que personne n'ait peur de l'eau, apprends-leur à nager et alors ils traverseront tous seuls».***

Pour montrer la beauté de l'autre rive aux dames, Hervé organisa des visites dans d'autres entreprises qui avaient beaucoup de machines à commandes numériques.

Pour éviter qu'elles aient peur de l'eau, nous avions installé une batterie de Minitels, un pour chacune, et les avions fait jouer avec un intervenant extérieur deux après-midi de suite à passer des commandes fictives aux 3 Suisses ou à La Redoute. Il est à noter que le 2e après-midi, Fabienne étant un peu plus délurée avait trouvé une adresse «*rose*» et on constata que petit à petit ces dames abandonnaient les 3 Suisses et rigolaient bien des commentaires échangés.

Enfin, solennellement, nous les réunîmes pour leur annoncer que le mois suivant commencerait leur formation pour devenir à terme opératrice autonome de machine à commandes numériques. Quelques unes effrayées s'exclamèrent :

« Mais nous n'y arriverons jamais ! Moi j'ai 45 ans, j'ai toujours travaillé sur machine, ça c'est trop compliqué pour moi !» Ce à quoi Hervé répondit : ***« Mais non !***

C'est comme le minitel et même en plus simple !» — «Ah bon ! Si c'est comme le Minitel !...»

Ainsi démarra cette formation sur deux ans dans le respect des principes de la méthode Schwarzt (VOIR T2, FICHE OUTILS N°39) et toutes les dames sans exception réussirent leur qualification finale et par la suite aucun homme n'osa jamais considérer qu'il ne serait pas capable de suivre une telle formation.

EXPLICATION DE TEXTE

La compétition entre sexes (VOIR T2, FICHE OUTILS N°59) peut être un levier ludique important d'évolution sur la voie de la productivité...

Histoire des 35 heures…

Régulièrement, la question des 35 heures m'était posée en réunion de C.E. Régulièrement, je répondais : ***« On ne sait toujours pas ce qu'est une heure de travail selon la Loi AUBRY, et comme il est difficile de faire 35 fois un truc qui n'a pas été défini, attendons que ce point soit réglé. Nous trouverons bien une solution entre gens de bonne foi, de bon sens, de bonne volonté et de bonne humeur ! »*** En toute candeur, je pensais que la fameuse loi *AUBRY 2* préciserait rapidement ce point.

Un matin de décembre 1999, vers 10h du matin, je fais mon tour quotidien des ateliers, et je discute avec un fondeur qui me dit gentiment : ***« Au fait Mr Zobrist, j'ai mon frère qui travaille chez...... et ils sont en train de parler des 35 h, qu'est ce qu'on va faire, nous ? »***
Tout aussi gentiment, je lui fais la réponse traditionnelle, en l'étayant du fait que, normalement, la loi *AUBRY 2* devant sortir en début d'année 2000, nous ne devrions pas tarder à être fixés, et que nous trouverions bien une solution entre gens de bonne foi, de bon sens, de bonne volonté et de bonne humeur, comme d'habitude !
Je continue mon tour, et toujours aussi gentiment *(je n'ai toujours vu que des gens gentils à FAVI)*, un opérateur d'usinage me pose une question similaire, je fais la même réponse !

Un peu plus loin, une opératrice, dans l'échange de conversation que nous avions à propos de ses enfants et de mes petites filles, me dit :
« Au fait, Monsieur le Directeur, pour les 35h ...! »
Là, je commence à sérieusement m'altérer intérieurement !!!
Enfin, je me retrouve dans un secteur un peu retiré de l'entreprise, de fait dans un « *coin* » de l'usine, et je salue le brave Roland, qui a été pendant des années chauffeur tous temps - toutes corvées, avec un dévouement exemplaire à l'entreprise, et qui finissait sa carrière bien remplie sur un poste d'assemblage de pinces de masse *(pinces servant à mettre les postes à souder électriques à la masse)*.
Et voilà qu'il me pose lui aussi la même question !
Une colère subite me prend :
« Vous commencez à me gonfler tous, ça fait le quatrième qui m'interpelle sur les 35 heures ce matin ! Allez ! Tout le monde aux expéditions, arrêtez tout et allez aux expéditions ! »
Roland, stupéfait de ma réaction et un peu inquiet, pose les pièces qu'il avait en mains.
Je vais de poste en poste en répétant virilement la même litanie : ***« Allez ! Tout le monde aux expéditions ! »*** Je croise un leader et je lui lance : ***« Videz moi les bureaux, le BE, les commerciaux, allez, tout le monde aux expéditions ! »*** Tel le chien de berger, je fais le tour des ateliers et pousse tout le monde devant moi.
Je n'avais jamais eu pareil coup de sang, et bien sûr, seul Roland pouvait savoir quelle mouche m'avait piqué.
C'est donc avec un regard inquiet que tous les FAVIENS, un à un, arrêtent leurs machines, leurs fours, leur travail sur ordinateur, et se dirigent vers le hall des expéditions,

avec un peu de réticence et l'impression que doivent avoir les moutons quand le chien tourne autour d'eux pour les pousser vers une destination inconnue en se disant «*mais qu'est ce qui lui prend?*»
Tout occupé à les rassembler, je ne pense à rien et prends seulement conscience du bruit des machines qui décroît régulièrement. Tout le monde s'est spontanément groupé autour d'une palette de compteurs d'eau.

Abandonnant la mission du chien pour celle du berger, je fends la masse assemblée, et seulement à ce moment-là, me vient la question : ***«Qu'est-ce que je vais leur dire?»***
Je me souviens de l'enseignement de **Nadoulek** je décide de faire une «*montée aux extrêmes*» : pas de subtilités, Hiroshima !!!
J'escalade la palette *(je me trouve assez haut car j'ai les pieds quasiment à hauteur des visages)* et je hurle en regardant Eric, un gars de la qualité en production :
— ***«Eric, combien de mois de salaire avez-vous eu l'année dernière?»***
— ***«Ben, 17 mois et demi !»***
— ***«Et vous?»*** en m'adressant à un fondeur : ***«Ben 18 mois !»***
Posant la même question à d'autres personnes, je vois les visages s'éclairer : il va nous parler de salaires !
Je reprends :
«Mon rêve est que vous ayez 20 mois de salaire et même plus, mais ça ne dépend pas de moi : ça dépend de vous !
Maintenant je vais vous faire deux confidences :
Premièrement, la lutte des classes existe toujours !
Mais ce n'est plus entre patrons et ouvriers, c'est entre fonctionnaires et ouvriers ! Et dans cette lutte vous n'êtes pas défendus, car tous les syndicats sont des syndicats de fonctionnaires. Ils étaient où, les syndicats, quand on vous a fait travailler deux ans et demi de plus, alors que les fonctionnaires n'avaient pas une seconde de plus à faire, et qu'en moyenne ils profitent 10 ans de plus de la retraite que vous !
Alors n'écoutez pas le chant des sirènes : leur seul but est de vous tondre pour continuer à financer leurs avantages !!!
Deuxième confidence : Nos politiques sont incompétents !
Ils sont pour la plupart issus de la fonction publique, et n'ont jamais fait un sou avec un sou ! On ne leur confierait pas un garage ou une épicerie, ils seraient bien incapables de les faire tourner, ils les planteraient en deux mois !
Il faut vraiment être incompétent pour dire que le temps de travail est le temps mis à disposition de l'employeur !
Monsieur ROUSSEAUX, il se fout de votre temps de travail : ce qu'il veut, c'est que l'entreprise gagne des sous. Et moi, ce que je veux, c'est votre bonheur !
Retenez que le temps de travail, c'est le temps mis à la disposition de celui qui nous paye et nous nourrit : LE CLIENT ! LE CLIENT ! LE CLIENT !
Depuis ce matin, vous avez été quatre à me poser la question des 35 heures :
c'est plus votre problème que le mien ! Et de plus, je n'ai pas de solution. Alors vous déciderez vous-mêmes : chaque mini-usine, chaque secteur, l'entretien général, l'outillage, chaque service, les commerciaux, les études...vous désignerez un délégué ! Comment? Je m'en fous !

Vous, les délégués, vous vous réunirez une heure par semaine, pas plus, parce qu'après on dit des conneries. Hervé participera à vos réunions pour faire le secrétariat et vous aider à rester dans le cadre de cette loi stupide, et moi je lirai les comptes- rendus !
Si vous êtes raisonnables, vous conserverez 18 mois de salaires. Si vous êtes déraisonnables mais que vous gagniez en productivité, vous aurez peut être plus !
Décidez librement, après, on regardera comment faire entrer votre choix dans le cadre de la loi, et on votera tous.
S'il y a une majorité, on appliquera ce que vous aurez décidé, je ne m'en mêle pas du tout. Mais de grâce, de grâce, ne revenez pas sur tout ce que l'on a foutu en l'air il y a 17 ans, ne rétablissez pas le pointage, les contrôles abjects, trouvez une règle simple qui soit la même pour tous : pour les opératrices et les opérateurs comme pour les commerciaux, et surtout, surtout, faites- moi une règle de bon sens, entre gens de bonne foi, de bon sens, de bonne volonté et de bonne humeur ! »
Là –dessus, je descends de ma palette, chacun retourne à son poste. Le bruit de fond vital, sécurisant, qui rythme notre quotidien à la cadence des presses à injecter, renaît doucement au fur et à mesure de l'engagement des machines et tout rentre dans l'ordre...

- **Première réunion :**
  En gens de bonne foi, le groupe part du raisonnement suivant :
  Quand je vais aux toilettes, quand je me lave les mains, que je casse la croûte... je ne suis pas à la disposition du client !
  Ils font les comptes et se rendent compte qu'ils sont de fait à 35 h, voire moins !
- **Deuxième réunion :**
  « A'n'va point, ch'est pas comm'au ! »
  Parce que si je me lève à 5 heures du matin pour être à 6 heures sur mon poste de travail c'est pour le client, et là, ils arrivent à 45 heures
- **Troisième réunion :**
  « De quoi cause-t-on ? »
  Et ils font les comptes comparatifs entre 35 et 38h30, qui était l'horaire en vigueur avec notre Convention Collective, et ils arrivent à un différentiel de **4 semaines.**
- **Quatrième réunion :**
  Cela tourne au vinaigre, après trois réunions studieuses, la tension monte et on règle ses comptes
  « Ouais, ça ne va point, nous, les outilleurs, on fait notre horaire en 4 jours, ce qui fait qu'on a une pause casse-croûte de moins que les autres ! »

Il faut préciser que c'est une règle que j'avais instaurée en arrivant en 1983 : tous ceux qui le pouvaient faisaient leur horaire en 4 jours, notamment les dames qui souvent ont une double vie, de maman et d'opératrice, et qui apprécient de disposer du vendredi pour faire tranquillement les courses. Cela permettait, de plus, en temps que de besoin, de mieux charger les machines en décalant les jours de travail des opérateurs ;
« Vous êtes gonflés, déjà que vous économisez en essence un aller et retour, vous avez en plus 3 jours de congé d'affilés ... » Bref on se quitte fâchés...

- **Cinquième réunion :**
  Dans un souci d'apaisement, la discussion démarre directement **sur la ou les solutions potentielles.**
  Et c'est là que c'est grand : parce que la logique aurait voulu que l'on s'accroche à la définition précise de ce qu'était une heure de travail, alors qu'en envisageant des solutions, on éludait cette question épineuse.

Bref, du débat émerge une réflexion pétrie de bon sens : puisque la différence entre les deux horaires est de 4 semaines, et que la moitié de quelque chose est raisonnable, **si on prend 2 semaines de congés supplémentaires, c'est raisonnable puisque c'est la moitié !**
De plus, cela permet de ne rien remettre en cause de notre système, et cette règle peut s'appliquer sans distinction à tous les services de l'entreprise.
Hervé, en se faisant aider d'un grand cabinet conseil quelconque, a vérifié que la chose était compatible avec la loi, l'a mise en forme, fait passer avec succès dans la *moulinette syndicalo-administrative*, et depuis, chacun prend tout simplement ses 2 semaines de congés supplémentaires. Il est entendu que ces 2 semaines ne peuvent être accolées, ni adossées à d'autres jours de congés, et qu'elles sont prises en accord avec le leader, donc en fonction de l'activité de la mini-usine.
Voilà comment transformer une loi soviétique socio compliquée en une règle judéochrétienne picardisante simple.

EXPLICATION DE TEXTE
J'ai, certes, agi à l'impulsion, et de fait, inconsciemment, ma démarche était un aveu d'incompétence : j'ai donné le pouvoir de décision aux seules personnes compétentes, celles qui étaient concernées, et qui, seules, pouvaient trouver la solution simple qui allait bien à tout le monde.
J'aurais été incapable de trouver cette solution, car le bête cartésien que je suis aurait forcément attaqué le problème de l'exposé vers la solution :
«C'est quoi une heure de travail?» Et je n'aurais pas cherché directement la solution logique en essayant de la faire entrer dans l'exposé.
De plus si j'avais trouvé cette solution, ***comment la vendre?*** La force de cette solution est qu'elle est, de plus, conforme à notre mode de fonctionnement :
Elle vient du terrain, et elle est gérée par les gens de terrain, en fonction du besoin de leur client !!!
Bien entendu jamais un service du personnel digne de ce nom n'aurait imaginé une règle aussi simple. À tous les coups cela finissait par un horaire pour les commerciaux, un autre pour les administratifs, un autre pour les outilleurs, un autre...
Un joyeux mic-mac qui aurait augmenté son pouvoir, et qui aurait été assurément source de tensions et conflits, que bien entendu ce même service parasite aurait été heureux de gérer !

Histoire de l'A8, de FAVI « comme à la maison », ou comment gérer l'information ?

En fait, on ne la gère pas trop !
Je me suis inspiré d'une réflexion de ***Jean-Christian Fauvet*** à qui je posais la question, dans les années 80, au temps où il était vice-président du Cabinet Conseil ***BOSSART***.
« On a essayé de la gérer au mieux avec force réunions, notes, pense-bête, et, en réalité, elle passait à 98 %, et les 2 % restant ne passaient jamais. Bien entendu, ce sont ces 2% qui généralement représentaient les informations les plus importantes !!!
Alors, on a tout déstructuré : veillé à l'emplacement des distributeurs de boissons par rapport à certaines portes, par exemple... et, depuis, il y a un miracle permanent. Chacun sachant que l'information n'est plus gérée veille à la transmettre en temps utile à qui de droit, parfois cela passe de justesse aux pissotières, mais ça passe ! »

Donc, à FAVI, pas de réunion Cadres hebdomadaire, pas d'ouverture du courrier collégiale, pas de *« chef »* qui ouvre ou qui vise le courrier départ...mais j'ai veillé à l'emplacement du distributeur de boissons dans les bureaux, à avoir une vue sur la porte des toilettes, et, voyant passer X, je l'apostrophe depuis mon bureau ***« Tiens, au fait... »***
Mon tour d'usine deux fois, voire trois fois chaque jour, est aussi un moyen de cueillir comme de diffuser l'information à la source.
Un de nos principes est que l'information est ***« quérable »***, qu'il ne faut pas l'imposer, mais la mettre à disposition **de tous**.

Qu'avons-nous fait au cours du temps ?
Au début, comme tout le monde, j'animais **la** réunion Chefs de service du lundi matin, et très vite, j'ai réalisé que cela ne servait à rien, sauf à me sécuriser, à flatter mon ego de chef de tribu.
Chacun riait de mes bons mots, j'étais fier de mes belles formules, bref tout le monde perdait son temps, et j'ai supprimé cette mascarade, à la grande déception de certains, car ils tiraient eux-mêmes gloire de cette réunion vis-à-vis de leurs collaborateurs.
L'ouverture du courrier a été aussi désacralisée : Mon prédécesseur ouvrait personnellement le courrier en présence de cadres *« choisis »*. S'il était absent, le courrier attendait.
J'ai supprimé la cérémonie, mais j'ai constaté que le pouvoir ainsi libéré était récupéré par Hervé, avec la complicité des cadres *« choisis »* qui se sentaient flattés d'y participer.
Il m'a fallu pas mal de persuasion, et même montrer un peu les dents, pour qu'enfin la standardiste puisse **seule** ouvrir le courrier et le ventiler au mieux.

On a eu pendant quelques années, un journal interne qui s'est appelé ***« FAVI INFO »*** puis ***« LE PETIT PLUS FAVI »***, au gré des comités de rédaction qui étaient toujours uni-

quement constitués d'opérateurs et surtout d'opératrices.
Les rubriques étaient classiques, on y mettait en valeur un opérateur, une mini-usine, on y réglait ses comptes gentiment mais de façon parfois carrée en attribuant des cartons «jaunes» ou «rouges», et parfois même des cartons «verts» pour féliciter quelqu'un *(à tout niveau, leader comme cadre)*.
Il y avait les classiques *«nos joies»* les naissances, *«nos peines...»*
Mais toujours, ce journal était rédigé en toute liberté, sans aucun contrôle, et je découvrais son contenu comme les autres, à sa parution. Tout au plus, parfois, me demandait-on un édito, mais en me suggérant le sujet.
Depuis quelques années, le journal n'existe plus, mais régulièrement le CE parle de relancer un comité de rédaction...
Il y a un truc que j'ai mis en place en arrivant en 1983, c'est le fichier ***FAVI INFO.*** À l'époque, il était basé sur un réseau de minitels installés dans les bureaux et ateliers en libre accès : depuis il a été repris par le réseau de PC. ***N'importe qui peut y accéder*** pour consulter les infos comme pour en diffuser. Il est à noter qu'il n'y a jamais eu de dérive ni de règlement de compte !

Les rubriques habituelles :

→ **DÉPLACEMENTS** *Dates .... Sociétés visitées .... Lieux .... Personnes concernées ....*
→ **VISITES** *Dates .... Heures ...... Société .... Nom des Visiteurs .... Objet de la visite ....*
→ **RÉUNIONS** *Dates .... Heures .... Objet .... Personnes concernées ....*
→ **DIVERS**
→ **BESOINS DE PERSONNEL** *Secteur .... Leader ....*
→ **INFORMATIONS CLIENTS**
→ **PETITES ANNONCES PERSO**
→ **FELICITATIONS À...** *Nom... Action ....*
→ **DOSSIER DU DRAGON** *Problème .... Réglé par ....*

DÉPLACEMENTS

L'homme est bon, c'est ce que nous croyons à FAVI...

Il n'y a donc pas lieu de le contrôler ni de contrôler ses déplacements, bien au contraire, il faut pousser les gens, **tous** les gens à sortir voir **DEHORS !**
Il y a au standard un casier avec des papiers de voiture et les clés : chacun se sert en s'autocensurant naturellement : pour aller à la gare, je prends la 205 *(on en a toujours une qui marche)* ou la Kangoo. Si on va plus loin, on prend une 406. Si on est nombreux,

on prend une des EVASIONS, et si on va encore plus loin, on prend l'AUDI A8, sans distinction de hiérarchie, dans le respect des besoins de chacun pour assumer sa mission.
Il me souvient de l'impact que cela eu chez un client où il y avait des pièces à trier et qui a vu arriver un commando d'opérateurs en AUDI pour le dépanner plus rapidement !!!
Pourquoi une voiture aussi prestigieuse un peu tape à l'œil?

Tout simplement parce que le BOSS, fana de belles voitures, a voulu NOUS récompenser et j'ai mis l'AUDI dans le pool des voitures de sociétés avec comme règle : *« à utiliser quand on fait plus de 400 KM »*.
François, et Claude l'utilisaient souvent pour aller en Allemagne, en partie pour flatter notre client Volkswagen, mais AUSSI pour profiter des 300 CV et se défouler sur les parties d'autoroute sans limitations de vitesse !
Je gardais donc ma R25 et quelques temps après, descendais à Reims pour rencontrer le Patron qui me voyant toujours avec la R25 me dit *« Elle est où l'A8? »*
Je lui expliquais alors qu'elle était en Allemagne pour visiter Volkswagen. Il ne dit rien, mais un mois après alors que j'avais pris la Kangoo car ma R25 avait été réquisitionnée par quelqu'un de la qualité, *(ce qui est pratique courante quand toutes les voitures sont utilisées)* au restaurant, devant quelques témoins, il me remit solennellement les clés d'une magnifique S8 Audi !!!

Je jouais le jeu devant les spectateurs, m'amusais 15 jours avec le monstre, car c'était un monstre de 350 CV sans humour !
Autant l'A8 pouvait être docile autant la S8 manquait d'humour, à la moindre accélération elle montait à 7.000 tours avec des reprises qui donnaient l'impression que le volant vous échappait des mains ou que les véhicules que vous doubliez freinaient !

Donc au bout de 15 jours *(et 3 points en moins sur mon permis)* je prenais rendez vous avec le patron pour lui rendre la voiture en lui disant : ***« On ne peut pas garder ce truc, les gamins vont se tuer avec ça ! »*** Sa réponse : ***« Si je t'ai donné cette voiture, c'est pour toi pas pour toute l'usine ! »*** J'argumentais que nous étions dans un village, que déjà une A8 sur le parking c'était beaucoup et que plus pouvait choquer, d'autant que cela ne correspondait pas à mon style de management. Sa réponse fut grandiose :
« De mon temps quand le patron changeait de voiture, l'ouvrier était fier ! » La mienne manquait certes de panache :
« Peut-être Monsieur, peut-être, mais au temps d'aujourd'hui je ne crois pas que cela soit encore vrai et je ne veux pas faire de provoc ! »

Pour la petite histoire, cette voiture fit exception à la règle qui veut que nous donnions par tirage au sort les vieilles voitures de sociétés, celle-là personne n'en voulait, nous finîmes donc avec bien du mal à la vendre à vil prix à un collectionneur qui la fait tourner de temps en temps les week-ends aux beaux jours.
N'importe qui peut se déplacer mais **doit impérativement** en informer la collectivité, non pas pour un contrôle quelconque, mais que pour chacun puisse s'inviter au voyage en tant que de besoin.

De fait il y a une forme de contrôle informel mais efficace de la collectivité, la régulation se fait par des petites remarques telles que celle que j'ai surpris un jour entre Elise et Dany : ***« Dis donc l'A8, c'est pas ta voiture de fonction ! »***

L'intérêt de la chose est que cette mise en libre service sans préalables, sans contraintes, des véhicules de société est un des moteurs de la réactivité du système, à tous niveaux.
Je connais bien de nobles et grandes structures où des chefs de services de haut niveau doivent attendre 48 H pour décider de leur déplacement, à la disposition qu'ils sont d'une planification rigoureuse et parfois mesquine.

VISITES

Cette rubrique permet à tout le monde de connaître le nom des visiteurs, ne serait-ce que pour les reconnaître si besoin est, et faire un effort supplémentaire de rangement et de propreté.
Cela d'autant plus que, régulièrement, les commerciaux *(parrains productivité)* rappellent à leurs opérateurs que, généralement, les visiteurs ne viennent qu'une fois et l'impression qu'ils auront de leur visite restera fixée dans leur esprit pour des années, et conditionnera leurs décisions d'achats pendant des années aussi.
On précise même parfois à quelle heure se fera la visite des ateliers pour que chacun soit à son poste et sécurise le client par son attitude

RÉUNIONS

Lotus notes relaye depuis quelques années cette rubrique ; le système invite des participants précis, mais de fait n'importe qui, quel que soit sa fonction dans l'entreprise peut prendre part à la réunion s'il le juge utile.
Ce sont les réunions :

→ ***« Bonne parole du chef »*** où je rappelle des valeurs fondamentales, ma perception de certains outils, où nous philosophons sur *« la réussite ou le succès »*, sur *« le compliqué et le complexe... »*

→ ***« Au secours tout va bien ! »*** que je provoque quand tout va trop bien et que je n'entends plus de signaux faibles inquiétants ni à l'intérieur, ni à l'extérieur.

→ ***« Comité de pilotage »*** qui, tous les mois, *(parfois moins quand tout le monde est le nez dans le guidon et sait ce qu'il a à faire)* regroupe les leaders et les parrains commerciaux et nous faisons tous ensemble un tour d'horizon de l'activité des résultats, des projets ....des rêves.

→ ***Les réunions mensuelles mini-usine*** pour que n'importe qui puisse s'inviter (compta, entretien général, qualité centrale..) pour recueillir comme pour dispenser de l'information.

→ Bien entendu les réunions ***C.E.*** et ***CHSCT.***

Concernant les réunions CHSCT, ayant remarqué que parfois les délégués attendaient la réunion trimestrielle pour évoquer des situations qui pouvaient se révéler dangereuses, nous organisons une réunion mensuelle informelle pour anticiper tout danger potentiel.
Bref, toute réunion à caractère général qui concerne tout le monde et personne.

DIVERS

Cette rubrique permet à n'importe qui de s'exprimer, de poser des questions, de donner des infos, de préciser ses absences ou de passer des messages de renforcement de l'instinct de conservation, ou de reconnaissance.

Exemple : ***TRANCHE DE VIE***

Ce jour, le lundi 5 avril à 14h 15, je croise sur le parking un brave homme, la quarantaine, qui visiblement sortait de l'accueil et qui me dit :
« C'est vraiment dur de trouver du boulot, j'en suis à ma 77ème usine où je me présente !
J'y arriverai jamais !»
Pour le réconforter je lui dis :
« Ne vous découragez pas continuez, à Favi, pour l'instant on a fait le plein, mais peut être que dans quelques temps... »
« Oh je n'y crois plus monsieur ! Je n'y crois plus !» me dit-il l'air abattu
Que cette histoire nous encourage les uns et les autres à faire chaque jour de notre mieux pour continuer tous ensemble à créer du travail pour tous, pour les autres.
Jean-François ZOBRIST

Autre exemple : Le Festival de l'Oiseau a lieu du 17 au 25 avril
Les entrées gratuites sont à votre disposition pour le cinéma et les expositions.
Contactez Carole poste 202 ou 375

BESOIN DE PERSONNEL

Cette rubrique permet à chacun de prendre conscience de **l'endroit où est le ballon !** Cela permet de plus à chacun de proposer son sureffectif éventuel
Il est à noter que ce fichier est rarement utilisé car l'équilibrage du personnel entre mini-usines en fonction de l'activité au quotidien se fait verbalement de façon informelle directement entre leaders. Tout au plus tous les 15 jours, ou tous les mois, en fonction de l'activité, Hervé fait une réunion « effectif» avec les leaders pour gérer ses plannings de formation, puisque c'est grâce à cela que nous gardons une réactivité malgré la loi stupide des 35 heures.

INFORMATIONS CLIENTS

Comme son nom l'indique, les commerciaux veillent à informer la collectivité des bonnes et des mauvaises nouvelles concernant nos clients et marchés, ainsi que de l'état de la concurrence.

PETITES ANNONCES PERSO

Rubrique classique de vente de voitures, d'aquarium, de chiots...Complétée par des panneaux d'affichage spécifiques dans l'accès aux vestiaires.

DOSSIER DU DRAGON

C'est un levier important de notre démarche de progrès. Dossier du DRAGON parce qu'à l'origine, avant les minitels et autres PC il s'agissait d'un dossier cartonné positionné à côté d'un dragon en laiton sur le bureau de Jeannine alors dame GPAO.
Dans ce dossier étaient affichés **au quotidien** les problèmes rencontrés en fabrication, et, conformément à la règle du **un dodo**, les problèmes de **la veille** !
Cela pouvait être une rupture de flux, une attente pièces, un problème qualité, un défaut d'emballage....
Généralement nous avons entre 0 et 5 problèmes par jour ! La règle était que en face d'un problème qui voulait le prenait en charge en indiquant son sigle JPW pour jean pierre, CB pour Claude, JFZ pour moi ...
Alors Isabelle «*Madame ACTION*» nous appelait pour nous demander ce que nous allions faire, avec qui, comment et quand.
Ce faisant elle ouvrait un document plan d'action classique, ce qui lui permettait en temps utile de nous rappeler pour nous demander où nous en étions, si le plan continuait ou était abandonné et pourquoi. Ainsi toutes les actions étaient menées à leur terme, Isabelle au courant de tout ce qui se faisait pouvait ainsi dupliquer, anticiper.
De plus, 3 mois après elle s'enquérait pour savoir si l'action était toujours en place puis encore une fois 3 mois après.
La règle reposait sur du volontariat chacun pouvait prendre en charge le problème qu'il voulait. Et si un problème n'était pas pris en charge eh bien il était tout simplement effacé, le jour suivant sans laisser de trace, pas de fichier des problèmes non réglés pas d'informations superflues. Si le problème était récurrent alors à force de le voir revenir il y avait toujours quelqu'un pour le prendre en charge.
Dans la plupart des entreprises on transforme le problème non résolue en information.
Et sur 1 000 informations on en traite 100 qui débouchent sur 10 ACTIONS dont UNE SEULE est pérennisée !!!
Or le profit résulte d'actions pérennisées!!!
Le but de cette démarche est d'augmenter les actions pérennisées aux dépens des informations superflues.
J'ai mis tout ce paragraphe au passé car ces dernières années Madame GPAO a disparu, les leaders saisissent CHAQUE SOIR les bons de travail de la journée et ce faisant, réalisent **directement sur le terrain** l'analyse et souvent l'action corrective. Le dossier du DRAGON existe toujours mais ne reprend que les gros problèmes notamment en clientèle pour l'information de tous et non plus pour l'action.

FÉLICITATIONS À...

Ce chapitre est réservé aux félicitations décernées dans le cadre des différentes démarches de reconnaissance collective ou individuelle cela peut être *le prix des Parrains Productivité, le Trophée Kaizen, le prix des cadres ou un coup de cœur spontané* des uns ou

des autres pour une action remarquée.
Telles sont les rubriques de ***INFORME FAVI***, qui sont donc consultables et mises à jour en libre service, et qui ont été au cours du temps reprises soit sur des tableaux spécifiques installés dans les mini-usines et les services, soit imprimées et affichées sur les panneaux d'informations.

➤ Autre vecteur d'information : **« INFOS DU MOIS »**
Tous les mois, en début de mois, j'écris, une page recto verso donnant des nouvelles de la vie de la société, j'y traite des clients, des travaux d'agrandissement, des problèmes qualités, des études de diversifications, systématiquement du prix des parrains et du *trophée KAIZEN* ; et de temps en temps je passe un message fort rappelant nos fondamentaux.
Cette note était tirée en autant d'exemplaires que de membres de la collectivité et mis à disposition dans chaque mini-usine, pour que chacun puisse éventuellement la montrer « à la maison ».
Récemment sur proposition d'un comité *anti gaspi*, il a été décidé de l'afficher sur le panneau d'information de chaque mini usine. Sans doute faudra-t-il changer à nouveau dans quelques temps pour rompre la routine.

Voici des exemples de contenu permettant de rappeler simplement les fondamentaux :
Exemple : LA BONNE FOI

« En 33 ans de carrière, je n'ai procédé qu'à 3 licenciements :
- Un cadre en 1985 qui avait été de mauvaise foi,
- Un agent qualité en 1990 qui avait falsifié des documents de contrôle,
- Le mois dernier un opérateur, qui avait modifié les programmes d'un centre d'usinage à commande numérique, au risque de faire des pièces mauvaises pour VW, et cela pour gratter 1/2h par poste pour pouvoir buller.

En revanche je n'ai jamais, et je ne sanctionnerai jamais quelqu'un qui fait une erreur, quoi qu'elle puisse coûter, car seuls ceux qui ne font rien, ne tentent rien, ne font pas d'erreur ! »

Exemple : LE BON SENS ou LE SYNDROME DE CELUI QUI RAJOUTE DU SEL !

« Vous avez des gens qui, systématiquement rajoutent du sel dans tous les plats, comme ça, avant même d'y goûter ! Ils le font toujours, par réflexe.
De même il y a des opérateurs qui systématiquement, avant toute chose, dès qu'ils arrivent, touchent au réglage de leur machine, comme ça, par réflexe !
Cela conduit à des excès ridicules, coûteux et surtout parfois dangereux.
Ainsi en partant de l'analyse du nombre élevé de projections dans les yeux sur certains postes d'usinage, malgré le port des lunettes de sécurité, on a découvert que certains opérateurs augmentaient régulièrement très légèrement le débit d'huile de coupe végétale, et que l'on arrivait parfois à relever un débit 10 FOIS supérieur à la norme !
Ceci provoque un collage des copeaux sur les pièces, donc un déréglage de la pression d'air comprimé d'alimentation des soufflettes de 4 à 7 bars d'où DEUX FOIS plus de BRUIT, et des ***projections dans les yeux !*** *»*

Et puis de temps en temps, pour rompre la monotonie de ces notes, comme pour les secouer, je frappe la collectivité d'un grand coup !

Ce fut le cas en avril 2000

SPECIAL INFOS DU 15 AVRIL 2000
RÊVES

Le 15 avril est une date un peu particulière pour moi, c'est un peu le jour du bilan :
C'est le 15 avril 1967 que j'ai commencé à travailler à AFICA.
C'est le 15 avril 1983 que Mr ROUSSEAUX m'a confié la direction de FAVI.
Quand je suis arrivé à FAVI, cela faisait déjà 16 ans que je travaillais pour Mr ROUSSEAUX, et je savais qu'il me laisserait toute liberté pour gérer l'entreprise, du moment que je la développais.
Quand on sait qu'on a toutes les libertés, on peut RÊVER !!!

Alors, j'ai RÊVÉ !
À l'époque, l'ouvrier travaillait, le régleur réglait, le contrôleur contrôlait, et le «chef» organisait.
J'ai rêvé d'une entreprise où l'ouvrier deviendrait un opérateur, qui pourrait s'organiser, régler lui-même sa machine, et s'autocontrôler !
À l'époque, les ouvriers pointaient, et étaient sanctionnés pour tout retard *(5' de retard = 5' de salaire en moins, 10' = -15' sur le salaire, 15' = -30'...etc.).*
J'ai rêvé d'une entreprise où chacun, conscient qu'il travaille pour un CLIENT, et non pour une pointeuse ou un patron, respecterait naturellement ses horaires, sans sonnerie, sans contrôle. D'une entreprise, où plutôt que de sanctionner, on se renseignerait sur le pourquoi du retard, car personne ne fait exprès d'être en retard ; et, si besoin, on décalerait d'équipe le jeune papa dont la petite fille pleure la nuit, ou le service entretien dépannerait la mobylette en panne, cause du retard.
À l'époque, il y avait jusqu'à 20% de prime *(dont une grande partie dépendait de «l'humeur» du chef)* qui était accordée, ou non, chaque mois.
J'ai rêvé d'une entreprise où cette prime serait dans le salaire, pour que la mère de famille soit assurée chaque mois des mêmes revenus, et ***j'ai rêvé*** d'un système de partage des résultats, juste et équitable. Je dois avouer que je n'aurais jamais rêvé que ce «bonus» puisse atteindre *(en référence au salaire moyen de la métallurgie)* l'équivalent de 18 mois de salaire !
À l'époque, il y avait systématiquement du chômage partiel tournant par atelier, pour maintenir une *«pression salutaire»* sur les ouvriers.
J'ai rêvé d'une entreprise où il n'y aurait plus jamais de chômage, et où, si un jour ce malheur arrivait, il serait supporté par tous, et non que par les ouvriers !
À l'époque, tout était fermé à clef dans des magasins, même le matériel de sécurité et les consommables.
J'ai rêvé d'une usine où tout serait ouvert, même les bureaux ; où chacun pourrait librement disposer de tous les outils qu'il juge utile d'avoir !
À l'époque, nous ne faisions que des pièces brutes de fonderie sans grande valeur ajoutée.
J'ai rêvé d'une entreprise qui ferait beaucoup plus pour le client, en faisant des pièces optimisées, testées, usinées, assemblées, en fonctions complètes !

À l'époque, on ne demandait à l'ouvrier que ses MAINS et ses MUSCLES.
J'ai rêvé d'une entreprise où tout le monde utiliserait son CERVEAU, pour être **l'auteur** de son propre progrès, et son CŒUR, pour rechercher l'estime, le respect, une forme d'amour de son CLIENT !
À l'époque, seul le parton et LE commercial connaissaient les clients.
J'ai rêvé d'une entreprise où chacun connaîtrait son CLIENT, pourrait le visiter, le rencontrer !
J'ai rêvé d'une entreprise modèle que l'on visite, qui soit une référence !
Après 33 ans de carrière, et à 5 ans de sa fin *(si Dieu et les lois le permettent)*, quel est mon rêve ?
Oh, mon dernier rêve est tout simple, mais très difficile à réaliser, parce que simple :
Je rêve qu'à FAVI, tout le monde se comporte comme à LA MAISON,
ni plus, ni moins !!!

A la maison, on ne jette pas ses mégots par terre !
A la maison, on se baisse pour ramasser un papier ou un chiffon !
A la maison, on nettoie son lavabo ou son évier après s'être lavé les mains !
A la maison, on économise l'eau, l'électricité, le chauffage !
Dans son garage ou atelier, on range et entretient ses outils !
Dans son garage, on ne gaspille ni la graisse, ni les boulons, ni les chiffons !
Dans son jardin, on respecte les plates-bandes et les fleurs !
Dans son allée, on ne vide pas le cendrier de sa voiture !
Dans sa voiture, on ramasse et jette les papiers inutiles, on vide le cendrier, on évite de souiller les moquettes avec de la boue, ou de tacher les sièges avec de la graisse !
Dans son village, les jeunes disent bonjour, et respectent les anciens !

Pourquoi chacun d'entre nous ne fait pas de même à FAVI ???
Ce serait tellement facile, tellement simple, et d'autant plus raisonnable que, quand on ne respecte pas les outils, la propreté, les pelouses, les voitures, CHACUN de nous paie par SON TRAVAIL *(la société Langlet pour les outils, Trancart pour les plantations, Sinka pour la propreté, S.G. pour le gardiennage...)*. Je dis bien NOUS payons, et non pas FAVI, car **FAVI n'existe pas physiquement. FAVI, c'est nous, notre travail, notre intelligence, notre courage, notre sueur !**

Vous voyez, mon rêve est simple, raisonnable :
QUE CHACUN SE COMPORTE À FAVI COMME CHEZ LUI !
C'est simple, mais ça, je ne peux pas le faire tout seul !!!

Jean-François ZOBRIST

Le message étant simple, et bien il fut à ma grande surprise suivi au-delà de toute mes espérances, bien sûr on a initié et accompagné le mouvement en mettant sur chaque lavabo une éponge pour que chacun puisse nettoyer après son passage, en multipliant les poubelles, les kits de nettoyage avec balais, balayette et pelle, en mettant en place des comités « *ordre et nettoyage* ».
Et régulièrement dans les notes mensuelles je faisais un état des progrès réalisés
Certains diront que ce n'est qu'une forme du 5S !

Bien sûr mais il semble qu'en Picardie ***«faire à FAVI comme à la maison»*** passe mieux que : ***«On redémarre le 5S»***

EXPLICATION DE TEXTE

Pour être compris de tous il faut toujours passer des messages SIMPLES, PLAISANTS et qui reposent sur DES VALEURS SOLIDES !
Et se comporter «comme à la maison» intègre bien ces trois composantes.
Tels sont les différents modes d'information et de communication adoptés à FAVI sachant que les réunions mensuelles de chaque mini usine relaient les informations au niveau le plus important dans notre système : celui des opératrices et des opérateurs.

CLIN D'ŒIL

Toujours pour être sûr de l'écoute des opérateurs, souvent certains font preuve d'imagination.
Tel Jacques, le patron de la qualité, qui rédigea une note en Picard :
(Texte à lire à haute voix pour l'apprécier)

Ech qui suit est adréché à tertou qui foèt des pièches
O n'êtes poi sans savoère qu'ed puis el moé ed juillet pi septimbre
o traversons ein' crise ed problinmes mond'ché clients.
In 2005, o zavouommes troé incidints à mon PSA, éch t'ainée,
o sommes passé à pu d'dix, pi el'ainée an'est poi cuite.
O savons bien qu'ed tour foère el minme boulot, a n'est poi facile
ed'rester concintré à londjeur ed jornée.
Si o zavez un doute sur quéque cause, pinsez à d'mander qu'qun,
(un controleux, un lider, ou mi-minme) o sommes lo pour vous rinseigner.
Ché pourquoé ech vous d'mande ed foère comme é martché din
ché documints, ed' respecter ech'quech'lider i vous o dit, pi tout
s'passero fin bien.
A n'est poi por ech'patron qu'o travaillez, ni por ech'lider, ni por mi
mais por ech'client, si n'est poi contint, i finiro par ed'pu nous
qu'minder d'pièches pi il iro vire aud'part.
E pi, a n'est ti poi miu ed'savoère qu'oz o bin foé sin travail é pi
qu'o peu dormir su ses deux eureilles, to l'mond' s'y r'trouve,
Ech' client, Ti, Mi, pi z'eutes.

Tcho Jacques.

Histoire des bons d'achats...

Au début des années 80, quand nous avons commencé à travailler «*autrement*», je voulais sensibiliser les opératrices et les opérateurs au coût des choses.
Dans un premier temps, j'avais réuni l'ensemble de l'entreprise, par groupes, en leur présentant la matrice décrite dans la fiche ***«Moi et les autres»*** **(VOIR T2, FICHE OUTILS N°66)** pour qu'ils prennent bien conscience que c'était toujours leur argent et leur travail qui était en cause, car l'entreprise est une entité immatérielle qui ne possède rien.
À la suite de quoi, l'idée m'est venue d'accorder au 1er janvier de chaque année, à chacune et chacun, un «*chèque*» de 1000 Francs pour acheter absolument tout ce qu'ils voulaient, du moment que l'objet **reste dans l'entreprise.**

On pouvait se grouper à plusieurs pour financer un achat important mais par souci de simplicité de gestion, les chèques n'étaient pas cumulables d'une année sur l'autre.
Le mode de fonctionnement était le suivant : lorsque quelqu'un voulait quelque chose, il allait voir Marie-Anne, se faisait remettre la documentation ou le catalogue, pour choisir lui-même l'objet dont la valeur était déduite du chèque.
Il y eut des plantes, des aquariums dans les ateliers, - *dont un subsiste d'ailleurs toujours 25 ans après au Service Outillage* - quelques PC, des postes à souder et des outillages.

Concernant les outillages, les opératrices et les opérateurs, stupéfaits par les coûts de ceux-ci dans les catalogues fournisseurs, bien souvent allaient les acheter au «*camion qui passe*» dans nos villages, et il est à noter que ces outils de bien moins grande qualité n'étaient jamais cassés ni ne disparaissaient.
Quant aux postes à souder, compte tenu de leur nombre, nous avions fait venir un professeur technique qui apprit, même aux opératrices, à plier de la tôle et à souder. 80% de leurs aménagements de postes sur le terrain étaient alors constitués de goulottes et autres carters adaptés car fabriqués par leurs soins.

A ce sujet, je me souviens parfois le soir, de la visite d'un esprit cartésien qui, constatant le nombre élevé de postes à souder dans l'entreprise considérait que cela était un gâchis !

Ce grand esprit ne pouvait percevoir que quasiment chaque mini-usine ayant son poste, celui ci étant toujours en parfait état de fonctionnement et surtout étant en libre service permettait des améliorations productives immédiates sans s'encombrer des circuits parasites basés sur des demandes de travail classiques au service entretien !
Comme pour bien d'autres choses, le système marcha pendant 4 ou 5 ans, puis nous constatâmes qu'en septembre, peu de chèques avaient été exploités, c'est pourquoi en accord avec Marie-Anne, une année, nous avons abandonné le principe sans en parler, et personne ne le remarqua.
Cette mesure faisait partie de celles qui vivent et qu'il faut laisser mourir pour qu'elles ne deviennent pas un droit et un dû.

<u>**EXPLICATION DE TEXTE**</u>

Hormis le sens de l'économie, et du coût des choses que je voulais développer dans l'entreprise, cette expérience, et notamment les achats des postes à souder, me fit prendre conscience d'une chose :

→ Qu'est qu'une bonne opératrice ou un bon opérateur ?

→ Quelqu'un qui **prend des initiatives en <u>temps réel</u>**, pour pallier un arrêt de chaîne, ou pour améliorer son poste de travail, et il est intéressant de constater que 80% de l'investissement spontané étaient consacrés à du matériel permettant d'œuvrer en ce sens !

Or qui est censé prendre des initiatives : ***la structure !***
Cela est sûrement là son plus gros défaut.

Car les gens payés pour prendre des décisions ont une tendance naturelle à interdire toute prise d'initiative par les opérateurs par simple instinct de conservation !

D'où le grand intérêt à ne pas avoir de structure en fabrication.
Car ce qu'elle coûte, ce n'est pas tant son salaire que :
- Ce qu'elle fait pour s'occuper (réunions, papiers inutiles....)
- Surtout la confiscation de la prise d'initiatives, sur, et par le terrain

Sans compter que souvent elle déforme l'information issue du terrain.
L'information qui remonte au patron par la structure n'est jamais aussi bien, ni jamais aussi mal qu'on le prétend !!!

Histoire du Père Noël qui passe deux fois...

Il est un dessin de Brétécher qui m'avait frappé :
La scène se passe sur un divan avec un homme fumant sagement sa pipe tout en lisant, et sa compagne avachie à l'autre bout, l'agresse dans sa quiétude :

- je veux un cadeau ! lui dit-elle
- pardon ?
- je veux un cadeau !
- tu vas pas recommencer ! tu as tout ce qu'il te faut !
- peut-être, mais je veux un cadeau !
- je refuse le chantage aux sentiments.
- tes raisonnements je m'en fous, je veux un cadeau !
- mais enfin ne sois pas infantile !
- je veux un cadeau !
- etc..
Enfin, lassé, l'homme s'effondre :
- d'accord ! d'accord ! tu m'auras eu à l'usure comme d'habitude ! dis-moi ce que tu veux qu'on en finisse !
- je veux une SURPRISE !!!

Fort de ce constat, c'est-à-dire que les uns et les autres nous aimons bien de temps en temps avoir des surprises, j'ai cherché à en faire une qui toucherait non seulement les salariés mais aussi leurs familles.
La fête de Noël dans nos campagnes est quelque chose d'important. Une après-midi complète est occupée par la Fête de Noël de Favi. Il y a des clowns, un spectacle, des animaux dressés, le goûter, l'arrivée du Père Noël, la distribution des jouets et traditionnellement, il me revenait en tant que «*patron-pater*» de dire un mot d'introduction toujours très bref, où essentiellement, je présentais mes vœux à l'ensemble de la famille Favi.

Cette année-là donc, je décidais, sans en avoir parlé à quiconque, de leur faire une surprise : — ***«Cette année,»*** dis-je, ***«est une année exceptionnelle. Car nous avons rencontré le Père Noël. Avec les membres du CE, nous avons pris rendez-vous pour dire au Père Noël que ce n'était pas juste !»***

À ce moment du discours, je constatais du haut de la scène que les quelques membres du CE que j'avais sous les yeux me regardaient étonnés, consternés et inquiets, pensant sans doute : ***«qu'est-ce qu'il va encore nous faire ?»***
Je continuais :
— ***«Fabienne, notamment, a argumenté, aidée par Vincent, disant que ce n'était vraiment pas juste parce que tous les petits enfants de Favi étaient très très gentils toute***

l'année, et que parfois ils demandaient au Père Noël plusieurs joujoux et qu'il n'amenait par la cheminée pas tout ce qu'ils avaient demandé. Après des heures de discussion, le Père Noël nous a dit : « vous êtes marrants avec votre Kanban, votre flux tendu, moi c'est beaucoup plus compliqué parce que tous les petits enfants du monde entier me demandent tous les joujoux en même temps. Et j'ai beau me faire aider par St Nicolas dans certains pays, il m'arrive d'oublier tout ce que m'ont demandé les petits enfants. Je fais déjà très attention pour n'oublier aucun petit enfant, c'est déjà beaucoup ! »

Mais comme on a beaucoup insisté, le Père Noël a accepté quand même quelque chose d'exceptionnel : ***c'est que les petits enfants de la FAVI, qui n'ont pas eu ce qu'ils voulaient peuvent écrire au Père Noël, s'ils sont trop petits ils peuvent faire un dessin, ou faire écrire par leur grande sœur ou leur grand frère, pour lui demander la chose qu'il avait oubliée. Mais cela à deux conditions : la première est qu'il ne pourra satisfaire qu'un petit enfant et pas plus, la seconde est qu'il ne fallait surtout n'en parler à personne, que c'était un secret entre les petits enfants de Favi et lui-même car si d'autres petits enfants le savaient, il ne pourrait pas satisfaire tout le monde. »***
Ainsi fut fait. Une boîte à lettres fut installée à l'entrée du personnel intitulée ***« Courrier pour le Père Noël »***, et les membres du CE, seuls, sans ma présence, décidaient de l'enfant à récompenser. Étant entendu que tous les enfants qui avaient écrit recevaient un petit mot du Père Noël expliquant qui il avait retenu et pourquoi.
Bien entendu, chaque enfant recevait un petit présent qui était généralement un livre adapté à son âge.

Le système fonctionna pendant des années. Cela allait de la petite fille qui rêvait de faire du cheval, que le Père Noël abonna pendant un an dans un club hippique local, à l'enfant qui n'avait jamais pris l'avion et qui rêvait d'aller voir son tonton à Lyon jusqu'à des choses grandioses comme une petite fille qui s'était faite opérer d'une jambe et qui voulait aller prier la Sainte Vierge à Lourdes avec sa mamie, pour que son autre jambe ne pousse pas trop vite afin d'éviter une opération complémentaire. Et puis petit à petit, années après années, la chose déclina, les demandes se raréfièrent et furent du genre :
« Père Noël, je voudrais un Kärcher pour aider mon papa à laver sa voiture ! »
Ce qui fait qu'un jour, alors que chaque année je faisais monter sur scène l'enfant que le Père Noël avait récompensé pour qu'il raconte ce qui s'était passé *(le témoignage de la petite fille qui était allée à Lourdes avec sa maman et sa mamie avait été extraordinaire car de fait une opération avait pu être évitée)*. Donc une année, j'ai tout simplement présenté mes vœux sans plus parler du Père Noël qui passait deux fois et personne d'ailleurs ne m'en fit la remarque.

EXPLICATION DE TEXTE

Nous continuons régulièrement à FAVI à chercher à faire des surprises.
En revanche il est une chose que j'ai remarquée c'est qu'il n'est pas bon qu'une surprise s'installe dans la routine et que, comme ce fut le cas par ailleurs pour les bons d'achat *(voir histoire des bons d'achat)*, ***il ne faut pas hésiter à un moment donné à arrêter certaines opérations qui, s'installant dans la routine, risqueraient de finir par être considérées comme un dû...***

Histoire de la mini-usine FIAT...

La mini-usine qui fit en un week-end autant qu'en une semaine

À cette époque, la mini-usine Fiat œuvrait toute la semaine pour remplir un camion qui partait dans la nuit de dimanche à lundi à destination de l'Italie. Cette mini-usine était donc structurée en vitesse de croisière pour une quantité hebdomadaire donnée.

Un lundi matin, alors que j'avais été absent le vendredi précédent, en faisant mon tour d'usine, les opérateurs de la mini-usine viennent au devant de moi et tout excités, me disent :
« Vous avez vu, on a fait deux camions, hein ! »
Interloqué, je leur avoue ne pas être au courant, d'autant plus que le vendredi j'étais absent. Et comme des enfants heureux d'avoir fait une belle et grande chose, ils me contèrent l'histoire :
Vendredi matin, alors qu'ils finissaient leur production hebdomadaire, ils avaient reçu un fax de Fiat leur demandant exceptionnellement d'expédier deux camions au lieu du seul camion habituel, et, tout seuls avec leur leader, ils décidèrent de relever le défi en prévenant les gens qui avaient été postés de nuit et en s'auto organisant pour travailler en 3 x 8 tout le week-end ! Et dans l'enthousiasme, ils avaient pu avoir la satisfaction de pouvoir charger les deux camions le dimanche soir.

Bien entendu, j'ai félicité, leur fis part de mon admiration et à la pause, nous ouvrîmes symboliquement quelques bouteilles de champagne.
Pour la bonne forme, j'appelais l'inspecteur du travail et lui contais en magnifiant cette aventure spontanée.
Celui-ci nous connaissant, me demanda s'il n'y avait pas eu d'incidents et, devant ma réponse négative, me proposa une démarche réciproque antidatée de demande de travail le dimanche.

Cette histoire prouve deux choses :

❶ *La première est que* si nous avions été structuré comme tout le monde, c'est-à-dire avec un service planning qui gère les demandes clients, assurément, ce service aurait considéré comme impossible de répondre à la demande client. Et s'il avait jugé possible de le faire, il est certain que les opératrices et opérateurs auraient subi cela comme une contrainte et non comme une aventure.

❷ *La deuxième c'est que* notre belle fonction publique, souvent décriée, sait faire preuve de souplesse, de flexibilité quand on se comporte avec elle en homme de bonne foi et de bonne volonté.

Bien entendu, les opératrices et opérateurs récupérèrent leurs heures de travail toujours en autogestion avec leur leader, n'ayant eu, par principe aucune prime, que personne par ailleurs ne demandait.

A cet égard, juste une anecdote que me racontait notre infirmière :
Dans sa carrière, elle fut pendant un temps affectée aux soins de dialyse dans un hôpital.
Un hiver particulièrement rigoureux, toutes les voies de communication terrestres étant bloquées par la neige, ils rapatriaient par hélicoptère les patients, et les gardaient souvent sur place pour ceux qui nécessitaient des dialyses rapprochées, et cette aventure avait été vécue comme telle par l'ensemble du personnel qui vivait sur place pendant toute cette période en campant dans les couloirs.
Les voies de circulation étant rétablies, après une semaine, la situation redevint normale, et chacun gardait un souvenir de fierté du devoir accompli, et de bonheur d'avoir vécu une belle aventure humaine, quand, la Direction trouva indispensable de négocier avec les soignantes et soignants un système rigide de bonus et de récupération, bien « carré», comme seuls les services du personnel sont capables d'en pondre, ce qui mortifia les gens, et gâcha leur souvenir, puisque des années après l'infirmière retenait surtout cette maladresse managériale.

La belle histoire des moteurs électriques...

Grâce à la vision de *M. Moussa (voir la belle histoire des fourchettes)*, nous étions arrivés à fournir 20 % du marché européen, chiffre qui nous paraissait extraordinaire car nous ne pouvions penser qu'un jour, notre sérieux collectif nous amènerait à alimenter près de 50 % de ce marché, qui est quasiment le marché mondial, puisque les Américains et les Japonais sont adeptes de la boîte automatique.

Toujours est-il qu'avec Michel, nous nous sommes dit qu'il était temps de trouver d'autres marchés, d'une part parce qu'étant arrivé à 20 % de la fourniture européenne, nous pensions ne pas pouvoir faire plus, voire même commencer à être attaqués et donc à perdre. D'autre part, parce que l'histoire de FAVI était faite de mutations, du réchaud à alcool au siphon de lavabo, puis du siphon de lavabo au compteur d'eau, enfin du compteur d'eau à la fourchette, et il semblait donc urgent de préparer la prochaine évolution.

Nous avons commencé tous les deux à chercher des **produits**.

Ce ne fut pas un succès car il n'y avait apparemment aucun gain technique à apporter, ni marge à dégager.

Puis, nous avons pensé à des **sauts technologiques**.

<u>Les noyaux destructibles tout d'abord :</u> *(le noyau est une partie d'un moule définissant la partie intérieure d'une pièce)*. Il faut en effet savoir que l'injection d'alliages cuivreux à 1000°C, de par les températures, les pressions (jusqu'à 1000 bars), les vitesses (50 m/s) mises en jeu, nous sommes contraints d'utiliser des noyaux métalliques démoulables, donc des formes géométriques limitées.

Il est une habitude en Allemagne, dans les compteurs d'eau, de disposer de corps de compteur «*joufflus*» et ce marché n'accepte pas de corps cylindriques à noyaux démoulables, c'est pourquoi cette recherche pouvait nous ouvrir de nouveaux marchés.

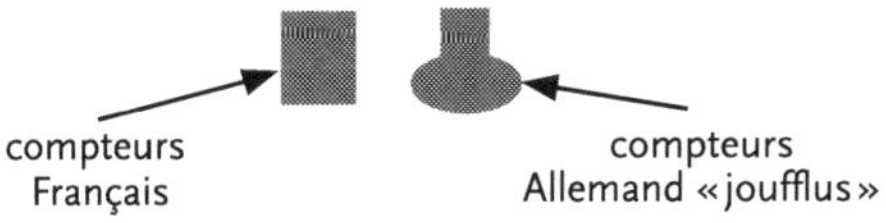

Avec Gilles, un jeune ingénieur diplômé de l'Ecole Supérieure de Fonderie, nous passâmes un an en essais divers avec différents matériaux, toutes sortes de sables, des géopolymères, des noyaux en verre même, avant d'abandonner faute de résultats industriels. La deuxième piste fut la tentative d'injection d'alliages de bronze pour satisfaire le marché américain.

Il faut en effet savoir qu'en Europe, la plupart des pièces en contact avec l'eau sont en alliages de laiton *(cuivre + zinc)*.

Lorsque les premiers américains débarquèrent du *Mayflower*, sur la côte Est, ils découvrirent un type de corrosion, très localisé dans cette région, et très particulier des laitons, qu'on appelle la dézincification.

En effet, ces eaux riches en chlore et faiblement chargées en calcium provoquent la dissolution spécifique des atomes de zinc qui laissent une masse spongieuse de cuivre non étanche et fragile. Ainsi, très rapidement, l'usage de bronze *(cuivre + étain + plomb)* s'est généralisé sur la côte Est, et bien que ce type de corrosion soit très limité, la normalisation a imposé les bronzes aux Etats-Unis pour toutes pièces en contact avec l'eau.
Nous fîmes donc une campagne d'essais, toujours avec Gilles, et après une année, étions arrivés à de bons résultats qui nous permettaient d'espérer des marchés.
Grâce à un agent particulièrement dynamique, que nous avions à l'époque aux Etats-Unis, j'obtins différents rendez-vous et notamment avec un fabricant de *SPRINKLER* fortement intéressé par nos prix, bien inférieurs aux prix des pièces issues de la fonderie sable de faible productivité. Il me proposa un contrat pour la fourniture d'un million de pièces par mois !
Je ne sais pourquoi, peut-être impressionné par la quantité, je lui proposais avant de signer ce contrat la fourniture d'un lot d'essai de 10 000 pièces. Et là, à notre grande surprise, nous avons constaté qu'à partir de 5 000 injections les moules subissaient une érosion galopante qui les rendait rapidement inutilisables, et nous n'avions pas vu le problème pendant les essais car, à chaque fois pour tester les matériaux, les poteyages *(pulvérisation de solution de graphite protégeant le moule du choc thermique lors de la coulée du métal)*, les formes d'attaques nous réalisions environ 3 000 à 4 000 injections, avant de passer à une autre validation !
Bref, nous eûmes beaucoup de mal à réaliser la pré-série promise de 10 000 pièces et cet échec nous fit comprendre qu'il fallait sortir des systèmes classiques d'approche de la diversification et trouver un autre mode d'approche.

A cette époque, je m'étais retrouvé, sans doute par défaut, bombardé par la *DRIRE*, président du *M.F.Q. (Mouvement Français pour la Qualité) Picardie*, ce qui m'a fait découvrir un nouveau réseau et notamment un certain *Bertrand JOUSLIN DE NORAY*, un être qui génère un autre type de réflexion, qui lui-même me fit découvrir le *professeur Shiba*, professeur à *Tsukuba* et au *MIT Boston* qui venait de temps en temps donner des cours en France.
Comme à mon habitude, j'allais suivre plusieurs fois les mêmes cours et ainsi me fis repérer par le professeur *Shiba* qui me prit en amitié.
Et un jour à table pendant la pause de midi, je l'interrogeais sur son approche de l'innovation, et il m'offrit un ouvrage en anglais qu'il avait commis, dans lequel, en quelques pages, il présentait une méthode pour faire une percée tout à la fois novatrice mais centrée sur son métier.
Fort de cette méthode, j'organisais des groupes de réflexion transdisciplinaires et transgénérations à FAVI.
Pour faire simple, la méthode consiste à s'interroger en groupe sur son métier, sur une manière de le décomposer en entités élémentaires *(par produits, par marchés, par techniques...)*, puis pour chaque entité, à lister les éléments empêchant une expansion *(coût de la matière, de l'énergie, les défauts inhérents au produit ou à la technique, ...)* puis, toujours en groupe et par des réunions espacées d'environ une semaine, pour permettre le temps de la réflexion, imaginer ce qui se passerait si les éléments négatifs étaient

supprimés *(énergie gratuite, main-d'œuvre gratuite, etc...)*
Et de fait, quand on joue à ce jeu là, où on part dans un premier temps dans une réflexion restrictive, puis dans une réflexion onirique ouverte, il y a toujours quelqu'un qui percute mais forcément, dans un périmètre intimement lié au métier de la collectivité
Dans ce cas, ce fut Dominique (mon futur successeur) qui percuta en disant :
« C'est curieux, au cours du temps, nous avons développé des alliages qui résistent à la corrosion, qui ont un grand allongement, une bonne résistance au frottement, à l'usure une grande dureté, une grande aptitude au polissage, etc., mais on ne s'est jamais occupé d'exploiter la grande conductibilité électrique des alliages cuivreux. »
Fort de cette évidence, je demandais à Claude, le chef de fonderie, d'injecter quelques pièces en cuivre pur. Il n'y réussit point ! D'une part parce qu'à peine fondu, le cuivre s'oxyde rapidement, perd sa conductibilité et devient pâteux donc difficile à injecter. D'autre part, la chaleur de mise en œuvre (1300 °C) faisait que les outillages se dégradaient rapidement.
A tout hasard, je fis faire une étude par *l'ARIST (Agence Régionale d'Information Stratégique et Technologique)* pour voir si une entreprise au monde injectait du cuivre pur, la réponse fût négative. Alors, je convainquis Claude d'abandonner sa fonderie à ses leaders, et de prendre tous les moyens qu'il souhaitait, tant humains que matériels, pour arriver à mettre en œuvre du cuivre pur sans perdre de sa conductibilité.
— ***« Pourquoi faire ? »*** me dit-il.
— ***« Je ne sais pas mais si on arrive à faire quelque chose que personne ne sait faire, forcément on gagnera de l'argent. »***
— ***« Pourquoi ne pas donner ça à un jeune ingénieur ? »***
— ***« Parce que je pense que vos trente ans d'expériences en fonderie, pour ce genre d'innovation, sont plus utiles que les connaissances d'un ingénieur ».***
Ainsi fut fait, et après trois ans d'efforts à plein temps, Claude réalisa l'impossible...
En fait ce n'est pas Claude seul, c'est toute l'entreprise qui atteint ce but, car bien des *« combines »* nous furent données par des fondeurs se rappelant qu'il y a dix ans, tel poteyage avait donné tel effet, ou tel outillage avait bien résisté au choc thermique, etc.
Et je crois que si nous y sommes arrivés, c'est certes grâce aux trente ans d'expérience de Claude, mais surtout grâce à nos cinquante ans d'expérience collective du travail à 1000°C.

Ce faisant, nous n'avions pas de marchés !
À l'époque déjà, d'autres patrons me faisaient l'amitié de me demander de témoigner de notre système de management sans structure basé sur des valeurs.
Ce faisant, j'étais parti faire une conférence d'une journée en Moselle, et à la pause du midi, je dînais à côté du patron pour *la France de GRUNDFOS.*
Tout naturellement, il s'enquit de notre métier, et quand je lui appris que nous injections des alliages de cuivre, il me demanda si on savait injecter du cuivre pur à haute conductibilité.
Il s'étonna de ma réponse positive car il avait fait réaliser une étude dans le monde entier, et cette étude avait révélé que personne n'était capable de maîtriser l'injection du cuivre pur de façon industrielle.

J'insistais sur notre capacité à le faire, et lui racontais l'histoire et les quelques trois ans d'essais préalables à notre succès. Il m'expliqua alors que depuis les années 1920, des théoriciens avaient prouvé que si on remplaçait l'aluminium dans les cages d'écureuils *(ensemble constitué par les cavités ménagées dans les tôles magnétiques empilées de la partie tournante [rotor] des moteurs électriques)* des rotors, par du cuivre, on gagnait énormément en rendement comme en couple.

À telle enseigne que *GRUNDFOS* utilise des rotors réalisés en mécano soudé, en enfilant des petites barres en cuivre dans les encoches de la masse rotorique, puis en sertissant et soudant les barres aux deux bouts dans des flasques, mais que ces opérations sont coûteuses, qu'elles génèrent un nombre élevé de pièces non conforme.

Il en vint à la conclusion que si on pouvait surmouler ces masses rotoriques directement avec du cuivre à haute conductibilité, on aurait un meilleur remplissage des cavités, un contact intime entre les anneaux et les barres, donc de meilleurs rendements pour un prix plus faible.

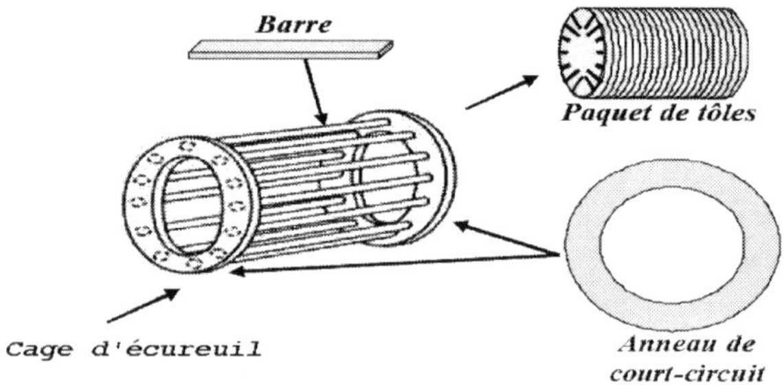

Figure 1 : modèle d'un rotor

Je lui proposais alors de faire quelques essais. Dans la semaine qui suivit, il nous fit parvenir quelques masses rotoriques que nous lui avons renvoyées surmoulées en cuivre, et dans les deux jours qui suivirent l'expédition, il nous appela en nous demandant de venir le plus tôt possible à Saint-Avold où se trouvait leur laboratoire.

Dès le lendemain, avec Michel, nous étions à pied d'œuvre, et là, il nous fit constater qu'une pompe normale équipée d'un rotor en cuivre mécano soudé débitait 100, et que la même pompe équipée de notre rotor débitait 130. Il nous posa une question simple mais compliquée pour nous :

« Pourquoi ? »

Sur le chemin du retour, avec Michel, nous nous rappelâmes une histoire qui nous était arrivée quelques années auparavant :

Au nom du *quatrième principe de la péripatéticienne* (VOIR T2, FICHE OUTILS N° 40), nous n'augmentions plus nos prix depuis quelques années et commencions à avoir des problèmes de coût, car, à l'époque, l'inflation se situait au dessus de 5 %, et nous voulions baisser le coût du produit.

On avait donc allégé une fourchette et avait constaté, avec les moyens de l'époque, que cet allègement provoquait une déformation de la pièce mais on n'arrivait pas bien à situer à quel endroit, ni son amplitude.

Un après-midi, nous phosphorions autour d'une pièce moulée en cire, le soleil donnait dans mon bureau, et *« ch'manieu d'crayons » (le comptable)*, passant dans le bureau, pris la pièce en cire qui avait un peu ramolli et jouant avec elle nous dit : ***« Eh les grosses têtes, on voit bien où elle plie votre pièce ! Regardez ! »***

Et effectivement, on percevrait parfaitement l'endroit et l'amplitude de la déformation. Nous avons donc nervuré cette zone et, tout fiers, sommes allés, Michel et moi, présenter notre modification au client en demandant une évolution du tracé de la pièce assortie d'une baisse de prix.

Très fiers de notre découverte, nous avons raconté l'histoire de la pièce en cire rendue malléable par Phébus. Ce qu'entendant, un jeune ingénieur, de façon péremptoire comme seuls savent être les jeunes, nous dit : ***« C'est bien, votre truc ! Mais ça doit pouvoir se calculer par ordinateur ! »***

Sur le chemin du retour, avec Michel, nous nous arrêtâmes à *l'UTC* de Compiègne où nous avions quelques relations avec des métallurgistes, et nous racontâmes l'histoire à nos contacts, qui étaient devenus des amis, en leur demandant si c'était possible d'améliorer un produit avec un ordinateur.

Il s'avère qu'à l'époque, l'UTC *(Université Technologique de Compiègne)* avait récupéré un chercheur de la *NASA*, qui avait participé à l'étude du LEM *(premier engin habité qui s'est posé sur la lune)*, qui était, avec son équipe, en train de développer en secret, bien avant tout le monde, un logiciel de *CAO* et il cherchait une petite entreprise pour tester discrètement ce logiciel avant de le mettre sur le marché. C'est ainsi que nous fîmes de la *CAO* bien avant nos grands donneurs d'ordres automobiles.

Nous nous rappelâmes donc de cette histoire et nous nous arrêtâmes, en revenant de Saint Avold, à Amiens pour exposer notre problème au directeur de l'ESIEE *(Ecole d'ingénieurs spécialisée entre autres en l'électrotechnique)* pour répondre à la question posée par le patron de GRUNDFOS à savoir : pourquoi obtenions-nous un bien meilleur rendement par notre technique que par mécano soudé ? Il fit venir un jeune professeur qui nous expliqua des choses incompréhensibles pour nous, métallurgistes mécaniciens. Rapidement je l'arrêtai dans ses propos et lui proposai de travailler à temps partiel pour nous, en créant un laboratoire qui nous appartiendrait, mais qui serait situé dans les locaux de l'école pour bénéficier de la synergie intellectuelle propre à tout milieu universitaire.

Ce qui fut fait, et pendant six ans, nous avons eu une équipe de quatre ingénieurs étayée par quelques étudiants thésards, qui nous ont permis de comprendre et d'expliquer à nos clients potentiels le pourquoi de certains résultats.

Très rapidement, par les communications dans des congrès réalisées par ces ingénieurs, le monde entier sut que quelqu'un maîtrisait de façon industrielle cette technologie particulière et ce faisant, tous les fabricants intégrèrent dans leur logiciel les caractéristiques apportées par le cuivre, et devinrent forcément, de par leur taille *(Siemens doit être plusieurs milliers de fois plus gros que nous)*, plus compétents en théorie que nous, et notre laboratoire n'avait plus lieu d'être. C'est pourquoi après six ans de collaboration, nous avons rapatrié quelques machines d'essais chez nous, et, tout en gardant d'excellentes relations avec l'ESIEE, avons libéré les locaux.
Le Professeur Shiba dit quelque part qu'il faut laisser de **la chance au hasard**, et de la chance nous en avons, car les accords de Kyoto ont révélé au monde entier le problème de l'effet de serre, lié à l'activité humaine, et les conséquences climatiques et démographiques catastrophiques qui attendent nos enfants si nous ne limitons pas notre consommation en énergie.
Les statistiques prouvant que 70 % de la consommation énergétique des entreprises passent par des moteurs électriques et que sur un plan domestique, le froid, au sens large, représente 30 %, et le simple accélérateur de chauffage central 15 % de la consommation familiale, un train de mesure est dans le tuyau, dans tous les pays du monde, dans bien des secteurs pour imposer les moteurs à haut rendement à l'horizon 2008-2012.
En conclusion, cette démarche a été faite *« en allant »* de façon apparemment incohérente, non programmée ni pilotée. Quelle fut notre intelligence collective ?
Pour respecter les futures normes, et comme à ce jour, nous sommes les seuls à proposer une solution économique :

- sortir des chemins traditionnels du marketing,
- partir d'une matrice intellectuelle sans but précis,
- avoir fait effectuer la recherche et mise au point par un homme de Fabrication et d'expérience et non par un jeune ingénieur débutant,
- être allé au bout de la recherche sans marché précis, uniquement en partant du principe que si on faisait quelque chose d'unique au monde, forcément on gagnerait des sous,
- nous être appuyés, non pas sur la connaissance de quelqu'un mais sur la connaissance et la culture collective du travail à 1000°C depuis 50 ans,
- avoir trouvé un marché par hasard parce que nous sortons beaucoup : *« seuls ceux qui sortent s'en sortent »*,
- avoir eu recours à des compétences et intelligences locales universitaires pour crédibiliser notre percée,
- avoir su arrêter cette action quand cette compétence commençait à faire ombrage à la compétence interne de nos clients.

Comme d'habitude, je vous décris a posteriori de façon cohérente une chronologie d'évènements qui se sont déroulés de façon incohérente car non prémédités, uniquement guidés par une notion de **métaction** *(VOIR FICHE N° 76)* et donc de **réaction immédiate** comme par un **gros bon sens** *(VOIR FICHE N° 48)*.
Tout cela « en allant »...

Histoire de l'entreprise « Y »...

ou petit résumé des bases de notre fonctionnement

Par analogie avec Mac Grégor qui distingue les hommes en deux catégories : les « X » et les « Y », nous allons tenter de caractériserles entreprises :

→ Entreprises « X », où l'homme est considéré comme systématiquement **« mauvais »**
→ Entreprises « Y », où le même homme est considéré comme résolument **« bon »**
Et cela selon 3 approches complémentaires :
- Celle de **la sociodynamique** chère à Jean-Christian Fauvet,
- Celle des systèmes **compliqués** et **complexes**,
- Celle **« du pouvoir des anneaux »**.

Tout d'abord un petit rappel de la théorie de Douglas Mac Gregor (1906-1964).
Il classait, d'après des considérations un peu dichotomiques et manichéennes les hommes en deux grandes catégories : *les Hommes X et les Hommes Y.*

<u>L'HOMME X</u>
→ Éprouve une répulsion naturelle pour le travail et va tout faire pour l'éviter,
→ Doit donc être dirigé, contrôlé, forcé, voire même menacé pour travailler surtout pour travailler dans et pour une collectivité.
→ Préfère être dirigé et fuit les responsabilités.
Bref, il est **MAUVAIS** : si on le laisse livré à lui-même il ne se rasera plus, ne se lavera plus, ne fera rien et cherchera les chemins de moindre initiative.

<u>L'HOMME Y</u>
→ Il lui est plus naturel de travailler que de se reposer ou jouer,
→ Le travail peut lui être une source profonde de satisfaction,
→ Sa motivation pour l'atteinte d'objectifs dépendra de la satisfaction qu'il attend de leur atteinte. Et la satisfaction qu'il retire d'avoir accompli une tâche nourrit sa motivation pour la tâche suivante. Pour ce faire, il est prêt à apprendre, à accepter, et même à rechercher des responsabilités.

Bref, **L' HOMME EST BON** : si on lui ouvre des espaces de liberté, il les utilisera pour s'épanouir, fera travailler son imagination pour se fixer des objectifs nouveaux, et sa satisfaction, ou mieux la reconnaissance de la collectivité *(ou de son chef représentant de toute la collectivité)* lui est une récompense suffisante.

Mac Gregor prétend que si tous les hommes ne sont pas « Y » c'est parce que **les pouvoirs** en place dans les entreprises répugnent à ménager ces espaces de liberté, qui seraient une atteinte à leur propre existence, et que si les individus finissent par être passifs voire contestataires, c'est du fait d'expériences malheureuses dans les entreprises. Ce que nous savons, nous à FAVI, c'est que les hommes « X » et « Y » ne sont pas deux

Hommes différents. Non, **c'est le même**, qui est «X» 8 h par jour sur sa machine, ou derrière son guichet, ou bureau, et qui se sauve, en courant, quand la sonnerie et la pointeuse le libèrent, et qui court pour se changer et devenir enfin «Y», pour s'échiner à avoir le plus beau jardin du village, pour s'entraîner, pour faire le Marathon local en moins de 5 h, puis 4h 45...

Nous ajouterons à ces considérations que :
– L'homme est comme on le considère : d'expérience ce ne sont pas *«les cocus qui deviennent jaloux, mais les jaloux qui finissent par être cocus.»*
– Le regard que l'on porte sur les choses et surtout sur les gens finit par modifier ces choses et ces gens.
– Si l'on considère l'homme comme voleur et que l'on scelle tout sous clé dans des magasins alors l'homme deviendra voleur.
– Si l'on considère l'homme comme fainéant et qu'on l'encadre dans des systèmes de cadences à respecter, de primes et de bonus alors il calculera, mesurera ses efforts pour faire le juste nécessaire.
– Si l'on considère l'homme comme avare de son temps et qu'on le contrôle alors il servira l'horloge et la pointeuse, et non le client.

Bref c'est le SYSTEME qui fait L'HOMME
Il faut donc faire évoluer le SYSTEME pour faire évoluer L'HOMME !

Première approche : la SOCIODYNAMIQUE

Jean-Christian Fauvet classe les entreprises selon leur positionnement par rapport au :
→ **DEHORS :** les clients, les fournisseurs, le Député qui fait les lois, la DRIRE, la direction du travail qui nous aident à comprendre et appliquer les lois....
→ **DEDANS :** les salariés, les valeurs de l'entreprise, la notion de survie collective.

L'ENTREPRISE «X» ignore qu'il y a un DEHORS ou un DEDANS

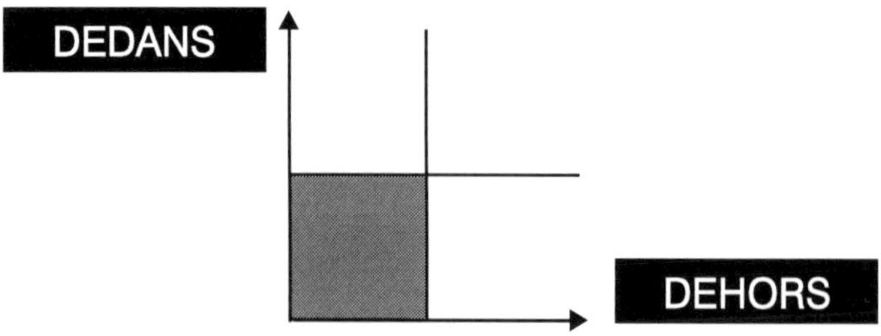

Elle est appelée MÉCANISTE
C'est l'entreprise **STATUTAIRE** type fonction publique avec :
– Pour Chef : une case en haut de l'organigramme pyramidal que l'on remplit en fonction des circonstances
– Centre de gravité : Cette case vide

– Type de logique : cause / effet = LEGALISTE
– Point faible : le système se suffit largement à lui-même, les clients et parfois les salariés productifs sont de trop
– Type d'actions générées : **L' ANACTION**

L'ANACTION

Qu'est ce que ***l'anaction*** ? Ce n'est pas *l'inaction,* qui elle est le contraire de l'action, ce qui sous entend que le système sait ce qu'est l'action. Dans le cas de l'anaction, le système ignore même la notion d'action, il n'est préoccupé que par la recherche
DU ZERO RISQUE pour TOUS et CHACUN !

Quand le chef demande un renseignement au sous-chef et que le sous-chef répercute la demande au sous-sous-chef, le sous-sous-chef cherche une réponse à ZERO RISQUE pour lui, pour son chef, et pour le chef de son chef !!!
Or la seule réponse sans risque est « *Ne faisons rien* » sauf :

- des réunions,
- des réunions préparatoires aux réunions,
- des réunions de synthèse des réunions,
- des études préalables,

Et quand vraiment il faut prendre une décision, on externalise la prise de risque en faisant appel à un cabinet extérieur.

Bref, cette recherche permanente du zéro risque pour tous et chacun conduit à ***L' Anaction***.

Au mieux cette recherche ne conduit qu'à des actions ***programmées***, ***budgétées***, pour présenter le moindre risque, et tant pis si le futur n'est pas conforme aux prévisions on appliquera tout de même l'action, puisque personne ne prendra le risque de revenir sur les décisions accouchées du système « *X* ».
À l'instant « *T* » on considère qu'il n'y a pas assez de travail pour tous et qu'il faut le partager *(35 h)*, le temps de passer à l'action on croule sous le travail, peu importe on réduit les horaires. L'INSEE a prévu + 3 %, on constate n'être qu'à 1,5%, aucune importance.
(Le problème de l'INSEE est que depuis que j'ai l'âge de raison j'ai constaté qu'ils se sont toujours trompés de 50% ; le jeu consiste à savoir dans quel sens ! Et de toute façon peu importent leurs prévisions ou même constats factuels, puisque les politiques feront quand même ce qu'ils ont décidé !).
(Si, parfois, je cite la fonction publique, ce n'est pas pour me défouler, mais parce que c'est l'exemple extrême de ce que nous avons souvent de façon latente dans certains de nos services).

Il en est de même dans l'entreprise « *X* » : quelle que soit l'évolution de l'environnement, on applique le budget, on ne déroge pas à la stratégie ; comme ça c'est clair, sécurisant, et après tout, ce n'est pas la faute des hommes « *X* » si les choses n'évoluent pas comme prévu ; au moins, on a une explication de l'échec !

À l'opposé, est située <u>**L'ENTREPRISE «Y»**</u> qui est au maximum du DEHORS et du DEDANS.

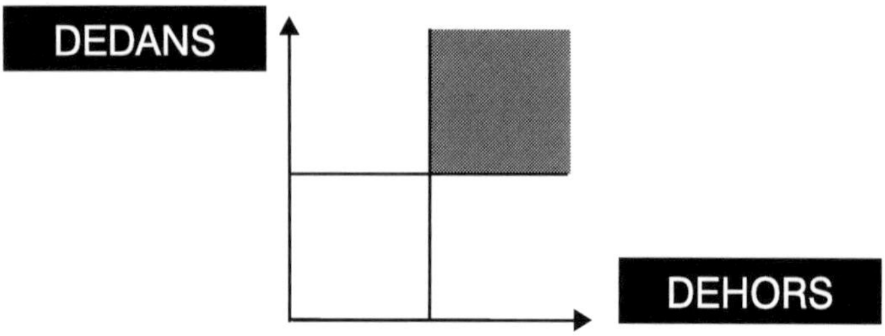

Elle est appelée HOLOMORPHE

Chaque partie y fait partie du tout et le tout est porté par chaque partie, autrement dit, chaque individu n'est plus un individu mais avant tout un membre de la collectivité, et on peut reconstituer la collectivité à partir d'un seul individu !

C'est l'entreprise **AUTO ADAPTABLE** à son environnement avec :

– <u>Pour chef :</u> celui **qui a le ballon**
– <u>Centre de gravité :</u> **le CLIENT**, car celui qui a le ballon est généralement celui qui a un problème client
– <u>Type de logique :</u> la logique du **COMPLEXE**, une logique **GLOBALE**
– <u>Points forts :</u> autonomie, responsabilité, leadership, jeux d'équipe
– <u>Points faibles :</u> ne peut se mettre en place que si **les pouvoirs internes** s'effacent devant l'intérêt supérieur du CLIENT
– <u>Type d'actions générées :</u> la **METACTION**

<u>**La METACTION**</u>

La métaction, c'est l'action pour l'action, c'est le passage à l'acte sans analyse de risque, donc ***avec prises de risques*** ; c'est le passage à l'acte intuitif, impulsif, par ce que le bon sens ou les circonstances exigent ; c'est l'action sans réflexion préalable, la réflexion se nourrissant de l'action ; c'est le passage à l'acte sans perdre son temps à analyser les conséquences possibles de son acte : on passe à l'acte et on gère les conséquences après.

<u>C'est la différence entre ***la ligne Maginot*** et des ***Cavaliers Archers de Parthes***</u>

- *La ligne Maginot*, fruit d'une longue et coûteuse réflexion prétendait nous protéger avec le minimum de risques. Tous les risques avaient été imaginés : les bombardements, les gaz, l'empoisonnement de l'eau, les attaques terrestres, aériennes ....

Et dans cette logique ***légaliste*** il était évident que l'ennemi respecterait la neutralité de la Belgique !!!

- *Les Archers de Parthes* avaient une stratégie très simple.

Lorsque 100 cavaliers archers étaient confrontés à 1000 ennemis, ils fuyaient, et après une certaine distance se retournaient, et éliminaient les 50 cavaliers ennemis les plus rapides, puis ils fuyaient à nouveaux, puis se retournaient... Ce faisant :

→ Ils n'étaient jamais confrontés à l'ensemble des 1000 ennemis

→ Après avoir vu 500 de leurs coreligionnaires massacrés, il est fort à parier que les 500 autres tournaient brides et se lassaient de ce jeu de c... !

Il en est de même dans la pratique de la **METACTION**
Quelle que soit l'action engagée, les problèmes générés ne se posent pas tous en même temps, on a donc le temps de les traiter dans l'ordre d'importance réelle, et l'un après l'autre ;
Le fait de régler **« EN ALLANT »** les problèmes fait que souvent on n'est jamais confronté à l'ensemble des problèmes potentiellement résultant de son action !
« FOERE IN ALLANT
FOERE IN AVINCHANT »
Comme on dit en Picardie, voilà le maître mot !

Faire, faire et si en cours d'action on se rend compte que l'action n'est pas la bonne, eh bien on la modifie, voire même on l'annule. Mieux vaut trois actions dont deux bonnes et une annulée, que de la réflexion qui ne débouche sur aucune action : ***« Mieux vaut une action imparfaite qui existe (et qui règle un problème à 60 %) qu'une action parfaite qui n'existera jamais » — « Un Con qui avance va plus loin que dix Intellectuels assis ! »***
Qui plus est, souvent le passage à l'action génère des effets positifs inattendus que la réflexion ne pouvait laisser présager. *Exemple :* Quand nous avons supprimé les primes les cadences ont augmenté !!!

Bien entendu la métaction sous-entend l'absence de sanction en cas d'échec.
Le propre de l'entreprise « Y » qui génère des hommes « Y », c'est la METACTION.

Bien entendu la métaction en faveur du **vrai chef :** *« celui qui a le ballon »*, et celui qui a le ballon est forcément celui qui porte un problème client, et généralement ce sont **les opératrices** et **les opérateurs** qui réellement *« portent »* les vrais problèmes client ! Et le CHEF me direz vous ? Éh bien il ne fait rien, tel l'entraîneur il est assis sur le banc de touche, et il regarde le DEHORS de son équipe, il regarde l'équipe adverse, il regarde d'où vient le vent, la lumière du soleil ; il regarde qui a le ballon pour encourager le reste de l'équipe à anticiper pour aider le porteur du ballon. ***Il n'est pas bon que les chefs jouent !***

D'une part, parce qu'ils ont du mal à passer le ballon, font la gueule quand on ne le leur passe pas systématiquement, et ne peuvent pas tout à la fois être de bons avants, arrières, et même goal !
D'autre part il est impossible de jouer et de regarder DEHORS en même temps, sans, à un moment ou à un autre, se marcher sur les lacets.
Peut-on imaginer une équipe de foot Mécaniste, faite d'hommes « X » ?
Une équipe où avant de se passer le ballon on exigerait, pour se couvrir, un ordre écrit de l'entraîneur, ou bien au mieux, si, avant toute action, on était tenu d'organiser des réunions pour analyser tous les risques potentiels.
Peut-on imaginer une équipe où on aurait décidé pour d'éminentes raisons stratégiques

de toujours passer le ballon à gauche quoi qu'il arrive ?
NON, une équipe de foot c'est un ensemble où chacun est en permanence au service de celui qui a le ballon, où celui qui a le ballon agit non pas en fonction d'un ordre, ni même de ce qui est à l'instant T, mais en fonction de ce qui va être, de ce qui pourrait être à l'instant T + 1 !
Qui plus est, la manière de passer le ballon influe sur le futur du jeu !
Pour en revenir à l'entreprise « Y » dans cette entreprise on fait certes un budget, juste pour baliser le futur, mais on n'hésite pas à le refaire si par bonheur le consommateur se met tout d'un coup à consommer, on n'hésite pas à le brûler si un certain 11 septembre deux tours partent en fumée !

POUR RÉSUMER :

	Entreprise « X »	*Entreprise « Y »*
Système	**MECANISTE**	**HOLOMORPHE**
L'Homme	**Passif, au mieux spectateur**	**Acteur, au mieux auteur de son action**
Le Chef	**Dans une case en haut de la Pyramide**	**Est « celui qui a le ballon »**
Centre de Gravité	**Une case tout en haut**	**Le CLIENT**
Type De Logique	**Légaliste**	**Globale**
Type d'Actions	**L'ANACTION**	**La METACTION**
Prise De Risque	**Recherche absolue du ZERO risque**	**Gestion du risque « en allant »**
Budget	**Guide absolu**	**Jalonne le futur, sans plus**

Deuxième approche : Les systèmes COMPLIQUES et COMPLEXES :

Tout d'abord quelques définitions
du SIMPLE, du COMPLIQUE, du COMPLEXE et du CHAOS.
– le propre du SIMPLE est que l'on en comprend le fonctionnement, et toutes les utilisations potentielles du premier coup d'œil. *Exemple :* une roue.

COMPLIQUé est l'objet ou la procédure est régie par deux règles :
❶ Il faut impérativement une formation préalable pour en comprendre le fonctionnement et toutes les utilisations potentielles.
❷ Quand on connaît le mode de fonctionnement du compliqué, on prétend pouvoir prévoir tous les dysfonctionnements potentiels.
Exemple : ***un Airbus***

- Sans une formation préalable, on est même incapable d'en ouvrir la porte.
- En revanche quand on connaît sa complication, on peut, si on touche à un seul de ses 950.000 boulons prétendre prédire toutes les conséquences de cette action

Autre exemple :

Les lois et règlements des pays soviétiques, et de la plupart des entreprises :
- Ils sont incompréhensibles sans formation préalable (et encore souvent les ministères auteurs de ces lois sont incapables de vous préciser leur mode d'emploi).
- Ils prétendent couvrir tous les cas de figure présents et à venir !

Le COMPLEXE a trois caractéristiques :
❶ Il est impossible de prévoir à l'avance son comportement
❷ C'est ***le*** système le plus ***réactif*** à son environnement
❸ Son fonctionnement est régi par un nombre limité de **règles, simples** mais auxquelles on ne peut déroger, sous peine de basculer dans le **CHAOS**

Exemple : ***un plat de spaghetti***

Quelles que soient les études et les observations préalables, il est impossible de prévoir ce qui va se passer, où cela va se passer, ni l'ampleur des conséquences quand on tire sur un spaghetti. Seule solution : passer à **l'action**.

Autre exemple : ***la nuée d'oiseaux***

C'est un système complexe hyper-réactif : la nuée peut être composée de centaines de milliers d'oiseaux, si une buse passe aux environs, toute la nuée réagit instantanément comme un seul individu ! Un système compliqué avec un chef, des relais d'informations, même avec des délégations de décisions au plus près de la base ne pourrait réagir aussi vite.

Les deux **règles simples** qui régissent son fonctionnement sont :
❶ Chaque oiseau veille en permanence à ne jamais entrer en collision avec ses voisins immédiats
❷ Quand le danger approche, les oiseaux menacés se réfugient vers le centre, ce qui induit le mouvement de l'ensemble de la nuée.

Si une de ces deux règles n'est pas respectée, le système bascule dans le CHAOS.

Le CHAOS est le propre des systèmes qui :
❶ sont incapables d'établir des règles compliquées
❷ sont incapable de respecter des lois simples

Généralement ces différents systèmes se développent en fonction de deux critères :
❶ **la taille** de la collectivité
❷ son degré **d'empathie**

(voir graphique page suivante)

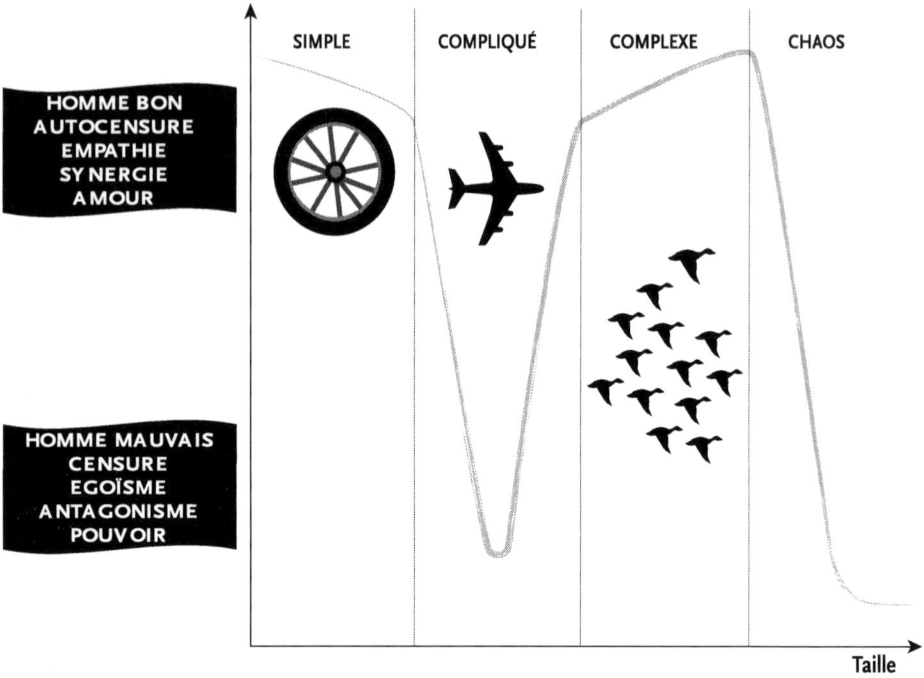

SIMPLES étaient les relations dans **le village**, où le fermier confiait son cheval au maréchal ferrant sans contrat, bon de commande, accusé de réception de commande..., bref en toute *confiance*.

COMPLIQUÉS sont devenus les pays où on veut tout prévoir au moindre risque, et où :

La gestion de CE QUI POURRAIT ARRIVER prime la prise en compte DE CE QUI ARRIVE !!!

Exemple : les **pays soviétiques**, dont la France. *Chacun sait... « qu'elle est le seul pays soviétique qui ait réussi ! » (H. Sérieyx)*

COMPLEXES sont les pays plus évolués qui ont compris que passée une certaine taille critique il convenait de se faire à nouveau confiance, sous peine d'implosion.

Exemple : *les USA qui sont un système complexe régi par deux règles simples :*

❶ le respect de la propriété individuelle

❷ le respect de la liberté individuelle, physique et morale. Le vol d'un cheval était sanctionné par la pendaison.

(En France la justice s'occupe de coureurs professionnels et adultes qui se dopent mais néglige les voleurs ou brûleurs de voitures). Les armes, symboles de la protection de ses biens et de sa liberté, y sont symboliquement en vente libre.

Le **CHAOS** est le propre de ceux qui sont incapables de gérer le compliqué ou de respec-

ter quelques règles simples.
Pour ce qui est de l'entreprise :
L' ENTREPRISE COMPLIQUEE a un minimum d'empathie et un maximum de pouvoirs internes.
L' ENTREPRISE COMPLEXE est parfois dans le SIMPLE a un minimum de pouvoir internes, et un maximum d'empathie.

1) L' ENTREPRISE COMPLIQUEE :
L'essentiel de son énergie est consacré à se garantir contre tout ce qui pourrait arriver toujours dans la recherche du zéro risque potentiel.
Ce travail est fait au sein de **groupes** qui, une fois constitués génèrent des règles dont ils tirent leur légitimité, leur pouvoir et leur pérennité. Règles qui finissent par paralyser le système au point de l'empêcher de régler les problèmes qui arrivent. De plus quand un problème même à l'évidence ponctuel arrive alors, se met en place une structure qui parasite le système à vie même si le problème ne se pose plus jamais.
Dans l'entreprise compliquée on gère les dysfonctionnements, ce qui les pérennise !
CE QUI POURRAIT ARRIVER PRIME SUR CE QUI ARRIVE.
Un des symboles de la complication de l'entreprise compliquée est **le service du personnel.**
Il s'ingénie toujours à pondre des règles compliquées, dont bien entendu il est le garant de l'interprétation et de l'application, tellement compliquées que le pauvre opérateur qui ne comprend rien va voir un syndicat pour tenter de les comprendre. Une des premières choses que j'ai faites il y a 23 ans est de supprimer le pointage, les primes, et autres entretiens d'évaluation et donc la fonction « personnel ».
L'entreprise « X » est régie par des règles compliquées, gérées par des pouvoirs eux-mêmes hiérarchisés par des règles internes qui bloquent la perception du dehors.
Quant au CHEF :
- Il veut tout savoir
- Il participe à toutes les décisions
- Il gère seul certains dossiers dits stratégiques

2) L' ENTREPRISE COMPLEXE :
Ignore ce qui pourrait arriver, et consacre toute son énergie à ce qui arrive.
Quand un problème se pose, alors se constitue un réseau qui disparaît une fois le problème réglé. **Dans l'entreprise complexe les dysfonctionnements ne sont pas gérés, on tente de les éradiquer !**
CE QUI ARRIVE PRIME SUR CE QUI POURRAIT ARRIVER.
L'entreprise complexe ouvre des espaces de liberté à chacun, espaces bordés, limités par un nombre limité de règles SIMPLES.
Dans le cas de FAVI, elles sont au nombre de DEUX :

1. **l' homme est bon,**
2. **chacun doit en permanence rechercher l'amour de son client.**

Règles qui se décomposent en principes de fonctionnement eux aussi simples dont le chef est le garant :

→ **Métaction**
→ **« Faire en allant »**
→ Que des lois **simples** mais appliquées avec **rigueur** (car le sentiment d'équité ne naît pas de la rigueur des lois, mais de la rigueur de leur application, et on ne peut pas appliquer avec rigueur des lois compliquées)
→ Règle du **un dodo**
→ Pas de contrôle de **l'activité**, mais aide à la mesure de son **résultat**
→ Primauté du **loto** sur la loterie
→ Justice **ou** égalité, jamais justice **et** égalité
→ Rien a **priori**, tout a **posteriori**
→ Pas de reporting, chacun juge de ce que l'autre doit savoir
→ Pas de règles trop **rigides**
→ Recherche permanente du **consensus** **(VOIR T2, FICHES MANAGEMENT)**

L'entreprise complexe se caractérise par sa tolérance de réseaux internes :
Le système, comme le **chef** tolèrent l'existence de réseaux de fonctionnement qu'ils ne maîtrisent pas.

Quant au CHEF :
– Il exige que chacun sache ce que lui, le Chef, doit savoir, et uniquement ce qu'il doit savoir
– Il limite son champ de décision uniquement à ce qui a un caractère stratégique et délègue totalement la tactique
– Il vérifie que les tactiques sont bien dans l'axe stratégique correspondant
– Il est le garant du respect ABSOLU des règles simples et du non retour de pouvoirs générateurs de règles compliquées
– Et de temps en temps, comme il a du recul depuis son banc de touche, il regarde si toutes les assiettes chinoises au bout des tiges tournent régulièrement, et si l'une d'elle commence à faseyer, alors il attire l'attention de qui de droit, et au plus, aide les gens compétents à relancer l'assiette, et à analyser pourquoi elle a ralenti.

POUR RÉSUMER :

	Entreprise « X »	*Entreprise « Y »*
Système	COMPLIQUÉ	COMPLEXE
L'Homme	Englué par des règles compliquées	Autonome en autocensure
Le Chef	Veut tout contrôler	Ne pense que stratégie globale
Centre de Gravité	Les lois et règlements	L'intérêt collectif
Type De Logique	Gestion de ce qui pourrait arriver	Gestion de ce qui arrive
Type d'Actions	Préventives	Curatives

Troisième approche : Le POUVOIR des ANNEAUX :

1) L' ENTREPRISE «X»

Dans l'entreprise «X» Mécaniste Compliquée, le **CHEF** est entouré d'un premier anneau de pouvoir appelé **«COMITE de DIRECTION»**, qui comprend sa secrétaire, ses différents directeurs, le service du personnel...

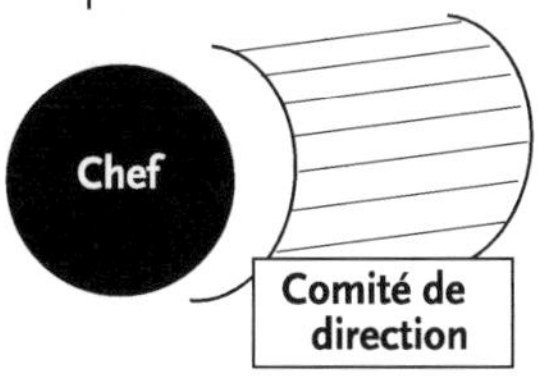

Vient ensuite un deuxième anneau qui regroupe tous les productifs de la collectivité que l'on va appeler **PROCESS**

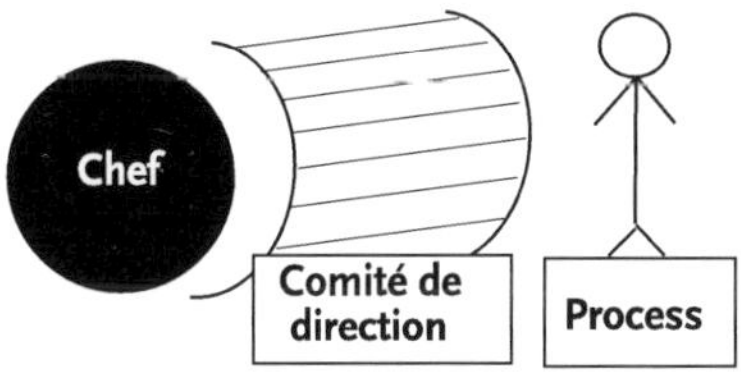

Parfois le **PROCESS** est coupé en deux par un autre anneau de pouvoir qui sépare deux services *(par exemple la fonderie et l'usinage)* et qui comprend les chefs de chaque service, la qualité de terrain, les maîtrises respectives, le planning, la GPAO... Nous l'appellerons **MANAGEMENT TERRAIN** :

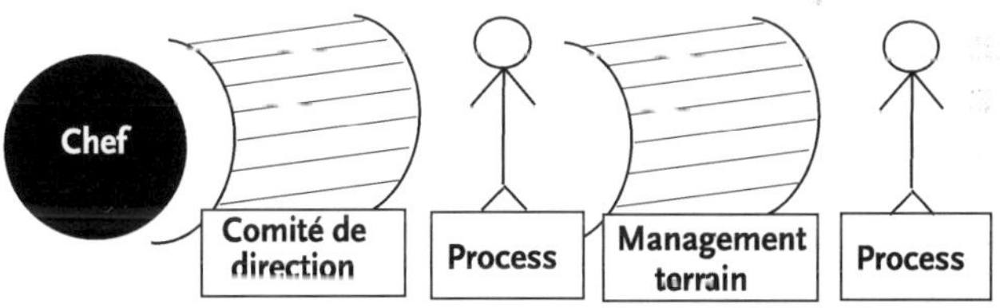

Enfin, tout à l'extérieur il y a un dernier anneau de pouvoir comprenant les commerciaux, le marketing, la qualité client, les réceptions, expéditions, services achats, le lancement, l'expédition.... Que nous nommerons **MEMBRANE INTERFACE** avec le **DEHORS.**

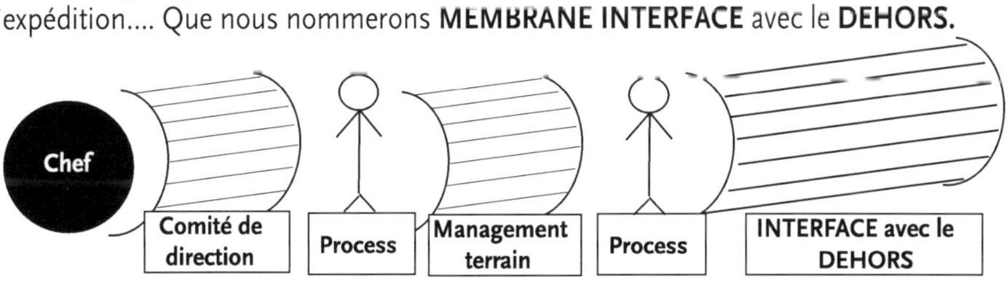

Et bien entendu les fournisseurs «X», et les clients «X» ont les mêmes anneaux de pouvoirs :

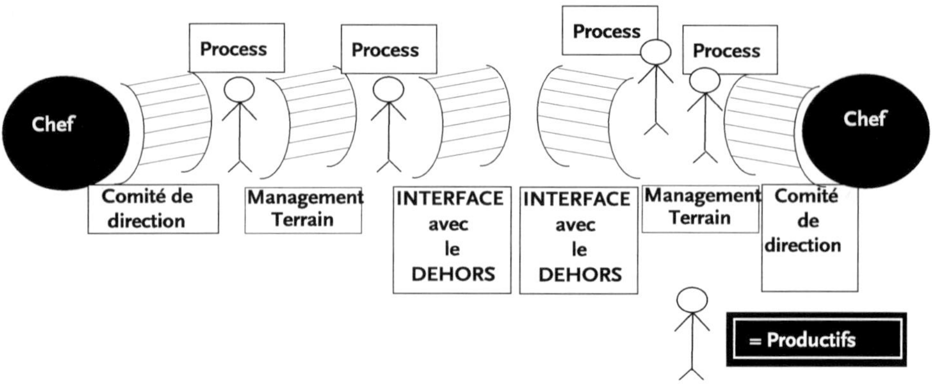

Comment tout cela fonctionne t-il ?
En fait, selon deux modes :
❶ ce pour quoi cela a été créé
❷ ce qui se passe

LE COMITE DE DIRECTION

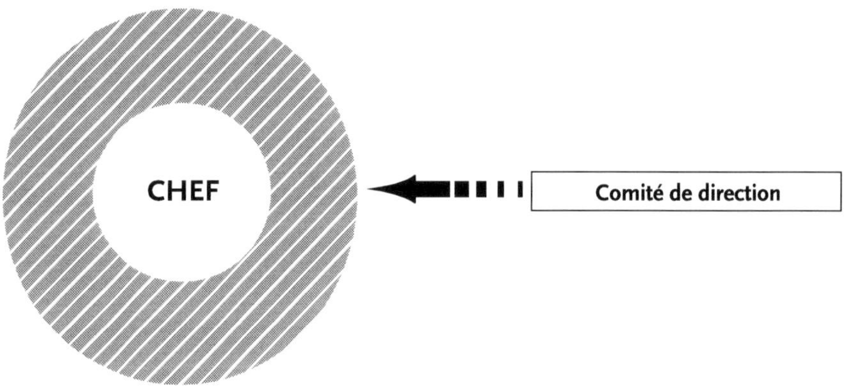

1) Ce pour quoi il a été créé
Tout d'abord le CHEF.
Le Chef, c'est une machine à écouter des signaux faibles, à les traduire en visions, puis à transformer ces visions en images partageables, ces images en stratégies possibles. Le rôle du comité de direction est alors d'aider le chef à préciser les stratégies, à traduire ces stratégies en plans d'actions, et surtout, son vrai rôle est d'**ANIMER** *(=animare=donner une âme)* le process, en s'appuyant sur les images du Chef, pour mettre en musique les plans d'actions.
2) Ce qui se passe
Le comité, considérant que le monde entier est composé de « X » se comporte lui-même en « X » en constituant une cour tournée vers le Chef, instaurant des rites, et bloquant l'information pour se valoriser, au nom du vieil adage: ***« Qui détient l'information détient le pouvoir ! »***

Un de ses rites classique est la «réunion du lundi matin», où le Chef monarque, réunit sa cour, pour se sécuriser dès le début de la semaine dans son rôle de Chef. L'usine peut brûler, les clients être en panne, on n'interrompt pas la réunion du lundi matin !
Il me souvient d'un tel matin, où nous étions en arrêt de chaîne, sans nouvelles sur les livraisons, et où la brave secrétaire du Chef fournisseur m'expliquait qu'il était en réunion avec ses commerciaux et autres agents et qu'elle ne pouvait absolument pas le déranger. J'ai eu beau argumenter que s'il était en réunion avec sa force de vente c'était assurément pour trouver de nouveaux clients, et que justement, j'étais ce don de Dieu que l'on appelle le client, et que la logique imposait qu'elle le dérangeât, sinon à défaut d'en trouver de nouveaux, ils allaient en perdre un ! Rien n'y fit ! Concernant le vrai rôle du comité : l'animation du process, cela se résume généralement en : «*Le Chef a dit qu'il fallait baisser les coûts de x% !*» Ou bien : «*T'es arrivé 5 minutes en retard on te retire 10 minutes de salaire !*» Sans vouloir connaître la cause du retard, et comme si les gens faisaient exprès d'arriver en retard !
Dernière caractéristique du comité de direction dans les grands groupes, c'est qu'il est généralement constitué de gens brillants, donc pressés de faire carrière, et qui doivent donc obtenir des résultats immédiats.
Prenons un cas d'école tout à fait impossible :
- celui d'un brillant esprit qui soit arrivé à convaincre son Chef, qu'il fallait imposer aux fournisseurs une baisse des prix de 10% par an, pendant 3 ans, pour toute nouvelle affaire.
- supposons que, par impossible, tous les fournisseurs, indélicats, majorent systématiquement leurs offres de 30% pour toute nouvelle affaire !
- à court terme, le brillant esprit a raison, les prix d'approvisionnement baissent bien de 10% par an,
- mais à long terme, surtout s'il y a souvent de nouveaux produits, la rentabilité globale s'en ressentira
Mais ce n'est pas grave parce que l'on aura du mal à en déceler la cause, et puis entre temps, le brillant esprit sera parti poursuivre son ascension ailleurs...

LE MANAGEMENT DE TERRAIN

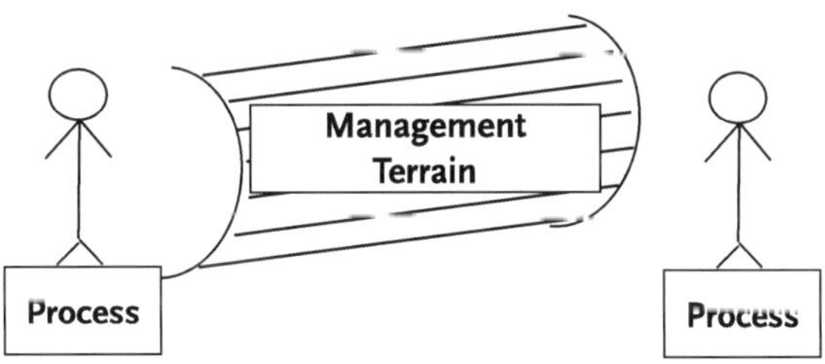

1) Ce pour quoi il a été crée

Son rôle essentiel est d'assurer la coordination des commandes, des flux, des informations entre les deux process. Et plus généralement de mettre de l'huile dans les rouages entre les deux process.

2) Ce qui se passe

Le problème des improductifs est que généralement ils ont parfaitement conscience de leur improductivité, et ils vont donc, pour justifier leur fonction, inventer des règles compliquées de fonctionnement pour se rendre incontournables, et ce faisant, ajouter de la viscosité au système *(Cela d'autant plus qu'ils sont généralement mieux payés que les productifs)*.

Je ne prendrai qu'un seul exemple, mais il y en aurait 1000

Si un opérateur d'usinage découvre un défaut de fonderie sur une pièce brute, il est impensable qu'il aille directement voir son compagnon de la fonderie pour lui signaler le fait pour qu'il se corrige, et qu'ensemble ils isolent, puis trient le lot litigieux, non !

Il faut que l'opérateur signale le fait à son chef d'équipe, qui préviendra son agent qualité, qui devra prévenir son chef de service qui.....tout cela remontera au chef de fabrication qui....

Et souvent le fondeur ne saura jamais qu'il a fait une pièce mauvaise, il verra seulement qu'une procédure a changé.

LA MEMBRANE INTERFACE AVEC LE DEHORS

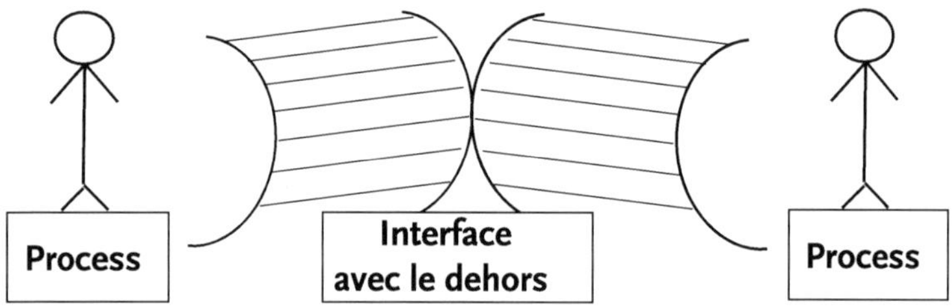

1) Ce pourquoi elle a été créée

Son but est de porter les désirs, et l'image du client vers l'intérieur, comme de transmettre au client des informations et images positives, en un mot lui dire que la collectivité fait tout pour mériter son amour.

2) Ce qui se passe

En face de la membrane interface avec le dehors il y a la membrane du client, et ces deux membranes improductives ont-elles aussi à se justifier, et de concert!

Qu'est ce qu'il veut le client ?

En fait des choses simples:

Des pièces bonnes
Les bonnes pièces
Au bon moment
Au bon endroit
A un bon prix
Dans de bonnes conditions

C'est trop simple, beaucoup trop simple !... Alors les deux membranes vous inventent des ppm *(Partie Par Million)*, des capabilités, des qualifications process, imposent des 6 sigmas... bref, toutes choses incompréhensibles des opérateurs et qui n'empêchent pas de livrer en retard ... Alors forcément cette entreprise «X» encourage l'homme à être «X», et gare à l'effronté qui relève la tête, il devient une menace pour le pouvoir des cercles

3) L' ENTREPRISE «Y»

Dans cette entreprise, ***Il N'Y A Pas De Comite De Direction, Il N'Y A Pas De Service Du Personnel, Pas De Management De Terrain, Pas De Planning, Pas De Gpao, Pas De Service Achats, Pas De Directeur Technique, Ni Chef De Fabrication Ou Cadre En Fabrication, Pas De Pointeuse Ni De Primes***, il y a :

Au centre: **DES VALEURS PARTAGEES qui sont la traduction moderne de la notion ancestrale de BIEN COMMUM !**

Au début l'homme vivait seul et honorait de temps en temps une femelle qu'il abandonnait. Puis il vécut en couple, puis en groupe dont le ciment était un bien commun, *(la grotte, un territoire..)* Dans le système capitaliste tous les biens matériels appartiennent aux actionnaires, les salariés n'ont comme seul bien commun que des **VALEURS !**

Et autour, directement : **LE PROCESS**

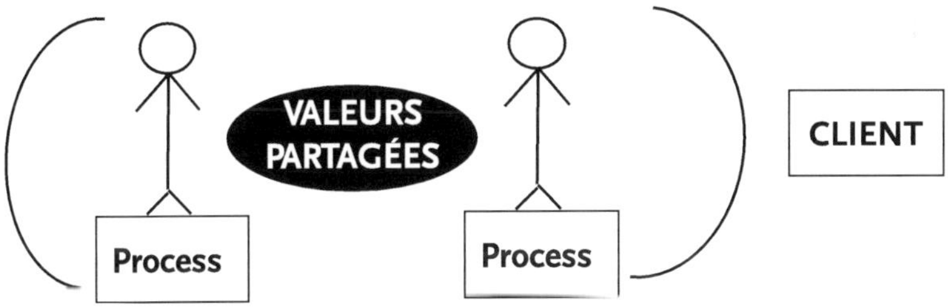

Qu'est ce que signifie «VALEURS PARTAGEES?»

Cela signifie que quand un nouveau entre dans le système, même un intérimaire :

❶ Son futur leader lui fait visiter toute l'usine, lui présente les différents services, leur fonction

❷ Que son leader lui commente ensuite un petit document intitulé :

«Règles de base FAVI», qui présente certes les règles de base de sécurité, de respect des fabrications, de la qualité, de l'environnement, mais surtout des règles de base comportementales vis-à-vis du client d'abord, mais aussi de ses compagnons.

BONNE FOI
BON SENS
BONNE VOLONTE
BONNE HUMEUR

Et qui dès la première phrase précise :

«Mon CLIENT qui me donne du travail et qui me paie est :...» *(Voir document joint)*

❸ Dans les deux semaines, les nouveaux entrants se voient remettre le blason FAVI

Et il leur est détaillé ce que signifie : ***«par et pour le client»***, pourquoi la couronne de laurier est verte, que signifie le Q en bas, et surtout on revient sur une explication détaillée de ce que signifient les valeurs morales sur lesquelles ils seront jugés :

BONNE FOI
BON SENS
BONNE VOLONTE
BONNE HUMEUR

❹ Dans le mois, ils seront reçus en groupes d'une dizaine par le Chef qui :

a) Les interrogera sur le but, la raison de leur présence ici bas : ***«pourquoi vivez vous?»***

Les réponses étant généralement du genre :

«Pour faire des enfants !»

«Pour me marier !»

«Pour acheter, ou bâtir une maison !»

Le Chef les amènera à la conclusion que tous nous ne vivons que pour **DURER** et ensemble ils chercheront un symbole de cette durée, et aboutiront à l'image de **L'ARBRE** ;

b) Puis le Chef leur demandera, très sérieusement d'arrêter de respirer pendant une minute *(ce qu'ils font toujours, et tous, même les ingénieurs!)*

Et les amènera à la conclusion que si précédemment personne n'avait considéré qu'il vivait pour respirer, on venait de prouver que la respiration était indispensable à la vie.

Le Chef les amènera alors à bien différencier le **BUT** du **MOYEN**, puis collégialement ils chercheront le moyen majeur de la durée de l'entreprise : **L' ARGENT** symbolisé par le **$** cher à l'oncle Picsou.

c) Enfin le Chef interrogera sur la façon de faire de l'argent.

Là, la démarche est plus longue :

«En vendant des pièces?»

«Oui mais si elles sont mauvaises?»

«En vendant des pièces bonnes?»

«Oui mais si on les livre en retard?»

«En vendant des pièces bonnes livrées au bon moment?»

«Oui mais si elles sont trop chères?»

Bref ! Le but est de les amener à la seule conclusion qui résume le tout dans une **culture judéo-chrétienne** :

«EN VENDANT DES PIECES QUE LE CLIENT AIME
PLUS QUE CELLES DE NOS CONCURRENTS !»

Symbolisé par un **COEUR.**

Alors le chef présente le petit dessin affiché partout dans l'entreprise et qui résume toute notre philosophie (VOIR T2, FICHE TPF 2).

Si le **CLIENT** nous **AIME** alors il nous donnera **SES SOUS**, et **SES SOUS** nous permettront de **DURER**.

Par rapport à l'entreprise « X » qui est comme ça :

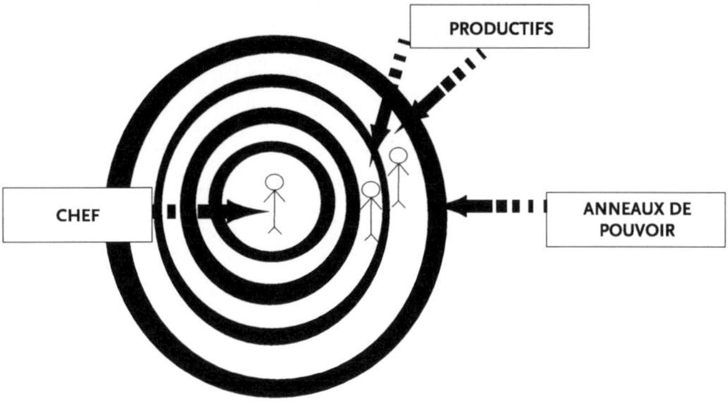

L'entreprise « Y » se présente comme ça :

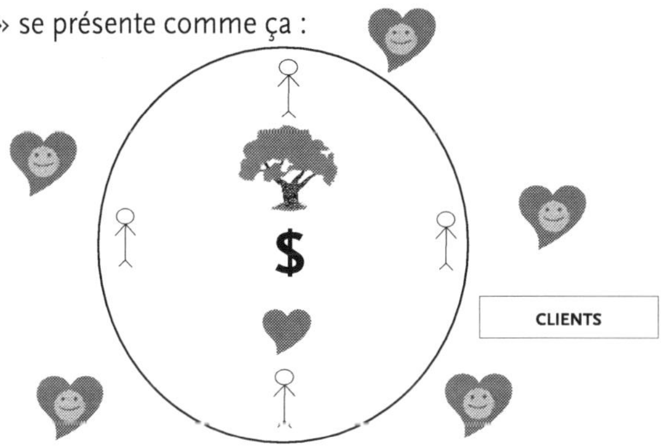

Nous sommes allés plus loin, nous avons considéré qu'il n'y avait pas **LE CLENT**, chacun avait **SON CLIENT**, et avons décomposé le **PROCESS** en **UNITÉS** autonomes qui puissent s'assimiler à **LEUR CLIENT : LES MINI-USINES**

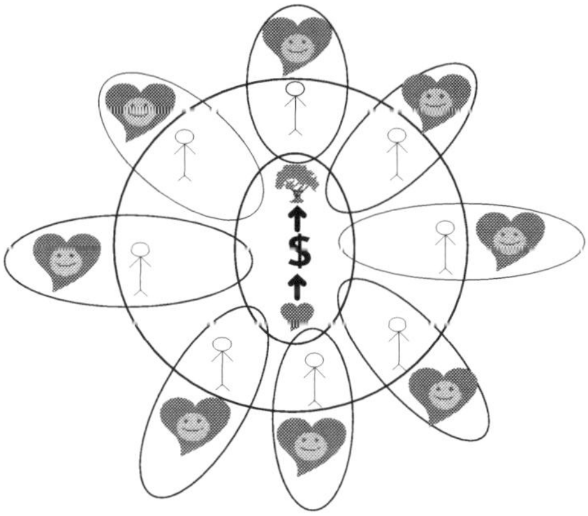

Puis nous sommes allés plus loin encore, en considérant que MON CLIENT n'était pas DEHORS, mais **DEDANS** avec nous qui cherchons **son amour**, aidés par des outils appris d' OHNO, de FAUVET, de SCHWARTZ de MAC GREGOR, des philosophies comme

le TPM, le KAIZEN... (VOIR T2, FICHE OUTILS 6)
Et le CHEF? Il est un peu comme l'électron de l'atome d'hydrogène : partout et nulle part, mais comme il ne fallait pas qu'il se vexe, *(on ne sait jamais, c'est Susceptible un Chef !)* On l'a mis à l'interface entre le DEDANS et le DEHORS, à l'écoute des signaux faibles internes comme externes, pour qu'il tente de **«SENTIR»** le process, comme l'environnement, pour nous aider à flairer les écueils et les opportunités.
D'où notre organigramme appelé en interne **le «chamallow» :**

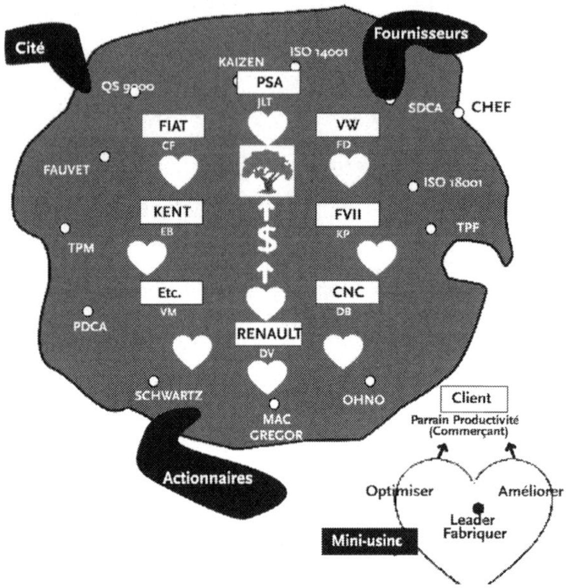

Plus tard, au cours des réunions mensuelle de SA mini-usine, son Leader avec son Parrain productivité, s'appuyant sur les FICHES OUTILS, et sur les FICHES TPF *(voir chapitre 7)*, renforcera, relancera ce partage des **VALEURS COMMUNES**, seul GARANT, seul GUIDE et GARDE FOU de notre démarche collective de progrès qui se résume en une phrase :

**«TOUJOURS FAIRE, PLUS ET MIEUX POUR MOINS CHER,
PAR ET POUR SON CLIENT, A HALLENCOURT»**

Récemment, Dominique, mon successeur *(voir histoire de Dominique)* a ajouté :
«DANS LE RESPECT DE LA TERRE DE NOS ENFANTS»

Encadré par ses valeurs, chacun, avance, AGIT **«EN ALLANT»**, à son pas, en toute liberté apparente, mais de fait «borné» par ces valeurs, bien mieux et à bien moindre coût que par la structure pléthorique classique de commandement et de contrôle.
Le peu de structure qu'il y a est une structure **D'ANIMATION** (donner une âme !) ou **d'assistance quérable**, et elle n'est pas concentrée dans un anneau quelconque de pouvoir, non, elle est diluée dans CHAQUE mini-usine.
Ce sont pour chaque mini-usine :
- 1 Leader
- 1 marraine ou parrain productivité représentant permanent du client
- 1/2 marraine ou parrain qualité

- 1/2 parrain maintenance

Notre organigramme tout «chamallow» qu'il soit, est tout de même plus motivant que ça :

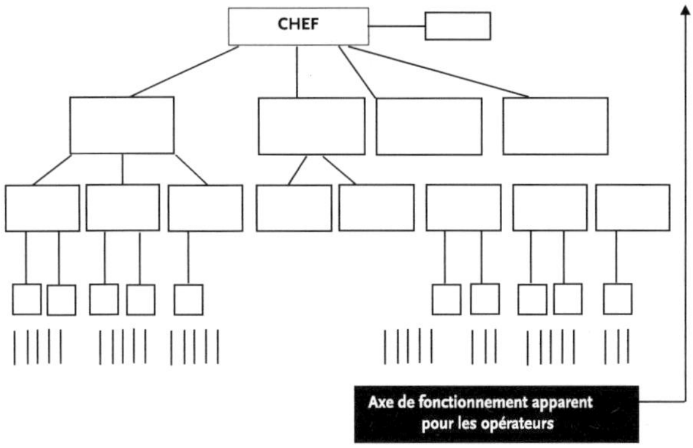

Où le CLIENT n'apparaît même pas !

Qui plus est, dans l'entreprise ''X», l'anneau d'apparente liberté du process est saucissonné en tranches de pouvoirs verticaux, il y a :

Les opérateurs, encadrés par des chefs d'équipes, encadrés par des chefs d'ateliers, encadrés par des chefs de services, encadrés par un chef de fabrication, encadré par un directeur technique, encadré par un directeur de site, encadré par un directeur général; **soit 8 niveaux hiérarchiques** !

Et on veut faire croire à l'opérateur qu'il travaille pour un client !

Dans l'entreprise «Y», il y a des mini-usines en **prise directe avec LEUR client !**

Présenté d'une autre manière cela donne :

Entreprise «X»	***Entreprise «Y»***
D.G. **Directeur** **Directeur technique** **Chef de fabrication** **Chef de service** **Chef d'atelier** **Chef d'équipe** **Opérateur**	

Pour l'entreprise «X» :

Il est de fait que les trois niveaux supérieurs, généralement jouent entre eux, avec leurs secrétariats respectifs, et l'opérateur n'a même pas conscience qu'ils existent : d'autant plus qu'il ne les voit jamais. Les Directeurs vont de leur place de parking réservée, à leur bureau, «là-haut», et en fin de journée migrent de leur bureau, cocon de pouvoir, à leur place de parking réservée !

Alors le client dans tout ça !!!

Dans le cas de l'entreprise «Y» :

C'est quand même plus simple, et surtout ceux qui font au quotidien la qualité, le respect du délai, le progrès permanent savent *pour qui* et *pourquoi* ils le font.

Autre aspect, autre présentation, chaque anneau de pouvoir, chaque tranche de saucisson se comporte comme un entonnoir, un point de passage obligé, dont il tire sa légitimité ce qui freine, ajoute de la viscosité au système :

ENTREPRISE X

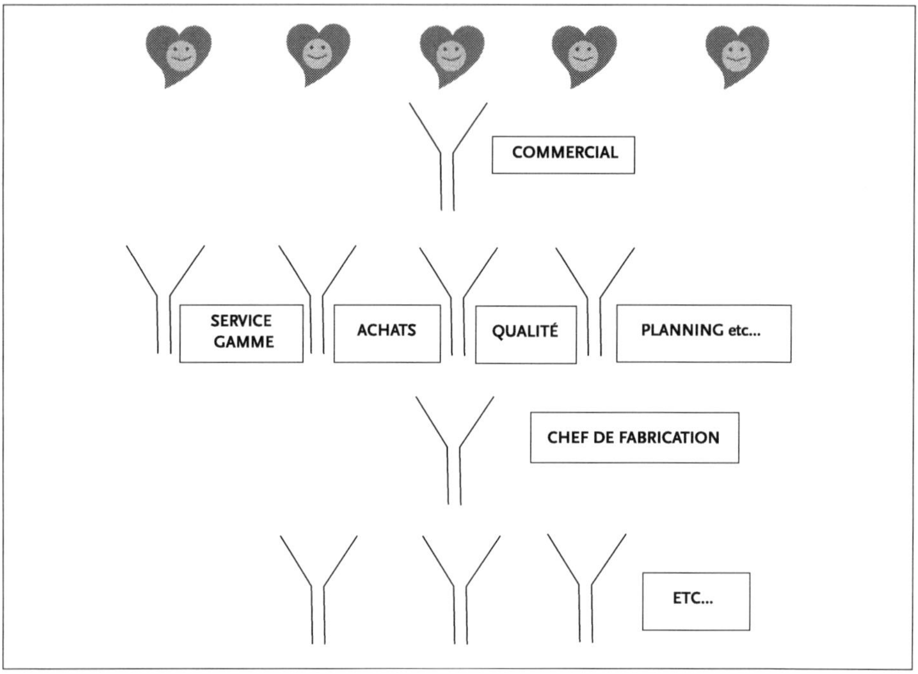

ENTREPRISE Y

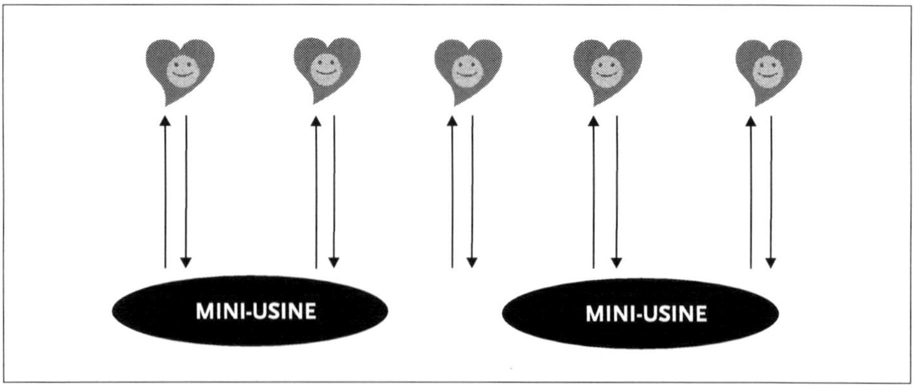

POUR RÉSUMER

	Entreprise «X»	*Entreprise «Y»*
Système	Borné par des pouvoirs	Borné par des valeurs
L'Homme	Soit dominant soit dominé	Autonome pour être dépendant du client
Le Chef	Sécurisé, isolé du process par une cour	Sur le banc de touche à l'interface entre dedans et dehors
Centre de Gravité	Les anneaux de pouvoirs	Des valeurs partagées portées par tous
Type de Logique	De guerres de pouvoirs	De recherche de bonheur
Type d'Actions	Préservation de l'acquis	Globales
Prise de risques	Recherche du zéro risque par chaque pouvoir en place	Non conscience de la notion de risque par le process

RÉSUMÉ DES RÉSUMÉS

	Entreprise «X»	*Entreprise «Y»*
Système	De pouvoirs, compliqué, mécaniste	De valeurs, complexe, holomorphe
L'Homme	Passif, englué dans les règles et des jeux de pouvoirs	Acteur autonome ne dépen-dant que de son client
Le Chef	Dans une case, de la pyramide isolé en haut par sa cour	Observe du banc de touche celui qui a le ballon
Centre de Gravité	Le pouvoir des chefs ou des lois	Le CLIENT et SON opérateur
Type de Logique	Légaliste, de recherche du zéro risque	Globale, d'actions, de recherche d'une forme de bonheur
Type d'Actions	ANACTION au mieux actions d'ouverture de parapluies	METACTION actions faites "en allant"

COMMENT PASSER DE L' ENTREPRISE «X» À L' ENTREPRISE «Y»?

L'entreprise étant une forme de monarchie, la seule manière d'en sortir est de procéder à une **RÉVOLUTION !**

Une révolution est le fait de la base, du peuple.
Dans le cas de l'entreprise, la base encadrée par de solides pouvoirs ne bouge pas, ou alors, cela est systématiquement à contresens de son propre intérêt puisque encadrée par des syndicats composés à 80% de fonctionnaires, donc totalement «X».

Fonctionnaires qui vivent aux dépend des salariés d'entreprise !
Au fait, où étaient-ils nos beaux syndicats quand on a imposé à nos salariés de donner **DEUX ANS ET DEMI DE LEUR VIE** en abandonnant l'avantage acquis de 37,5 annuités de cotisation pour leur retraite?
(Alors qu'ils n'en bénéficieront en moyenne que 19 ans, contre 29 dans la fonction publique !)

La révolution ne peut venir que d'en HAUT, de la TÊTE !
Et alors ce n'est plus une révolution, c'est une RUPTURE !
LA RUPTURE, c'est à mon sens la seule et unique façon de passer de l'entreprise «X» à l'entreprise «Y» !

QUELLES SONT LES CONDITIONS FAVORABLES À LA RUPTURE?
AUCUNE !

QUELLES SONT LES CONDITIONS PREALABLES À LA RUPTURE?
AUCUNE !

QUELS SONT LES OUTILS DE LA RUPTURE?
IL N' Y EN A PAS !

SEULE COMPTE LA VOLONTE DU CHEF !

Pour **FAIRE** une rupture.

Pour **RELANCER** en permanence la rupture par des suites de micro ruptures, mais dans le cadre d'une **COHERENCE ABSOLUE**, bordée par quelques valeurs partagées **SIMPLES**.

Car la rupture sans cohérence aboutit au CHAOS !

Bien entendu il faut que le CHEF :
- Soit PERENNE
- Fasse passer l'intérêt COLLECTIF avant le sien
- N'ait ni le sens ni le goût du POUVOIR
- Ait une forme de CHARISME

- Ait le courage ou la faiblesse de se laisser guider par ses IMPULSIONS, ses INTUITIONS
- Ait une forme d'AMOUR de son prochain
- N'ait pas d' AMOUR PROPRE
- Ait le goût du STRESS
- Ait plus de BON SENS que de LOGIQUE
- SOIT LIBRE

POINT EXTREMEMENT IMPORTANT

Quelle que soit l'évolution, par rupture ou par négociation, ***il ne faut jamais, jamais que quelqu'un soit laissé sur le bord du chemin.***

Il est hors de question de licencier, il est juste nécessaire d'avoir le courage de dire :

«J'ai honte, je m'en excuse, mais pendant des années je vous ai laissé faire des choses ineptes qui ne vous permettaient pas de vous épanouir !
Je vous propose donc d'arrêter !
Vous avez toute liberté, et tout le temps de trouver, chez nous, quelque chose à faire, de plus constructif pour vous d'abord et pour la collectivité ensuite.
Bien entendu votre salaire et votre position ne sont en aucun cas remis en cause !»

D'expérience ça marche !...

La belle histoire de Dominique, mon successeur

Dominique est entré à FAVI en 1983 tout jeune homme, avec un simple Baccalauréat technique en poche.
Il a été affecté quelques années au Bureau d'Etude, et dans mes tours d'usine, j'avais cru déceler en lui ce don qu'est ***« la bosse du commerce ! »***

Je lui avais donc proposé un essai au service commercial, essai parfaitement transformé et il commença rapidement à gérer de gros dossiers et se révéla de plus un excellent animateur de sa, puis de ses Mini-Usines.
Ressentant des lacunes dans sa formation, spontanément il suivit avec succès des cours du soir auprès de l'I.S.A.M. local *(Institut Supérieur d'Administration et Management).*

Très vite je le repérais comme mon successeur potentiel, sans lui dire bien entendu, mais en faisant valider mon choix par quelques vieux cadres et surtout par le patron auprès duquel je l'envoyais de temps en temps sous des prétextes divers.

Dominique m'intéressait d'autant plus que hormis ses qualités personnelles il présente deux avantages complémentaires :

➊ Nous avons ***20 ans d'écart*** et donc il pourra assurer le pouvoir pendant une longue période chose indispensable dans notre mode de management.
➋ C'est un homme de métier, bien plus que moi, qui suis essentiellement un charismatique, un bateleur, et il est une règle que je connaissais de longue date :
Il faut que les patrons qui se succèdent n'aient pas le même profil pour éviter que la meute fasse des comparaisons, et l'idéal est **qu'à un patron charismatique succède un homme de métier !**

Le temps passa et la soixantaine approchant, je fis part à ma Présidente, charmante et compétente *(veuve du Patron décédé de façon grandiose, à l'image de toute sa vie, en l'an 2000)* de mon intention de me retirer pour m'occuper de mes merveilleuses petites-filles, mes ULM, poux du ciel et autres motos.
Elle me fit alors comprendre que comme elle ne connaissait que moi elle envisageait de vendre, puis laissa passer quelques jours avant de me proposer de mettre en place mon successeur, et de rester encore quelques années, pour lancer la montée en cadence des moteurs électriques comme ultime projet.
Solution simple et intelligente que j'acceptais.

Je fis donc venir Dominique courant octobre 2003 en lui exposant ce projet et en l'informant que, de longue date, je l'avais repéré comme mon successeur, et que d'ailleurs c'était pour cela que je l'avais parfois envoyé à des colloques ou journées d'information sans rapport direct avec sa fonction.

Dominique tomba des nues, refusa tout net ma succession en me disant qu'il ne se sentait pas capable de succéder à un « Dinosaure » comme moi !
Je le priais de laisser passer le week-end et de réfléchir.

Le lundi suivant il me confirma son refus, ce à quoi je répondis : ***« Mon Bon Dominique ni vous, ni moi, n'avons le choix ! Nous sommes les otages du devenir et du bonheur de 600 familles, et quand on est otage...... »***
Ce à quoi il répondit : ***« Ah bon si c'est comme ça ! »***

Je fis donc un dernier discours le matin du 24 décembre 2003 en annonçant que le chef, à partir du premier janvier serait Dominique, et que je ne descendrai plus jamais dans l'usine !
Personne n'y crut, et pourtant je tins parole : je ne suis plus jamais descendu faire mon tour d'atelier !

Je rencontre encore mes chers opératrices et opérateurs sur le parking en arrivant ou partant mais sans plus, et souvent quand ceux-ci me posent une question je réponds :
« Voyez Dominique lui sait, moi je ne sais plus ! »

Chose curieuse, moi qui toute ma vie ai vouvoyé tout le monde *(à part Michel et Hervé que je connais depuis quelques décennies)* je me suis mis du jour au lendemain à tutoyer tout le monde.
Sans doute ai-je fait un transfert affectif ! Privé de mes contacts quotidiens j'ai tenté de raccourcir une distance avec ma meute d'une autre manière.

Depuis 2 ans déjà Dominique assume tous les pouvoirs en parfaite cohérence avec notre système puisqu'il n'a connu que celui-là, il le fait évoluer certes mais toujours dans la cohérence, et je reconnais qu'il est bien meilleur que moi je ne le serais, car mieux adapté à l'évolution des temps des mœurs et des relations !

Moi je suis fait pour un monde où on se parle, on négocie, on marchande, on aime... Lui il est adapté au monde où on mail, on échange des tableaux Excel, ce qui ne l'empêche pas d'aimer sincèrement nos opératrices et opérateurs.
Il me fait l'amitié de régulièrement me demander mon avis, mais il fait bien ce qu'il veut et il a bien raison !
J'essaie d'appliquer avec lui ce qu'a fait le grand Max avec moi :

« Je ne suis pas d'accord avec ce que tu dis, mais si tu y crois, Fais le ! »

Histoires en vrac

Histoire de Bernard...

Au début des années 80, nous avions commencé à mettre en place des chantiers 5S et TPM, quand la société de formation qui prestait à l'*AFPIM* a organisé un voyage au Japon de découverte de ces pratiques à la source.
Je m'y inscrivis en explorateur, avant d'y envoyer des leaders, pour pouvoir juger des intérêts d'un tel voyage. Comme d'habitude lorsque je visitais des entreprises et des usines, je décidais de me faire accompagner d'un opérateur pour bénéficier d'un double angle d'observation, sachant que le mien risquait d'être trop conceptuel et qu'il était indispensable d'avoir une vision plus pratique pour pouvoir passer à l'action. Je choisis Bernard, opérateur sur machine d'usinage, d'origine rurale, puisque avant d'être à Favi, il avait été ouvrier agricole pendant quelques années et en avait gardé la passion des chevaux et de l'élevage. Il choyait quelques moutons, et pour satisfaire sa passion des chevaux, j'avais abonné l'entreprise à quelques revues mises en libre-service au Réfectoire.

Lors de la réunion préparatoire au voyage, nous découvrîmes que la dizaine d'autres participants étaient tous du milieu automobile : Directeurs d'Usines, Responsables de Développement, Spécialiste de la Logique Floue *(à laquelle l'époque promettait un bel avenir)*, Responsables Informatique Industrielle etc.
Bien entendu, tout le monde se tutoya et adopta Bernard comme membre à part entière de l'équipe. Ce dernier se fit faire un passeport *(ce qui dans notre région est en soit un évènement distinctif)*, et le hasard ayant voulu que nos places soient au 1er étage du Boeing : ce vol fut pour lui un émerveillement, car c'était non seulement son premier vol mais il se déroulait dans des conditions optimum.
Nous visitâmes donc un certain nombre d'entreprises et à chaque fois, Bernard, par ses commentaires lors des débriefings dans le bus nous ramenait à un bon sens pratique.
Nous visitâmes Nissan et fûmes tous stupéfaits par deux choses :

→ Premièrement : la rapidité avec laquelle les opérateurs *(tous jeunes ! Que faisaient-ils des vieux ??)* assemblaient les véhicules

→ Deuxièmement, le fait que sur la même ligne de montage se succédaient des véhicules de toutes catégories, c'est-à-dire qui allaient de l'utilitaire à la grosse familiale en passant par des véhicules plus citadins, avec le rythme d'un ballet harmonieux, car tout s'assemblait sans heurts, sans stress apparent mais avec une vitesse stupéfiante.

De retour dans le bus, dont la partie arrière était aménagée en coin conférence, c'est-à-dire que les banquettes encerclaient une table centrale et on pouvait s'exprimer par un micro, chacun y allait de son étonnement, voire de sa stupéfaction sur ces deux points.
Au bout de quelques minutes, Bernard que je voyais danser d'une fesse sur l'autre me dit : ***«Je peux parler aussi ?»***
— ***«Bien sûr»,*** lui dis-je en lui tendant le micro.
Bernard sermonna :

— « Dites, les Patrons ! Vous n'avez rien compris ! Ce qui fatigue l'ouvrier ce n'est pas d'aller vite, au contraire ! Ce qui fatigue l'ouvrier c'est quand ça va pas comme il veut ! Vous n'avez pas remarqué qu'il y a une petite lumière qui s'allume en face de la pièce qu'il faut qu'il prenne, et que, s'il prend la mauvaise pièce, ça klaxonne ?
Vous n'avez pas remarqué que quand il pose une pièce sur le tableau de bord par exemple, elle tient toute seule et qu'il a les deux mains pour visser ? Moi, quand je m'arrête énervé pour prendre un café ce n'est pas parce que ça va trop vite c'est parce que ça va pas comme je veux !
Si ça se trouve, dans vos usines, les ouvriers il faut qu'ils tiennent le tableau de bord avec le coude ou le genou pour mettre les vis ! » Un silence respectueux suivit son intervention et chacun de penser au nombre de postes de travail où « ça va pas » tout à fait comme l'ouvrier voudrait.

Suite à ce voyage, nous avions décidé de nous visiter les uns les autres pour voir ce que nous avions fait des enseignements tirés. Et à chaque fois bien entendu je me faisais accompagner de Bernard. À ce titre, nous visitâmes une chaîne de production d'un véhicule moyenne gamme, dans une usine de quelques milliers de salariés dont le Directeur avait fait partie du voyage et nous guidait à travers les chaînes. Durant la visite, en remontant une chaîne, d'un seul coup Bernard tira ledit Directeur par la manche sur quelques mètres, à la grande stupéfaction de tous car dans ce milieu très hiérarchisé -du moins à l'époque- un Directeur d'usine c'était quelqu'un, et il semblait presque que le silence se faisait devant ce geste efficace et pas très respectueux. Donc Bernard amena à la virile son ex-compagnon de voyage devant un poste où un opérateur de la bonne cinquantaine, tenait effectivement un élément à assembler avec le coude gauche pendant qu'il tentait de suivre la chaîne et de mettre des vis de fixation. Et Bernard de lui dire :
— « Tu crois pas que tu gagnerais ta journée à mettre un bout de scotch double face pour que ça tienne tout seul ? »
Le Directeur se ressaisit amicalement et me regardant dit :
— « T'as de la chance d'avoir de tels opérateurs ! Ce qu'il y a, c'est que je ne suis pas convaincu que les Bureaux Méthode savent que ça existe le scotch double face. » Quelques années plus tard, Bernard fut coopté Leader de la plus grosse mini-usine de l'établissement, et la géra pendant cinq ans de façon remarquable. Un jour, lors de mes tours d'usine habituels, Bernard me dit :
— « Je suis fatigué. Est-ce que je pourrais pas abandonner le poste de leader et redevenir opérateur ? » Et depuis, Bernard travaille de façon tout à fait autonome sur une grosse machine transfert dans une autre mini-usine, en équipe avec son épouse, Rosemonde.

Si j'ai conté cette histoire, c'est un peu pour rappeler qu'il faut certes des ingénieurs et techniciens pour concevoir des process compliqués, mais qu'il faut aussi des gens de terrain pour ne pas perdre de bons sens, et pour que les processus ***« aillent comme l'ouvrier veut »,*** car si ce n'est pas le cas, ni la rentabilité ni la sécurité ne sont au rendez-vous...

Histoire de Christine, la femme de ménage commerciale...

Au début de nos contacts avec Fiat, un Ingénieur Qualité devait venir nous auditer. Nous avions convenu d'aller le chercher à Roissy dans l'après-midi, veille de sa visite.
Il devait nous confirmer l'heure d'arrivée de son avion, chose qui ne fut pas faite, et j'attendis jusqu'à 19h de ses nouvelles.

N'en ayant pas, j'abandonnais la veille, et, le lendemain matin vers 8h30 vis arriver cet ingénieur parlant le français qui me raconta que son avion ayant pris du retard, il s'était posé à Roissy à 20h30 et à tout hasard avait appelé l'usine.
Une voix féminine avait répondu en lui demandant où il était et où on pouvait le retrouver. Il avait donc fixé à cette voix un point de rendez-vous à Roissy et vit arriver 1h1/2 plus tard une dame qu'il me décrivit comme quelqu'un de très sympathique, courtois mais visiblement pas au courant du tout de sa visite.

Je menais une rapide enquête pour découvrir qu'en fait c'était Christine la femme de ménage qui, en nettoyant les bureaux, avait entendu le téléphone sonner, avait naturellement décroché, répondu à la personne, et pris en charge le problème en prenant les papiers et les clés d'une voiture de société librement disponible au standard.

Christine s'était comportée de façon tout à fait holomorphe. Elle n'était plus femme de ménage, elle était Favi et donc avait « pris le ballon ».

Cette histoire nous valut d'emblée au moins 10% de plus en notation par l'auditeur, cela d'autant plus que l'anecdote se déroule en 1985 époque où tout le monde était profondément « X ».

EXPLICATION DE TEXTE

La chose a été possible bien sûr grâce aux conditions immatérielles et morales de responsabilisation de chacun mises en place, mais aussi grâce à une condition matérielle aussi simple que la libre disponibilité des véhicules de société.
C'est là une des forces de notre système :

Sa cohérence entre les mesures immatérielles et matérielles...

Histoire de clopes...

À Favi tout le monde fumait. Dans les bureaux, sur les machines, en métrologie bref partout, sauf peut-être en réunion, à la fin des années 80, et encore.
La *loi Evin* avait bien proposé des solutions pour lutter contre le tabagisme mais elles étaient compliquées : il fallait des salles spécifiques avec des aérations spécifiques...

Bref, tout le monde fumait.

Jusqu'au jour où notre médecin du travail attira mon attention sur un fait qui était une conséquence indirecte du tabagisme : tous les produits que nous utilisions à Favi étaient certes certifiés et homologués, mais certains d'entre eux, en contact permanent avec les lèvres ou les muqueuses digestives, pouvaient se révéler à long terme néfastes; et comme les opérateurs ne se lavaient pas les mains avant de fumer, ils avaient leurs mégots imbibés de ces produits, de plus, souvent ils gardaient le mégot en permanence aux lèvres. On pouvait donc craindre à très long terme des accidents de santé.

On fit donc avec le CHSCT des groupes de réflexion pour trouver des solutions. Cela allait du fait d'aller se laver les mains entre chaque cigarette, ce qui ne résolvait pas le problème puisque dès le retour sur machine les mains étaient en contact avec l'huile de coupe par exemple, à l'usage de porte-cigarettes.
On essaya différentes solutions qui ne donnèrent satisfaction à personne jusqu'au jour où en accord avec le CE et le CHSCT nous avons décidé d'accorder 6 mois à chacun pour arrêter de fumer dès la prochaine rentrée des vacances en septembre.

Étant entendu que l'entreprise mettrait à disposition de ceux qui le souhaitaient des patchs de nicotine ou des chewing-gums adaptés, et que l'infirmière et le médecin du travail feraient une campagne de communication et de sensibilisation.

Comme l'échéance était lointaine, personne ne réagit et on fit faire des concours de dessin aux enfants du personnel, dont les plus beaux dessins furent récompensés d'un VTT, on afficha ces dessins dans les mini usines, bref on se prépara tous intellectuellement et tranquillement à cette échéance lointaine.

Et de fait au 1er septembre 2001, plus personne ne fuma sur les lieux de travail et même dans les bureaux, bien entendu, par solidarité logique avec les opératrices et opérateurs sur machines.

Ce fut dur pour certains, d'autres en profitèrent pour arrêter complètement de fumer, mais tout le monde respecta la règle, si ce n'est que 3 semaines après la rentrée en faisant mon tour, je tombe, totalement par hasard, car, pas plus sot que la moyenne, j'évitais les recoins de peur de tomber sur quelqu'un qui ne respecterait pas la règle, je tombe donc sur un agent qualité qui fumait, planqué derrière des bennes.

Je le remerciai vivement car, lui dis-je, cela m'aurait embêté d'avoir à mettre à pied, par principe, pendant 3 jours une opératrice ou un opérateur, et que pour l'exemple j'allais le mettre à pied pour bien montrer que quand une règle est acceptée par tous, la hiérarchie, même de terrain, se doit de la respecter plus que tout autre.

La morale est que si on est arrivé à respecter cette consigne très dure, c'est d'une part parce que l'on a pris le temps qu'il y ait un consensus tacite dans la prise de décision et d'autre part parce que l'échéance ayant été fixée à une date lointaine, personne ne paniqua.

De plus la date d'application étant après les congés chacun a profité de cette période où on se retrouve isolé par rapport à la collectivité, pour prendre une forme d'engagement personnel...

Histoire de Déprimes...

Dans une collectivité de quelques centaines de personnes, nous avons malheureusement de temps en temps des gens qui dépriment.
Curieusement ce n'est jamais pour de grandes douleurs comme la perte du conjoint, ou pire, la perte d'un enfant en très bas âge, c'est essentiellement pour des histoires de couple que les gens vivent très mal.
Il me souvient d'un cas de déprime lié à une perte de reconnaissance.
Lorsque les machines d'outillage à commande numérique sont apparues, pour dédramatiser cette évolution, nous avions embauché Véronique, une jeune femme moitié punk moitié gothique qui, forte de son BTS, pilotait postée en atelier, la première fraiseuse numérisée.
De fait cela a banalisé cette évolution pour tous sauf pour Guy, un outilleur dont on disait qu'il avait le 1/100ème au bout des doigts.
Le constat qu'une toute jeune fille, elle, détenait le micron le perturba au point qu'il en déprima.

Pour lui comme pour les autres je proposais toujours deux choses :

- *La première :* de ne pas rompre avec le monde du travail pour éviter de ressasser leurs problèmes jours et nuits.
- *La deuxième :* de dormir. De dormir avec le minimum de médicaments, si possible sans médicament, c'est-à-dire que s'il s'endormait à 5h du matin, je lui recommandais de ne pas mettre de réveil, et de dormir le temps qu'il voulait et s'il ne s'éveillait qu'à 15h, il ne vienne que quelques heures l'après-midi, mais qu'il vienne sur un poste de travail adapté.

De plus, je l'envoyais en «cours de sommeil» où l'on enseigne ce qu'est le sommeil et les consignes de base à respecter pour bien s'endormir.

Parfois je proposais à certains de travailler ailleurs dans l'entreprise pour apprendre quelque chose de nouveau et ainsi s'occuper l'esprit.
Ce fut le cas de Guy qui demanda à travailler au BE et ce faisant, lui qui connaissait parfaitement les trajets d'outils en fraisage, forma les jeunes dessinateurs sur ordinateur aux parcours d'outils les plus performants
Pour intégrer le traumatisme subi par Guy, je décidais que en aucun cas les programmes ne seraient faits directement au BE, comme les logiciels le permettaient déjà à l'époque, mais que ce serait les outilleurs eux-mêmes qui feraient leurs programmes en temps masqué.

Pour ce faire, Véronique, après quelques mois de travail sur fraiseuse fut responsable d'une antenne du BE dans l'atelier d'outillage où avec un terminal relié au BE elle forma ses camarades outilleurs à la programmation, ce qui prit quelques années et maintenant elle est affectée à plein temps au BE, forte de son expérience de terrain.

Histoire de Fabienne

Fabienne était une opératrice sur machine d'usinage, particulièrement dynamique au caractère fort et bien trempé, régulièrement élue pour représenter le personnel au sein du Comité d'Entreprise et animatrice et rédactrice du journal interne, qui au cours du temps s'est appelé ***« Le Petit Plus », « Favi Flash ».***

Un jour, au cours de mes visites d'ateliers, je tombe en arrêt sur le poste de travail de Fabienne et sur un point de détail que je n'avais jamais perçu auparavant :
Fabienne avait les poignets entourés de papier autocollant marron qui normalement servait à fermer les cartons.

Interloqué, je lui pose la question :
— ***« Pourquoi ces manchettes improvisées ? »***
Elle me répondit :
— ***« Ben Monsieur le Directeur, ça a toujours été comme ça ! Comme cet alliage est très sec, il fait des petits copeaux piquants qui se glissent dans les manches ce qui est désagréable et gênant. »***
La colère me prend et haussant le ton, je lui dis :
— ***« Mais c'est inadmissible que vous acceptiez de travailler dans de telles conditions. Je ne comprends pas que vous, Fabienne, n'ayez jamais réagi et je vous interdis de continuer à travailler ainsi. C'est indigne de vous ! »***

Immédiatement je convoque par téléphone le patron de l'entretien et le Responsable du Bureau d'Etude Automatisme au pied de la machine et leur dis :
— ***« Vous avez la nuit pour faire quelque chose mais j'interdis que cette machine ne tourne, tant qu'elle ne sera pas modifiée et compte tenu des commandes il faut qu'elle retourne demain matin! ».***

Ainsi fut fait et tout rentra rapidement dans l'ordre.

Un samedi matin, alors que j'avais oublié quelque chose au bureau, je repasse par l'usine et par habitude fais un rapide tour d'ateliers et tombe sur Fabienne qui était en train de repeindre sa machine !

Je m'étonne de sa présence et elle m'avoue que comme sa machine maintenant « marchait» mieux, elle avait envie que, en plus, elle soit belle et propre.
Sa démarche était spontanée et bénévole.

Cette machine était devenue SA machine...

Histoire de feux rouges...

Un soir après avoir été dîné avec un client à Amiens, je rentrais nuitamment quand je fus arrêté à un croisement par un bête feu rouge.

Je regardais devant : personne.
Je regardais derrière : personne.
Je regardais à droite : personne.
Je regardais à gauche : personne non plus.
Ce qui était logique, vu l'heure tardive.

Je tournais donc à droite quand 20 mètres plus loin, surgissant de derrière un arbre, un agent de la Police Municipale, me semble-t-il, me fit signe de stopper. Je me garais donc quelques mètres plus loin et conformément à ce que m'avait appris un oncle gendarme, je descendis de mon véhicule.

Mon oncle m'avait en effet appris qu'il y avait 2 sortes de gendarmes :

- ceux qui tiraient avantage de leur position debout par rapport au chauffeur assis,
- ceux que cela gênait d'avoir à se baisser pour parler au conducteur à travers la fenêtre et que donc dans les deux cas, on avait intérêt à descendre.

Je me dirigeais donc vers le policier qui, surpris de me voir avancer vers lui, remonta sur le trottoir sans doute pour inconsciemment garder une position dominante, ce que voyant je montais aussi sur le trottoir pour rétablir l'égalité dans le dialogue :
— ***« Vous êtes passé au rouge ! »***
— ***« Oui, je suis passé au rouge. »***
— ***« Vous reconnaissez les faits ? »***
— ***« Bien sûr mais j'ai regardé devant, derrière, à droite, à gauche, il n'y avait personne et d'ailleurs vous pouvez constater que depuis que l'on parle tous les deux, personne n'est passé. »***
— ***« Oui mais quand même il faut s'arrêter au feu rouge. »***
— ***« Non Monsieur l'agent, car il faut que je vous explique quelque chose : les Hommes, êtres pensants et intelligents, ont inventé un système pour établir une priorité de passage entre eux : le feu tricolore ! Mais quand il n'y a personne, ce n'est plus un feu tricolore, ce sont de bêtes ampoules, et je trouve aberrant que des êtres comme vous et moi, doués d'intelligence et d'une capacité de réflexion, obéissent à une bête ampoule qui n'est qu'un objet. »***
Là je sentis que mon interlocuteur lâchait un peu prise. Il se ressaisit en me disant :
— ***« Oui mais vous n'avez pas mis le clignotant ! »***
— ***« Ben non puisque le clignotant c'est fait pour prévenir les autres usagers de mes intentions. Or il n'y avait pas d'autre usager à prévenir, et donc ce n'était plus un clignotant mais aussi une bête ampoule ! »***
Un peu dépassé par les événements, ou peut-être tout simplement étais-je tombé sur

un homme de bon sens, le policier me fit un signe de la main de lassitude en disant : ***« Foutez le camp ! »***
Bien entendu je n'insistai pas et après lui avoir souhaité le bonsoir, remontai dans mon véhicule et repartis.

Le hasard a voulu que le lendemain matin, je croise Marie-Anne qui, comme chaque mois collectait les clés des voitures de société pour aller relever leur kilométrage. D'un coup je percute et demande à Marie-Anne :
— ***« Au fait, pourquoi on relève tous les mois le kilométrage des voitures de société ? »***
— ***« Je ne sais pas mais c'est comme ça depuis plus de vingt ans que je suis à la Compta. Dans le temps, je mettais ça sur un cahier, maintenant c'est un état informatisé. Ce n'est pas vous qui le regardez ? »***
— ***« Ben non, j'en ai rien à faire. Renseignez-vous pour savoir à quoi ça sert. »***

Dans la matinée, Marie-Anne vint me voir pour m'avouer qu'après enquête personne ne regardait cet état. Et après discussion et réflexion nous découvrîmes que cet état remontait à plus de 23 ans, parce qu'à l'époque nous louions des voitures de société, et tous les mois on faisait parvenir à la Société locatrice cet état pour savoir quand arrêter ou renouveler les contrats.
Or il y a 23 ans, ayant fait un prix de revient comparatif, j'avais décidé d'acheter des véhicules et de les faire durer au minimum 250 000 Km avant de les donner par tirage au sort au personnel, ce qui était plus rentable.
Ainsi pendant 23 ans, il y avait eu un feu rouge qui clignotait tout seul avec un policier pour surveiller qu'il clignotait bien.

Ce constat me poussa à vérifier s'il n'y avait pas d'autres feux rouges inutiles en fabrication.
J'allais en Fonderie, et croisant un Agent Qualité de terrain je lui demandais comment il faisait pour être sûr qu'il n'y avait pas de procédure périmée ou des états inutiles qu'on faisait remplir aux fondeurs. Celui-ci étonné et un peu offusqué me certifia que ce n'était pas possible, quand un fondeur qui avait assisté à notre conversation s'en mêla en disant : ***« Si vous voulez un truc qui sert à rien, je vais vous en montrer un, moi ! »***
Et il nous entraîna vers son pupitre où il nous montra deux états qu'il remplissait régulièrement en me disant : ***« Ça fait des mois que je dis à la Qualité que le 2e état ne sert à rien parce qu'avant quand on réglait la pression, il fallait aussi régler la vitesse. Et là il était normal de vérifier qu'on ne s'était pas trompé pour l'un comme pour l'autre des réglages. Mais depuis 4 à 5 ans qu'on a des machines à commande numérique, quand on règle la pression, la vitesse se règle automatiquement. Donc on perd son temps à relever la vitesse ! »***

L'Agent Qualité mal à l'aise se dandinait d'un pied sur l'autre et s'en sortit en disant : ***« Oui mais si la machine déconne ? »***
Ce à quoi le fondeur répondit : ***« Si elle déconne, tu peux pas régler la pression donc tu le vois tout de suite. »***

Bref, il s'agissait encore d'un feu rouge inutile avec un policier qui justifiait une partie de sa fonction par le contrôle de ce feu.
Dans la foulée, je réunis tous les leaders et parrains productivité en leur racontant l'anecdote et en leur demandant de regarder dans leur mini-usine s'il n'y avait pas d'autres feux rouges stupides qui freinaient le système.

Comme nous sommes des gens de bon sens, bonne foi et de bonne volonté on en trouva peu, mais on en trouva, qui essentiellement résultaient de demandes de nos clients gros donneurs d'ordres dont la structure pléthorique se justifie par le nombre de feux rouges qu'ils surveillent.

P.S. : Cela est sûrement une coïncidence mais quelques mois après mon aventure, je constatais que la ville d'Amiens avait supprimé les feux rouges la nuit et mettait tous les feux clignotants.

Autre P.S. : il y a deux choses qui m'ont toujours frappé au États-Unis :
→ La 1ère est qu'à tous les feux rouges on peut tourner à droite en n'ayant certes pas la priorité mais on peut tourner, ce qui contribue à fluidifier la circulation, sauf si c'est formellement spécifié ce qui est très rare.
→ La 2ème est que là où nous mettons des feux, les Américains mettent 4 stops. C'est-à-dire que tout le monde s'arrête et laisse passer ceux qui étaient là avant.
Cela se fait de façon simple, quasi conviviale.
Ces deux mesures sont le reflet de cette société où on laisse les gens responsables. On les considère Y alors que nous nous préférons les considérer X pour justifier nos structures de contrôle et répression pléthoriques...

Histoire de Gilles...

À part 2 ou 3 cadres que je connaissais avant mon arrivée à Favi, je vouvoyais tout le monde sans exception sauf une : ***Gilles.***
Gilles était un ingénieur de l'école Supérieure de Fonderie, dont les beaux-parents faisaient partie d'un cercle d'amis motards, avec lesquels nous avions l'habitude, de temps en temps, de faire quelques petites virées à moto avec nos femmes, sur un week-end.
Je tutoyais donc ses beaux-parents et par extension je le tutoyais aussi, car lui-même était motard.

Comme à tout ingénieur entrant à Favi, j'avais proposé à Gilles le cursus suivant : quelques années en R&D, quelques années en Etude puis le passage au Service Commercial pour prendre en charge un client ou une partie du monde.
Après 4 ans de collaboration, Gilles avait franchi les 2 premières étapes et devait dans l'année en cours aborder le Service Commercial.

Un matin de bonne heure il vint me voir dans mon bureau l'air penaud me disant :
— ***« Tu sais, Jean-François, moi je suis ingénieur et faire du commercial c'est pas le rôle d'un ingénieur. »***
Je le poussais dans ses retranchements pour lui demander ce qu'il voulait; grosso modo il voulait un statut de Chef avec - *c'est une image* - secrétaire, et place de parking réservée !!!
Je lui rappelais qu'un tel statut n'existait pas à Favi et que la fonction Commerciale était certainement la plus noble qui soit, car, comme dit *Tom Peters* :

« Le Commercial est le héros et le héraut de l'entreprise. »

Et dans notre système fidèle aux préceptes appris de ***Fauvet***, son rôle essentiel de faire entrer le dehors dedans, ne manquait pas d'actions enthousiasmantes et intéressantes.

Néanmoins, je sentais bien que ce discours ne lui allait pas. Au bout d'un quart d'heure de discussion, je finis par lui dire : ***« Soyons clairs, Gilles, tu veux t'en aller ? »***
— ***« Ben oui »,*** me dit-il penaud.
Ce à quoi je répondis que c'était normal, que je comprenais très bien et que c'était d'ailleurs la force du système capitaliste de permettre à tout salarié de pouvoir sans contrainte gérer sa carrière en fonction de ses aspirations du moment.
Visiblement soulagé par mes propos car il craignait une réaction affective de ma part, il me dit : ***« Bon ben puisque c'est d'accord, je vais te faire parvenir ma démission. »***
Je lui tendis alors un papier et un stylo en lui disant :
— ***« Non, Gilles, si tu pars, tu pars ! Donc tu me donnes ta démission immédiatement et simplement : « pour raison de convenance personnelle, j'ai l'honneur de vous donner ma démission etc.. » »***
Après quelques hésitations, il me remplit le papier, me le remit et me dit :
— ***« Bon ben écoute, pendant mon préavis de 3 mois, ... »***

Je l'interrompis immédiatement :
— « ***Non, Gilles ! Je t'aime bien mais tu ne fais plus partie de la famille. Tu as librement choisi de partir, tu pars ! La collectivité va te payer tes 3 mois de préavis, conformément à la loi, mais il est 11h, tu as 1 heure pour ranger tes crayons et tes gommes et à midi nous boirons un coup de champagne tous ensemble pour te remercier de ce que tu as apporté à Favi pendant ces 4 années, et tu t'en vas.*** »

Ainsi fut fait ! Car dans nos principes, on est dans Favi ou on n'est plus dans Favi !
D'ailleurs notre organigramme du système Favi (VOIR T2, FICHE TPF N° 7) montre bien une limite entre l'intérieur et l'extérieur.
Il était bon que Gilles fût ingénieur, car après cela, la procédure pouvait être appliquée pour tous, ce qui fut fait…

Histoire de la Commission Européenne...

Il fut un temps où mes confrères fondeurs m'avaient accordé leur confiance en me mandatant pour les représenter, en tant que métallurgiste, dans une Commission Européenne qui statuait sur les alliages cuivreux.

Cette Commission se réunissait tous les trois mois environ un peu partout en Europe.

Ce fut pour moi l'occasion de faire une étude culturelle des différences de comportement, pour informer les Commerciaux sur ces différences et les former à une étude comportementale voisine de celle dictée par l'Analyse Transactionnelle (VOIR T2, FICHE OUTIL N°12).

Les Anglais

Ils se débrouillent toujours pour prendre la présidence et le secrétariat des Commissions, cela leur permet très souvent si l'on n'y prend pas garde non pas de tricher, ce ne serait pas très british, mais d'orienter la rédaction des comptes rendus, et des ordres du jour et ce, bien entendu pas toujours en leur défaveur.

De plus ils parlent *« anglais entre eux mais le véritable anglais celui que nous autres européens ne comprenons pas, car tous les débats ont lieu en une « espèce d'anglais »* qui est sûrement la langue européenne de demain, comme l'américain l'est pour les Etats-Unis.

Entre suisses, suédois, allemands, italiens, espagnols etc., on se comprenait tous parfaitement dans cette espèce d'anglais.

En revanche celui d'entre nous qui parlait le mieux l'anglais était souvent obligé de traduire en anglais européen ce que nos amis anglais se disaient entre eux, et inversement.

Ceci étant, le fait que tous étions obligés à un effort de concentration pour les comprendre, comme pour débattre entre nous dans leur langue maternelle, leur donne un avantage, qui se sent dans leur comportement cordialement et courtoisement hautain !

Les Allemands

Ils arrivent en réunion après l'avoir déjà longuement préparée auparavant, entre eux, en Allemagne. Le chef de délégation est clairement mandaté pour s'exprimer et tout est prévu d'avance. Cela donne l'impression d'un rouleau compresseur qui avance lentement mais sûrement.

Lorsqu'ils veulent faire passer un alliage ou un élément d'analyse, ils reviendront dessus calmement, fermement à chaque réunion et finiront sans compromission ni négociation à imposer leurs exigences.

On retrouve cette caractéristique comportementale plus ou moins marquée chez tous les pays nordiques : *Suède, Danemark, Finlande etc.*

L'Italien (Et non pas LES Italiens)

Ils n'ont rien préparé.

Chacun va en ordre dispersé à la bataille.
Ce sont des palabres entre eux et en italien pour arriver, en réunion, à se mettre d'accord et tout se passe dans les couloirs où ils tentent du Donnant-Donnant :
«je vous soutiens pour tel élément d'analyse, si vous me soutenez pour tel autre» mais ces discussions se font d'individu à individu.

Les Espagnols
C'est un peu comme les italiens mais en un peu plus organisés. On reste dans le domaine du troc mais un troc non pas entre individus mais entre délégations nationales.

Les Français
On tentait bien de se mettre d'accord avant. On arrivait même en fonction des alliages étudiés à se mettre d'accord pour savoir qui serait le porte parole. Tout était bien clair avant la réunion.
En revanche en réunion, et dans les couloirs la composante latine reprenait le dessus et chacun essayait pour son compte de tirer les marrons du feu.
Le message que je transmettais aux Commerciaux était avant tout un message d'humilité face à un client étranger.
ET pour reprendre une des maximes *d'Auguste Detoeuf* : « Pensez toujours que l'homme avec qui vous discutez est plus intelligent que vous mais qu'il a moins de volonté».

Pour en revenir à l'analyse transactionnelle il faut être *«enfant»* avec un allemand et le laisser s'installer dans la position de «parent» si on veut arriver à ses fins !
Avec un Italien ou un espagnol c'est selon, mais souvent mieux vaut être dans une relation *«adulte – enfant»*.
Quant à l'anglais la relation *«adulte – adulte»* s'impose pour mériter leur respect, préalable indispensable à toute négociation.

Histoire de Motobécane

À St Quentin, il y avait une entreprise centenaire dont le nom était devenu générique comme klaxon ou frigidaire : **Motobécane,** qui fabriquait la fameuse **MOBYLETTE.**

Cette usine, pour moi, présentait deux centres d'intérêt :

- D'une part le chef de fabrication était un homme éveillé à la Qualité que j'avais apprécié lorsque je présidais les destinées du Mouvement Français de la Qualité en Picardie,
- D'autre part elle fabriquait la dernière et unique moto française, la BFG, un monstre à 4 cylindres construit autour d'un moteur Citroën.

Je visitais donc régulièrement cette entreprise qui me laissait un sentiment d'être un énorme cendrier : Il y avait en effet partout des boîtes de conserve remplies de mégots. Tout le monde avait clope au bec; sur la chaîne de fabrication des solex, les gens parlaient entre eux et de temps en temps montaient une pièce sur les solex en construction puis faisaient manuellement avancer la chaîne avant de reprendre leur conversation. Bref une image sombre, enfumée, confuse.

Là-dessus ce qui devait arriver arriva. Motobécane en chute libre fut repris juste avant l'écrasement final, par ***Yamaha***.
Bien entendu cela provoqua la plus vive inquiétude des syndicats et des élus politiques locaux.

Mon ami le chef de fabrication me conta que contre toute attente on ne vit arriver qu'**un seul Japonais** ne parlant même pas le français, donc accompagné d'un traducteur et c'est tout !

Pendant quelques mois *(5 ou 6)*, me semble-t-il, rien ne changea, si ce n'est que discrètement tous les cadres et une partie de la maîtrise partirent au Japon se former à tour de rôle au 5S.

Puis un jour le Directeur Japonais fit savoir qu'il allait s'adresser aux salariés.
On lui dressa une petite estrade, les banderoles syndicales refleurirent et devant quelques milliers de collaborateurs assemblés, à l'heure dite, le Président monta sur l'estrade, tapota sur le micro pour s'assurer de son bon fonctionnement et dans un silence quasi religieux et très attentif dit :

« On va ranger ! »

Puis il descendit de l'estrade.

Et pour ranger, ils rangèrent !
Ils appliquèrent tranquillement tous les principes du 5S et en quelques mois l'usine fut tranquillement transformée ainsi que les mentalités bien entendu. Au point que chacun

mettait des patins pour quitter les allées de circulation par ailleurs impeccables, pour se rendre sur son poste de travail d'une propreté et d'un ordre absolu.
Après quelques années de 5S, ils attaquèrent le TPM et cette entreprise moribonde est devenue un acteur majeur sur le marché du 2 roues en innovant avec toute une classe de scooters marrants, dont les premiers furent les «boosters» qui renouvelèrent et dynamisèrent le marché, lui-même moribond à l'époque, du 2 roues.

La morale de cette histoire est que :
❶ Il est important dans un premier temps de ne rien faire de façon à ce que les troupes fassent un cheminement toutes seules de deuil de l'ancienne situation et d'aspiration à quelque chose, d'autre chose!
❷ Qu'il faut toujours proposer des choses simples, comme «ranger».
❸ Qu'il faut laisser du temps au temps et ne pas bousculer les étapes. Quelques mois de silence, quelques années de 5S avant d'attaquer le TPM. On a toujours tendance à vouloir aller trop vite et bâtir sur du sable.
❹ C'est bien le système qui fait l'homme car ces mêmes hommes que j'avais vus tristes, ternes, dans un environnement sale, je les ai vus après, gais, fiers de montrer leur poste de travail, en un mot heureux !

Et comme il n'y a pas de performance sans bonheur,
Motobécane fut sauvé gagna beaucoup d'argent et
créa beaucoup d'emplois !

Ce qui, dans notre monde ou plus personne ne croit aux fées, vaut bien comme morale ; *« Ils se marièrent et eurent beaucoup d'enfants».*

Histoire de nos agents

L'homme est bon !
Donc nos agents sont bons.
Donc nul n'est besoin de contrat entre gens bons.
Surtout que comme disait Barenton :
« Nul contrat ne garantit la bonne foi des partenaires. »
Or nous sommes et serons toujours de bonne foi puisque notre intérêt est commun.
Donc nous n'avons aucun contrat avec nos agents !!!

Quand nous chiffrons une nouvelle affaire, nous transmettons notre prix à notre agent en distinguant la part matière, qui est le produit d'un poids mis en œuvre par un cour de référence, remis à jour tous les 3 à 6 mois selon les clients, et tout le reste, que l'on appelle ***« valeur ajoutée »*** n'augmente jamais et ne peut que baisser.
Nos agents prennent la marge qu'ils veulent et non pas un pourcentage fixe.

C'est leur problème. Ils connaissent mieux que nous le client et le marché et nous souhaitons qu'ils gagnent le maximum d'argent.

Ce sont par ailleurs les vrais patrons de l'usine c'est-à-dire, qu'en liaison étroite avec le ou la commerçant(e), parrain ou marraine productivité de la mini-usine qui leur est attachée, ils peuvent demander assistance instantanée de n'importe quel service ou personne, et au cours du temps se sont ainsi créés des liens d'amitié qui font que l'agent est devenu un des éléments de la mini-usine au même titre que le leader ou le parrain productivité.

Généralement, d'ailleurs, lorsqu'ils viennent nous voir, ils sont reçus *« à la maison »* par les commerçants et commerçantes de Favi.
Ce mode de relation libre, réactif et efficace, génère parfois des solutions inattendues :
- Lorsque ***Ford*** a racheté ***Volvo***, alors que nous avions les meilleures relations du monde avec les achats comme avec les usines, que nous fournissions 100% de leurs besoins depuis des années, nous avions pensé qu'il serait bien de faire un effort de productivité pour prouver aux acheteurs Ford, que leurs homologues de Volvo ne les avaient pas attendus pour faire cette démarche partenariale de partage de profit. Nous nous étions fixé comme objectif une baisse spontanée de 5% de la valeur ajoutée.

Philippe, le leader et François le parrain productivité avaient animé des groupes de travail et de réflexion avec les opératrices et opérateurs ainsi que les gens du bureau d'étude pour améliorer tant le process que le produit sans toucher à nos marges.

Tous nos efforts nous ont amenés à gagner de l'ordre de 3,75%, mais pas plus. Nous avons donc informé notre agent de Suède qu'il nous était raisonnablement impossible d'aller au-delà de cette limite et à ma grande surprise par retour, notre agent

nous informa qu'il baissait spontanément de 1,25% ses commissions pour atteindre l'objectif de 5%.
Il est à peu près certain que dans un cadre classique rigide et contractuel, jamais cette démarche de bonne foi, bon sens et bonne volonté n'aurait été possible...

Plus récemment, la mouvance des alliances et des rachats croisés, crée des situations qui auraient été ingérables avec des relations régies par des contrats par essence rigides.

Deux exemples :

➊ ***Ford*** rachète ***Volvo*** et décide de rapatrier l'assemblage des boîtes de vitesses de Göteborg en Suède, vers Getrag à Cologne en Allemagne.
Tout simplement, je propose à Mikaël, notre agent en Suède une décroissance de ses commissions sur 4 ans, et à Wolfgang, l'agent Allemand de récupérer les dites commissions dans le même laps de temps. L'un m'a remercié de lui laisser le temps et la possibilité de financer une recherche de nouveaux marchés, et l'autre nous a aussi remercié pour ces affaires qui lui tombaient « toutes rôties » du ciel !

➋ ***Saab*** est acheté par ***G.M***. qui par la suite prend une participation majoritaire dans ***Fiat***. Une étude que nous avions commencée en Suède, a transité pendant un an par l'Allemagne pour finir en fabrication de série en Italie. Le suivi s'est fait harmonieusement en toute simplicité entre nos 3 agents dans chaque pays, ce qui aurait été, à priori impensable dans le cadre de relations contractuelles autres que l'intérêt bien compris, par les uns et les autres, du client final.

Histoire de Pierre, le leader SDF...

À cette époque, nous approchions du cap des 300 personnes, et cette étape me fit réaliser que nous commencions à être nombreux dans la tribu, et qu'il n'y avait aucun responsable pour assumer la sécurité de nuit.

Nous étions en trois équipes et la nuit, il y avait des opérateurs tous seuls sans aucune assistance ni encadrement.
Il est à noter que chez nous, comme partout ailleurs, les équipes de nuit avaient, et ont toujours, une meilleure productivité et moins de problèmes qualité que leurs compagnons postés de jour, sans doute parce que, lorsqu'un opérateur dépanne sa machine avec un domino, s'il est de nuit sans structure, on le félicite pour sa réactivité alors que de jour, la structure censée réparer la machine *(le régleur, le chef d'équipe, le gars de maintenance...)* va mettre en avant de fausses vérités pour justifier sa fonction.

Tout allait donc bien, mais se posait le problème de la sécurité en cas d'accident et nous avions *«en stock»* Pierre qui, avec son BTS maintenance, avait été un des acteurs de la mise en place du TPM et qui présentait surtout, à mes yeux, l'avantage d'avoir fait son service militaire aux pompiers de Paris, ce qui lui donnait les qualifications requises tant sur le plan sécurité que premiers soins en cas d'accident.
Je proposais donc à Pierre d'être le leader de nuit pour toute l'usine en assumant, certes ses deux fonctions principales de sécurité et de premiers secours, mais aussi une assistance «quérable», en termes de maintenance, pour les opérateurs qui le souhaitaient.

Ainsi fût fait et pendant un an et demi, Pierre fut le leader de nuit.
Un jour, en faisant mon tour d'usine, deux leaders, Vincent et Jean-Luc me semble-t-il, me dirent que leur vue était un peu étriquée car limitée à leur seule mini-usine, alors que Pierre avait la chance d'avoir une vue globale de tous les rouages de l'entreprise et qu'il serait sans doute intéressant pour eux d'assumer à tour de rôle pendant deux semaines ce rôle de leader de nuit, étant entendu que Pierre tournerait alors dans chaque mini-usine pour assumer le rôle du leader posté de nuit.
Un peu stupéfait de leur demande car cela revenait à dire que, spontanément, ils me proposaient qu'un *«étranger»* vienne s'installer à leur place, avec leurs papiers, leurs hommes, en connaissant tous leurs problèmes pendant deux semaines, surtout qu'ils me proposèrent même que Pierre, à l'issue de sa vacation, fasse une forme d'audit avec les points forts et les points faibles de chaque mini-usine.

Comme à l'accoutumée, je les ai laissés libres de mettre en place leur système à leur guise en leur disant :
«Voyez donc avec Pierre et les autres leaders comment organiser la chose !»

Ainsi fut fait.
Pendant plus d'un an Pierre devint leader **S.D.F.**, migrant de mini-usine en mini-usine,

pratiquant des critiques constructives en comparant les mini-usines entre elles, puis, quand tous les leaders eurent appréhendé et compris le mode de fonctionnement global de l'entreprise, tout rentra dans l'ordre si ce n'est que Pierre fut affecté à un autre poste de jour parce qu'entre-temps, nous avions formé, parmi le personnel, suffisamment de secouristes pour que les fonctions sécurité et premiers soins soient assumés directement par les opérateurs.

Et à ce jour, nous sommes 600 et il n'y a aucune structure de nuit et nous continuons à constater que la productivité et la qualité sont meilleures quand les opérateurs sont livrés à eux-mêmes ; à telle enseigne que récemment j'ai demandé à Jacques, le patron de la qualité, de recenser le pourcentage de problèmes qualité, externes comme internes, générés la nuit. À sa grande surprise, il constata que sur les 2 dernières années, il n' y en avait AUCUN !!! Tous les problèmes avaient été générés le jour, en présence de toute la structure qualité ! Souvent lors de mes conférences, je pose cette question à d'autres patrons; TOUS, sans exception reconnaissent que leurs équipes de nuit sont les plus performantes, ce qui ne les empêche pas de considérer leur structure comme indispensable...

Histoire de Pompon...

Pompon buvait! Tout le monde l'appelant Pompon, je l'appelais Pompon.
Il buvait, surtout en dehors des heures de travail, mais parfois à la reprise à 14 heures, il était dans un état un peu second.
Maintes fois, lors de mes tours d'usine, je lui avais dit :
« Pompon, ça va mal se terminer ! » - Ce à quoi il répondait : ***« Je ne bois que de la bière, et avec mes copains, au bistrot, et en dehors de l'usine. »***
Un jour, ce qui devait arriver arriva.
J'étais en déplacement et, à mon retour, on m'apprit que Pompon, en début d'après-midi, était tellement saoul qu'il avait uriné sur lui.
Pompon était un ancien outilleur qui avait pour fonction de débiter les aciers pour le Service Outillage et de « gérer » le magasin. Gestion très simple par ailleurs, car le magasin est en libre service et chacun, lorsqu'il se servait, inscrivait sur un tableau noir à la craie ce qu'il avait prélevé. La fonction de Pompon se limitait à relever le tableau tous les jours et à en informer Marie-Anne qui se chargeait de regrouper les commandes. De plus il était membre du CHSCT.
Comme maintes fois j'avais, en vain, proposé à Pompon de suivre une cure de désintoxication, je saisis l'occasion pour appeler l'Inspecteur du Travail, puisque Pompon était un salarié protégé, et lui proposais de faire très peur à Pompon pour l'inciter enfin à suivre cette cure.
Pompon fut donc mis à pied immédiatement à titre conservatoire, son salaire fut donc bloqué . En utilisant les limites légales des différents délais imposés par le Code du Travail, nous avons convoqué Pompon, saisi l'Inspecteur du Travail, qui accepta comme convenu notre demande de licenciement, étant entendu que pendant tout ce temps, qui fut fort long, d'autant plus que le calendrier, par une suite de ponts et de congés *(nous étions sans doute au mois de mai)* allongea les délais, Pompon resta sans salaire.
À ce moment là, toujours comme convenu, l'Inspecteur du Travail convoqua Pompon lui disant qu'il était arrivé à me convaincre de revenir sur ma décision de le licencier à condition qu'il accepte de suivre une cure à Rouen, dans un établissement par ailleurs réputé pour la rigueur et l'efficacité du traitement.
Aux abois, Pompon qui buvait une grande partie de sa paye et qui se trouvait sans le sou, accepta sa proposition pour peu qu'on lui verse une avance, ce que nous fîmes.
Ainsi Pompon arrêta de boire !

Ma grande récompense fut qu'à la fête de Noël suivante *(6 ou 7 mois après)*, sa fille de 11 ans est venue me faire une grosse bise en me disant : « Je vous remercie car maintenant mon papa est beaucoup plus gentil qu'avant ».
Ce qui me fit monter, malgré moi, la larme à l'œil.
Si je conte cette histoire, c'est pour prouver que parfois entre gens de bonne foi, de bon sens et de bonne volonté, on peut faire de très belles choses en complicité avec notre belle administration, pour peu que l'on communique régulièrement, et que l'on ait des relations tout simplement humaines.

Histoire de Roland, le chauffeur...

Dans les années 80, nous ne gagnions pas beaucoup de sous, assurions nos propres livraisons dans la région du Vimeu, mais aussi souvent en Région parisienne où nous avions des clients de pièces sanitaires, de chasses d'eau ou de serrurerie.

Pour ce faire, nous avions un vieux camion hors d'âge que Roland, chauffeur-livreur, entretenait amoureusement.
Considérant que ce camion portait aussi notre image, un jour je décidais d'en acheter un neuf et fis bien entendu faire l'étude par Roland, qui choisit le matériel le plus adéquat.

Le jour de la livraison du beau camion, Roland vint me voir dans mon bureau et me dit respectueusement - *car Roland faisait partie de ces gens entrés à Favi à 14 ans et auxquels à l'époque on avait appris à dire bonjour aux anciens tous les matins et être courtois avec tout le monde.*

Il vint donc me voir et me dit : ***« Maintenant que j'ai un camion tout neuf, qu'est-ce que vous allez faire pour mon salaire ? »***
Interloqué, je le regardais et lui répondis : ***« Allons, Roland, soyez raisonnable. Ce camion ce n'est pas moi, ni vous qui l'avons payé, c'est nous tous, tous les gens de Favi qui par leur travail vous ont offert un beau camion, bien sûr pour porter notre image, mais aussi parce que nous tous avons estimé que vos conditions de travail étaient trop pénibles avec un camion non confortable, sans direction assistée, et en fait c'est vous qui êtes redevables à chacun des salariés de Favi de quelque chose ! »***

Roland n'insista pas mais cette histoire fit le tour de l'usine et depuis, jamais, jamais quelqu'un auquel nous proposions plus de responsabilités, de la formation ou même plus de travail, n'a jamais mis en préalable de considération salariale. Il faut dire qu'en gens de bonne foi, de bon sens et de bonne volonté, nous avons toujours veillé spontanément, après - *je dis bien après* - que la personne ait accepté une charge supplémentaire, à augmenter son salaire de façon la plus juste possible, et souvent sans même en parler au collaborateur, pour qu'il découvre avec son époux(se) l'augmentation sur la fiche de salaire du mois suivant.

Cette manière de procéder est une de celles que nous avons utilisées pour sortir des relations donnant-donnant (VOIR T2, FICHE OUTILS N° 7) condamnées par Jean-Christian Fauvet et s'orienter vers des relations concertatives naturelles. (VOIR ENTREPRISE « Y », PAGE 113)

Histoire de syndicats...

Pourquoi, depuis 40 que je travaille, je n'ai jamais eu de syndicats?

Pour certains pays et certaines cultures, comme les entreprises Allemandes et Américaines, ne pas avoir de syndicat a un caractère négatif, car il semble signifier une absence de discussion et de cohérence sociale.

En France, il en est tout autrement pour deux raisons :

➊ ***Un peu d'histoire :***

À la fin des années 30, Hitler conclut un pacte de non-agression avec Staline. Et tranquillement il annexa entre autres la Pologne et la moitié de la France. Il est évident que dans cette période les communistes français, totalement aliénés à Moscou, restèrent au mieux neutres vis-à-vis de l'envahisseur, et que celui-ci a eu un comportement bienveillant à leur égard. Les succès trop faciles renforcèrent la mégalomanie d'Hitler, qui oublia la puissance de l'hiver russe, précédemment fatale à Napoléon, et lança *l'Opération Barbarossa* de conquête des pays de l'Est et de leurs richesses, en pétrole notamment.
Du jour au lendemain, tout ce qui est bolchevik et communiste devint l'ennemi, non seulement de l'Allemagne mais de l'Europe occupée, puisque les nazis constituèrent les régiments Charlemagne avec des volontaires anti-bolchevik de tous pays.
La chasse aux communistes s'instaura dans tous les pays occupés et ceux-ci n'eurent d'autre choix que de fuir la zone libre, renier leurs croyances ou passer dans la clandestinité. C'est ainsi que la gauche et l'extrême gauche devinrent un des noyaux fondateurs de la Résistance Française contre l'envahisseur. À titre de reconnaissance, De Gaulle leur accorda l'avantage d'avoir un monopole sur les syndicats dits «*représentatifs*» :

5 syndicats d'obédience de gauche et d'extrême gauche,
et seulement eux 5 pouvaient présenter des candidats au premier tour des élections des représentants du personnel dans toutes les entreprises!
60 ans après, rien n'a changé!

Dans le pays des droits de l'homme qui a la «*Fraternité, l'Égalité et la Liberté*» comme devise, seuls ces 5 syndicats, et eux seuls, peuvent se présenter au 1er tour des élections des représentants du personnel.

➋ **La France se caractérise par le fait d'avoir une des plus fortes fonctions publique au monde**. Nous avons effectivement 34% de la population active qui dépend de l'Etat contre 13% en Allemagne, et si on y ajoute les paysans qui vivent à plus de 70% de subventions, les chômeurs, les RMIstes etc.,

on dépasse les 50% de salariés pris en charge par la collectivité !

Ceci explique d'ailleurs le refus de l'Europe lors des élections 2004 car la majorité des français veulent surtout que rien ne change.
Ces fonctionnaires pas bêtes ont compris que si ils tenaient les politiques, l'information et les syndicats, ils tiendraient le pays !

Ainsi la grande majorité des Députés et Sénateurs sont issus de la fonction publique, les représentants du privé doivent se compter sur les doigts d'une main. La plupart des comités de rédaction sont de philosophie gauchisante, et surtout, **80% des cotisants des syndicats dits représentatifs, sont constitués de fonctionnaires**.

Ce qui explique qu'on repousse l'âge de la retraite de 2,5 ans des ouvriers sans que ni la Presse ni les syndicats ne bougent.
Que l'on réduise la couverture chômage de 5 ans à 3 ans en toute discrétion alors que régulièrement la SNCF qui ne représente que 1% des actifs en France bloque le pays pour une histoire d'1/2 heure de travail.
Et que l'on ait des inégalités inconcevables dans d'autres pays : la retraite des ouvriers se calcule sur la moyenne des 25 dernières années alors que celle de certains fonctionnaires sur les 6 derniers mois qui, bien entendu, ont fait l'objet d'une promotion exceptionnelle.

Donc au premier tour des élections ne peuvent se présenter que des syndicats qui ne représentent en aucun cas les intérêts des ouvriers mais ceux d'une Fonction Publique qui depuis très longtemps n'est plus au service du public mais l'exploite à son profit.

Il s'avère que depuis 40 ans, tous les 2 ans, conformément à la loi nous faisons appel aux syndicats, dits représentatifs, en envoyant une lettre à la Bourse du travail pour les inviter à présenter des candidats au 1er tour des élections des représentants du personnel.
Depuis 40 ans, nous avons une absence de candidats et, passé le délai légal, nous faisons parvenir à l'Inspecteur du Travail un certificat de carence constaté par les représentants sortants du personnel et procédons à de nouvelles élections où peuvent se présenter des candidats isolés qui constituent un Comité d'Entreprise puis un CHSCT, puis les Commissions classiques qui gèrent les formations, qui gèrent la taxe d'apprentissage, le contrat d'intéressement, le 1% logement, le contrôle d'application des 35 heures ou la démarche développement durable.

Pourquoi cette carence systématique au 1er tour?
En fait, je n'en sais rien, je ne peux, tout au plus, que proposer, a posteriori, des pistes d'explications, qui bien souvent m'ont été révélées par des observateurs extérieurs, comme un certain *François Introvigne,* qui fut un syndicaliste efficace et qui depuis de nombreuses années fait du conseil auprès des entreprises, non pas pour lutter contre les syndicats, mais pour apprendre aux patrons à œuvrer avec eux dans le sens de l'intérêt collectif, explique comment un syndicat s'impose.
Le délégué syndical fait son tour d'usine régulièrement, passe par exemple aux Expéditions, entre dans le bureau et va constater qu'il y fait très chaud, ce à quoi il lui est répondu que cela fait 4 mois que l'on a demandé un climatiseur, qu'on n'a pas de nouvelles ce qui n'est pas étonnant dans cette boîte de ... !
Le délégué va donc immédiatement au Service Entretien et demande si par hasard le climatiseur en question n'est pas arrivé. Généralement on lui répond qu'il est là depuis

un mois, qu'il traîne dans un coin car on n'a même pas eu le temps de le déballer. Face à quoi il va convaincre ses interlocuteurs d'être sympa, que c'est pour leurs copains de l'Expédition qui crèvent de chaud et ainsi le climatiseur est installé dans les 24 heures. Moyennant quoi quand, le lendemain, il va repasser dans le service Expéditions, tout le monde le félicitera de son efficacité ce qui renforcera son rôle de contre-pouvoir ou de pouvoir efficace car il aura créé un réseau d'actions immédiates parallèle au réseau officiel.

François Introvigne qui est devenu un ami, nous a visité plusieurs fois, et m'a un jour fait prendre conscience qu'en fait *c'est moi « le Patron »* qui ne tiens pas mon rôle de patron classique, qui assure inconsciemment par mes tours d'usine quotidiens ce contre-pouvoir et ce créateur de réseau parallèle avec une efficacité d'autant plus grande que le peu de structure qu'il me reste m'obéit, alors que les délégués syndicaux ne peuvent utiliser que des réseaux clandestins.

C'est sans doute là une des raisons qui font que les salariés n'ont jamais estimé nécessaire de se syndiquer.
L'autre raison, peut-être, est que j'ai ma définition de la justice que je dois aussi à *Jean-Christian Fauvet* :

« Est juste ce que je cèderais sous la menace »

Je dois reconnaître qu'il ne m'a toujours été demandé que des choses justes et que même parfois mes tours d'usine m'ont révélé des choses qui étaient profondément injustes et que personne ne m'avait demandées, comme le lavage des bleus par exemple ; chacun lavait ses bleus à la maison ce qui me semblait profondément injuste c'est pourquoi je proposais spontanément au Comité d'Entreprise, que FAVI prenne à sa charge le lavage mais que ce soit le CE qui choisisse et gère le fournisseur.
Cela fait partie du management de bon sens et bonne foi que d'anticiper la demande mais on ne peut le faire si on ne sort pas de son bureau.

En fait le vrai management des hommes est de faire ce qui est juste avant toute demande !

Dernière analyse, elle aussi extérieure, elle vient d'un jeune inspecteur du travail qui, dans les années 80 assistait à toutes nos réunions C.E. & C.H.S.C.T. Comme il était brillant, au bout de quelques années, il prit du galon et vint nous présenter son successeur en lui commentant : ***« Tu verras, c'est des gens marrants ! Quand quelqu'un pose un problème, immédiatement, il se trouve un volontaire parmi les élus du personnel pour gérer le problème, les responsables internes compétents sont appelés en réunion pour définir le plan d'action. Ainsi parfois des cadres (le responsable de l'entretien, ou du B.E. machines) rendent compte à un ouvrier sans que cela ne pose aucun problème. Parfois, même, tout est directement réglé en réunion. J'ai déjà vu le patron appeler un fournisseur au téléphone et passer commande en temps réel de nouveaux gants de sécurité ! Alors qu'ailleurs quand les délégués soulèvent un problème, même grave, cela se termine toujours par « on va voir ! on va faire une étude ! on en reparle, on s'en occupe ! » mais on n'en va jamais immédiatement du problème à la solution comme ici. »***

Il est de fait, profondément anormal, alors que l'on attend une réaction immédiate des opérateurs aux instructions, que l'on n'ait pas la même réactivité face à des problèmes quotidiens comme l'eau chaude des douches, les mauvaises odeurs dans les toilettes, et autres chaussures de sécurité inconfortables !

La **Métaction** doit être partout et surtout pour la résolution de ces problèmes concrets d'inconfort dans le travail qui constitue 80% des demandes des représentants du personnel.

Autre raison possible : nous n'avons que des lois simples appliquées avec rigueur, de l'intéressement à égalité, les 35 heures résolues par deux semaines de congés supplémentaires pour tous, et d'autres règles intimes de fonctionnement simples, qui ne créant pas de tensions ni de points d'ombre qui nécessiteraient une assistance extérieure. Voilà peut-être quelques raisons qui expliquent pourquoi nous n'avons jamais eu de candidat syndiqué aux différentes élections.

Il est par contre malheureusement certain que les évolutions sociales importantes que nous avons effectuées tous ensemble, comme l'intéressement à égalité sans considération hiérarchique, la suppression des pointages et des primes discriminatoires, l'autonomie totale des opérateurs sur leur poste de travail etc. n'auraient sûrement pas été possibles avec un syndicat à la française dont le seul but est que rien ne change.

Histoire de Tony...

Tony était entré à l'âge de 14 ans, comme «*garçon de course*» dans une société anglaise, fabricant réputé de compteurs d'eau. Cette société, comme bien des sociétés anglaises, avait un réseau mondial basé sur l'ex-Commonwealth, donc des usines et établissements en Afrique du Sud, en Malaisie, en Tasmanie, en Australie, etc.

Tony, jeune homme ambitieux et entreprenant, passa son diplôme d'ingénieur en cours du soir, évolua de l'administratif vers la fabrication puis vers le commercial. La trentaine venue, l'établissement londonien étriquant son envergure, il fut nommé responsable des ventes pour la Belgique où il y avait un petit bureau commercial, en plein centre de Bruxelles, et un tout petit atelier d'assemblage dans la cave.

Tony, toujours aussi entreprenant, développa un réseau, créa une unité de fabrication en France, puis une en Espagne, prospecta et vendit sur toute l'Europe et amena son entreprise au rang de fournisseur majeur pour le marché européen.
La quarantaine venue, l'Europe étant conquise, on lui confia les Amériques où il y avait un petit atelier de fabrication et d'assemblage à Porto Rico et un bureau commercial en Floride. Le dynamisme de Tony fit qu'en quelques années son entreprise passa du rang de 10ème fournisseur du marché nord-américain au rang de 3ème.

Devant tant de succès, la cinquantaine venue, on proposa la direction générale du groupe à Tony qui continua son action en achetant des entreprises en Allemagne, en Amérique Centrale et du Sud.

Pour moi, homme de PME, c'est-à-dire responsable d'une entité humaine limitée et concentrée sur un même lieu, le mode de fonctionnement de Tony était un mystère.

Un jour, Tony, plus vieux que moi d'une quinzaine d'années et qui m'avait pris en amitié, me proposa de l'accompagner au Mexique où il souhaitait que nous installions une unité de production de corps de compteurs. Je profitais de l'occasion pour tenter de comprendre son mode de fonctionnement.

Nous voyageâmes de concert depuis Londres et durant le vol, je lui posais quelques questions à ce sujet. Il m'expliqua alors ses quelques règles suivantes :

➊ Il faisait un tour du monde tous les deux mois, et voyait tous les établissements en organisant ses voyages selon le trajet de moindre fatigue.

➋ Il raisonnait toujours en dollars et il demandait à ses interlocuteurs, où qu'ils soient dans le monde de lui présenter des chiffres en US dollars.

➌ Il avait établi pour chaque chose des règles en pourcentage. Par exemple, partout dans le monde, la part matière dans un compteur était de x %, la part assemblage de y %, etc...

➍ **Il avait un gros cahier renforcé de toile qu'il véhiculait partout de façon bien visible.**

⑤ Enfin, comme il disait n'avoir pas de mémoire, partout où il arrivait tous les deux mois, il questionnait après avoir consulté son gros cahier :
« Où en étions-nous la dernière fois? Et qu'avons-nous dit ? »
Et il concluait toujours ses visites :
« Où en serons-nous quand je reviendrai dans deux mois ? »

Tels étaient les cinq points uniques de sa méthode. Et sa méthode ne se résumait qu'à ces points, car sous le sceau du secret, il me montra ce qu'il y avait dans son gros cahier :
RIEN !

Rien, toutes les pages étaient vierges et la dynamique de tout le groupe dans le monde entier, se faisait d'elle-même par sa seule présence.

Ce sont les gens eux-mêmes qui rendaient compte de leurs actions sur les deux derniers mois et qui se fixaient leurs propres objectifs pour les deux mois à venir.

Bien des années plus tard, je découvrais cette pensée de François Julien :
« Le bon prince est celui qui en supprimant les contraintes et les exclusions permet que chaque existant puisse s'épanouir à son gré.

SON AGIR SANS AGIR EST UN LAISSER FAIRE QUI N'EST PAS NE RIEN FAIRE DU TOUT CAR IL REVIENT A FAIRE EN SORTE QUE CELA PUISSE SE FAIRE TOUT SEUL. »

Tel était de fait le mode de fonctionnement de Tony.
Il ne faisait rien, il laissait faire, et sa seule action était sa présence écoutante, donc valorisante.

Si je trahis ce secret aujourd'hui, c'est que Tony est en retraite depuis une dizaine d'années et que malheureusement ce groupe florissant, victime de la mode du temps, a été depuis son départ revendu une dizaine de fois et n'est plus que l'ombre de ce qu'il fut.
C'est d'ailleurs une de mes interrogations : Ce groupe, comme bien d'autres, à chaque reprise se voit amputé de certaines usines ou activités, au nom d'éminentes considérations stratégiques, et à chaque fois est revendu plus cher qu'il n'a été acquis !!!
Est-ce que la coquille a plus de valeur que l'œuf?
Oui mais quand elle sera vide ???

Histoire d'enveloppes...

Lorsque les cadres approchaient de la cinquantaine, je leur demandais de me donner deux enveloppes.

L'une marquée **« Si je me fais écraser ».**
L'autre **« Quand je partirai en retraite ».**

À l'intérieur étaient deux noms connus du cadre seul.

Cette démarche avait pour but d'obliger les cadres à réfléchir à leur succession et à s'investir dans le parrainage et la formation de leur successeur.

Bien entendu je faisais de même avec le *« patron »* et comme tout un chacun il m'arrivait d'échanger l'enveloppe *« Si je me fais écraser »* car elle contenait le nom de quelqu'un extérieur à l'entreprise, et parfois l'évolution de cette personne me décevait, ou les hasards de la vie me faisaient rencontrer quelqu'un que je jugeais plus apte à me succéder en cas d'accident brutal.

En revanche, comme la plupart des cadres, je n'ai jamais changé l'enveloppe qui spécifiait mon successeur à terme : **Dominique.**

Discrètement sans qu'il s'en doute, pendant près de 10 ans, je lui proposais des voyages, des lectures, je le faisais rencontrer des personnes que je pensais lui être profitables.

Je l'incitais à se créer un réseau en dehors de l'entreprise. Bref, je m'investissais dans sa formation.

Ces enveloppes étaient bien entendu confidentielles et je les remettais systématiquement aux cadres partant en retraite.

Le but de la manœuvre était que chacun en toute humilité ait conscience que l'intérêt collectif passe avant sa propre destinée, car j'ai toujours trouvé sacrilège de voir des responsables, à quelque niveau que ce soit, quitter l'entreprise sans se soucier de leur succession...

Histoire des bouquets de fleurs...

Un matin, en faisant mon tour d'usine, je tombe sur un opérateur à la mine défaite. Après l'avoir salué, je m'enquiers naturellement du problème que visiblement il avait et subissait. Un enfant malade ? Un problème de maladie personnel ?
Un problème de relation professionnelle ? Non, honnêtement et simplement il m'avoue qu'il était « cocu », qu'il venait de l'apprendre et qu'évidemment ça le perturbait.

Je le réconforte comme je peux en lui expliquant simplement que ce n'est pas le premier ni le dernier et puis je continue mon tour. Le hasard fait que dans un autre service, je rencontre le même syndrome.
L'après-midi, faisant mon tour habituel, je vois un fondeur qui me demande s'il pourrait libérer sa participation. Je lui réponds favorablement bien sûr, mais pour savoir si la chose était légalement possible c'est-à-dire si son cas relevait de ceux prévus par la loi pour une libération anticipée, je m'enquis du pourquoi de sa demande, et il me dit que c'est parce qu'il veut divorcer, car il a découvert l'infidélité de sa femme et que malgré leurs trois enfants, il ne supportait pas la situation.
Constatant qu'ils avaient tous la trentaine, la colère me prend, je fais arrêter la production et rassemble tout le personnel mâle de la trentaine dans la « cathédrale ».

Pour la petite histoire, nous n'avons aucune réunion formelle genre réunion cadres, qualité etc. mais comme il se pratique beaucoup de réunions spontanées, suite à un problème, ou au sein des mini-usines, nous avons 4 salles de réunion dans l'entreprise. Il y a fort longtemps, j'avais demandé aux jeunes de trouver des noms pour ces salles. Je ne m'attendais à rien, mais je pensais que ce serait des noms de régions, ou des noms picards, spontanément la jeune classe considérant avec humour que le monde extérieur nous considérait comme une ***secte***, a baptisé ces salles « Crypte », « Chapelle », « Collégiale », « Cathédrale », par ordre croissant de taille.

Toujours pour la petite histoire, l'archevêque d'Amiens, ayant appris notre système de management judéo-chrétien, avait tenu à venir nous visiter. Et lors de son tour d'usine, il était resté en arrêt devant la porte marquée « Cathédrale » en me disant en souriant :
— ***« Ne serait-ce pas une concurrence déloyale ? »***
Donc je réunis ma meute mâle de la trentaine dans la Cathédrale et leur explique que nous les hommes c'est **la peur de mourir** qui nous fait prendre conscience de notre vieillissement. Et cette conscience s'exacerbe vers 50 ans et c'est pour ça que généralement c'est vers la cinquantaine que l'on disjoncte pour aller boire à la source de jouvence d'une jeunette de la trentaine.
Alors que pour nos compagnes c'est **la peur de vieillir** qui les trouble. Et au moment des premières rides, vers la trentaine quand nous les mâles à la plénitude sexuelle, croyant fermement et sincèrement combler nos femelles, il suffit que quelqu'un passe en leur disant : — ***« T'as de beaux yeux, tu sais ! »*** *(en pensant à leurs fesses)*, pour qu'elle se rassure en cédant à l'intrus, et qu'il conviendrait de faire du préventif, en étant un peu

gentil, en leur disant NOUS leur homme qu' ***« elles ont de beaux yeux »***, et pourquoi pas en leur offrant de temps en temps des fleurs comme ça, pour rien. Et je leur dis :

— « Je fais le nécessaire : dès demain, le fleuriste du village aura de quoi répondre à la demande. Vous allez tous aller chercher un bouquet de fleurs, payé par l'entreprise, car j'en ai marre de voir des gens malheureux pour une connerie, car après tout comme on dit en Picardie : « Ben lavé il n'y parait plus ! »

Trois jours plus tard, je tombe sur René, un outilleur, qui me dit :
— « Vous n'allez pas me croire, mais moi, ma femme, comme je ne lui avais jamais offert de fleurs, m'a balancé le bouquet à travers la figure en me disant : « Pourquoi tu m'offres des fleurs ? Qu'est-ce que tu as à te faire pardonner ? »

Comme d'habitude, j'ai réagi à l'impulsion, sans réfléchir, mais dans le fond ce fut un acte de management et non d'altruisme, car bien des années plus tard je devais découvrir qu'**il n'y a pas de performance sans bonheur !**

Par la suite, j'ai découvert quelqu'un qui avait édité un certain nombre de documents du genre ***« homme femme mode d'emploi »*** et notamment ce qu'il faut qu'un mari fasse régulièrement pour répondre aux aspirations tacites de son épouse. Je livre à votre sagacité la liste jointe qui en son temps avait été diffusée dans toute l'usine.

QUELQUES MANIERES DE MARQUER DES POINTS AVEC SA FEMME

1. Lorsque vous arrivez à la maison, cherchez et prenez votre femme dans vos bras avant de faire quoi que ce soit d'autre.
2. Posez lui des questions précises sur sa journée, en fonction de ce que vous connaissiez de ses projets. (par exemple: « Comment ton rendez-vous chez le docteur s'est-il passé ? »)
3. Résistez à la tentation de résoudre ses problèmes, donnez-lui plutôt de l'empathie.
4. Donnez lui 20 minutes d'attention concentrée, sans aucune distraction (pas de télévision, de magazine ou de journal pendant ces 20 minutes).
5. Donnez-lui des fleurs autant sans raison spéciale que pour célébrer tous les événements que vous n'oublierez pas.
6. Prévoyez une sortie plusieurs jours à l'avance, plutôt que d'attendre le vendredi soir pour lui demander ce qu'elle veut faire.
7. Si c'est elle qui fait généralement le repas, et qu'elle semble fatiguée, offrez lui un jus de tomates et proposez lui de s'asseoir pendant que vous préparez le repas.
8. Complimentez-la sur son apparence.
9. Lorsque vous allez arriver en retard, appelez-la et dites le lui.
10. A chaque fois que vous allez dans votre caverne ou que vous prenez du temps pour vous, dites-lui que vous reviendrez et que vous pourrez alors parler avec elle.
11. Lorsque vous revenez de votre grotte, parlez-lui de vos soucis d'une manière non agressive, ce qui lui permettra d'enfin comprendre ce qui vous dérangeait.

12. Proposez-lui d'allumer un feu dans la cheminée pendant l'hiver.
13. Lorsqu'elle vous parle, posez votre journal ou coupez le son de la télévision, pour lui donner une attention totale.
14. Lorsque vous sortez, demandez lui s'il y a quelque chose que vous pourriez ramener du magasin, et n'oubliez pas de le faire.
15. Prenez-la quatre fois dans vos bras par jour.
16. Dites-lui lorsque vous partez faire une sieste ou un tour dehors.
17. Appelez la du bureau pour lui demander comment elle va, partager une bonne nouvelle avec elle ou lui dire que vous l'aimez.
18. Faites le lit et rangez la chambre.
19. Remarquez quand la poubelle est pleine et videz-la.
20. Lavez sa voiture.
21. Lavez l'intérieur de votre voiture lorsque vous l'emmenez quelque part.
22. Prenez parti pour elle lorsqu'elle est contrariée par quelqu'un d'autre.
23. Proposez-lui un massage du dos ou de la nuque (ou des deux).
24. Réservez des moments où vous lui donnerez de la tendresse sans désir sexuel.
25. Ne zappez pas lorsqu'elle regarde la télévision avec vous.
26. Proposez-lui plusieurs restaurants quand vous l'emmenez dîner, ne lui laissez pas la charge de devoir en trouver un elle-même.
27. Prenez un abonnement à un théâtre, un opéra, une série de concerts ou de ballets qu'elle aime.
28. Prévoyez des occasions de sortie où vous serez tous les deux habillés.
29. Montrez-vous patients si elle est en retard ou si elle décide de changer de tenue.
30. Accordez-lui plus d'attention qu'aux autres lorsque vous êtes en public.
31. Achetez-lui de petits cadeaux, une boîte de chocolats ou un flacon de parfum.
32. Achetez lui un vêtement. Emmenez une photo d'elle, ainsi que la taille de vêtements que vous aurez regardée dans sa penderie.
33. Prenez des photos d'elle.
34. Montrez-lui que vous avez une photo d'elle dans votre portefeuille et que vous la changez régulièrement.
35. Quand vous allez avec elle à l'hôtel, demandez à l'avance que l'on mette dans la chambre quelque chose de spécial, une bouteille de champagne ou des fleurs avec une carte à votre nom.
36. Conduisez lentement et prudemment, si elle le désire.
37. Attachez de l'attention à son humeur et dites: « Tu as l'air heureuse aujourd'hui» ou « Tu as l'air fatiguée» et puis ajoutez : « Comment s'est passée ta journée ?»
38. Traitez-la de la façon dont vous la traitiez lorsque vous vous êtes rencontrés.
39. Proposez lui de réparer ce qui est cassé dans la maison en disant : « J'ai du temps devant moi, qu'est-ce que je peux réparer dans la maison ?»
40. Fixez une liste dans la cuisine où elle pourra écrire tout ce qu'il faut réparer. Ne laissez pas cette liste devenir trop longue.
41. Prenez les messages téléphoniques qui lui sont destinés et écrivez-les lisiblement.
42. Ouvrez lui la porte.
43. Venez l'accueillir à la voiture pour l'aider à vider les paquets lorsqu'elle a fait des

courses.

44. Lorsque vous voyagez, portez les bagages et assurez-vous qu'ils sont tous dans la voiture.
45. Lorsqu'elle cuisine, complimentez-la sur le repas.
46. Préparez-vous pour la nuit en même temps et allez au lit en même temps qu'elle.
47. Riez de ses blagues et de son humour.
48. Dites-lui merci lorsqu'elle fait quelque chose pour vous.
49. Remarquez lorsqu'elle sort de chez le coiffeur et complimentez la.
50. Organisez et préparez un pique-nique (avec une nappe).
51. Rabattez la planche des WC.
52. Trouvez une manière de faire avec elle ce qu'elle veut, et vous aussi. Lui donner de l'attention ne veut pas dire s'agenouiller devant elle.
53. Si elle s'occupe des lessives, proposez-lui d'aller au pressing. Et portez les paniers à linge dans la pièce où se trouve le lave-linge.
54. Lorsque vous l'emmenez pour une sortie romantique, mangez léger pour ne pas être fatigués par la suite...

Histoire des commandos...

FIAT Un jour, en fin de matinée, un avis d'incident émis par l'usine de Vérone de Fiat arrive par fax à la mini-usine.
Un avis ordinaire qui nécessitait une réponse dans la semaine et un plan d'actions correctives dans les 15 jours. Intrigué par la nature de l'incident décrit, le leader et quelques opérateurs décidèrent d'aller voir.

Le jour même, en début d'après-midi ils prennent les billets d'avion à l'agence Havas locale, arrivent en fin de journée à Vérone alors que la structure qualité avait quitté l'usine, trient spontanément le peu de stock qu'il y avait ainsi que les pièces sur chaîne; et le lendemain matin à 8h, ils expliquent aux agents qualité la nature du défaut, leur montrent les 3 pièces qu'ils avaient retrouvées dans l'usine et leur précisent l'action corrective qu'ils allaient mettre en place !
Stupéfaits par cette réactivité spontanée, Fiat décida de retirer l'avis d'incident.

Pour la petite histoire, nous avions été très fiers quelques mois plus tard d'être honorés du grand prix qualité Fiat qui récompensait :
→ 6 ans sans augmentation de prix,
→ 6 ans sans retard de livraison et surtout
→ 6 ans sans avis d'incident qualité.
Ce qui vu les quantités que nous livrions et la complexité des pièces, qui avaient une portée conique, fraisées avec les moyens de l'époque c'est-à-dire sans commande numérique, était un bel exploit !

VW Un jour, un opérateur constate un défaut sur une pièce en cours de fabrication chez nous. Il bloque la fabrication et avec l'agent qualité, trie tout ce qui pouvait être sur chaîne et dans le stock en bout de chaîne, ne retrouve pas de pièce mauvaise, consulte François, le commerçant parrain productivité de la mini-usine et ils décident de concert, à tout hasard de se rendre à Kassel, pour vérifier si une autre pièce mauvaise n'était pas sortie de Favi. Ils arrivèrent donc de façon impromptue dans l'usine de Volkswagen, expliquèrent le but de leur démarche, furent autorisés à contrôler les pièces en stock et en cours de fabrication sur les chaînes, ne retrouvèrent aucune pièce défectueuse, mais cette démarche spontanée et inhabituelle fut connue par la structure et notamment par les services Achats et contribua à asseoir notre image chez ce client, qui avait, à l'époque du moins, quelques préjugés vis-à-vis des fournisseurs français.

Dans les 2 cas, ces actions découlaient «*naturellement*» de notre principe de **bonne foi** vis-à-vis du client...

Histoire des papiers & des hommes...

Il y a deux ou trois ans, nous avons eu un problème qualité décelé par le contrôle réception d'un de nos gros donneurs d'ordres. Un problème mineur qui, il y a encore quelques années, alors que ces contrôles réception étaient effectués par des anciens agents de fabrication, n'aurait généré aucun commentaire tout au plus aurait-on remis au chauffeur en fin de trimestre les pièces dans un carton en lui signalant verbalement l'incident pour qu'il nous en informe !

Mais les temps avaient évolué et nous avions affaire à des qualiticiens, des purs, des vrais, des durs, des « spécialistes » !
Me voilà donc solennellement convoqué. On me prévient qu'une réunion serait organisée en présence du Directeur d'établissement, du patron de la Qualité, du Responsable de la Qualité Réception etc., et on me demande, pour préparer la réunion, qui de notre côté y participerait.

Naturellement je précise à mon interlocuteur que je viendrai avec 9 opératrices et opérateurs, puisque nous faisions 3 produits pour ce client en 3 équipes et que je souhaitais qu'un opérateur par équipe et par produit assiste à la réunion, non pas pour être sermonné, puisqu'ils sont les meilleurs du monde, mais, non pas tant pour répondre aux questions et aux interrogations que pour rendre compte en interne à leurs compagnons de travail de l'incident et des mesures à mettre en place.

À ma grande surprise mon interlocuteur me dit que ce n'était pas possible, que comme il y avait le Directeur d'établissement et d'autres gens importants, il fallait que de notre côté il en soit de même !

Ce à quoi je répondis que s'il en était ainsi, nous ne viendrions pas.
Bref, nous avons fini par transiger pour un nombre de 4 opérateurs + le responsable qualité de Favi + le commerçant chef de projet et le leader responsable de cette mini-usine.

Pendant l'entretien, les opérateurs furent remarquables, d'humilité et de modestie d'abord, et surtout de compétence car eux qui faisaient ces produits-là 8 heures par jour les connaissaient à l'évidence mieux que les techniciens et ingénieurs du client.
Il s'avère que le Directeur d'établissement et le Responsable Qualité du client n'avaient pu se libérer pour participer à cette réunion de travail, mais durant le repas pris collégialement à la cantine, nous rencontrâmes le Responsable Qualité, jeune et brillant ingénieur que j'avais connu et apprécié précédemment dans d'autres fonctions. Et celui-ci me suggéra de faire visiter aux opérateurs le stock de produits finis qui alimente toutes les usines du groupe.

Compte tenu de la diversité des versions et du nombre d'usines alimentées, ce stock était impressionnant et les opérateurs prirent conscience qu' aussi bonne que soit la traçabilité, s'il y avait une pièce mauvaise dans un de ces ensembles, la retrouver et l'isoler, représentait un travail titanesque.

Bien entendu la réunion de clôture de la visite nous imposa des tonnes de paperasses dans le cadre d'un plan de surveillance se déroulant sur plusieurs mois. Bien entendu nous fîmes les tonnes de papiers mais l'essentiel de l'action corrective fut les commentaires faits par les opérateurs à leurs compagnons de travail sur la gravité qu'il y avait à ce que, même une pièce sur un million, se retrouve dans le stock de produit fini du client compte tenu du volume de ce stock, bien entendu exagéré dans les propos.

Et c'est ce message et lui seul qui fit que par la suite nous n'eûmes plus aucun accident avec ce client et que nous eûmes la fierté de nous voir solennellement récompensés par le Président de ce groupe par la remise d'un trophée Qualité distinguant les 5 meilleurs fournisseurs sur quelques 200.

Bien entendu notre client, convaincu que ce résultat fut obtenu par les papiers, nous eûmes l'humilité de le laisser croire. Cela me rappela une autre affaire du même genre il y a à peu près 20 ans. Les fabricants automobiles commencèrent à commercialiser des boîtes de vitesses sans vidange, où l'huile était installée une fois pour toutes en usine, ce qui imposait de ne livrer que des pièces lavées et exemptes de poussières ou autres petits copeaux, qui partaient, auparavant, avec la première vidange.

Nous eûmes des incidents jusqu'au jour où nous avons eu l'idée de mettre tous les opératrices et opérateurs qui œuvraient sur le process fourchette dans des cars pour aller visiter les chaînes de montage du client.

Et là, étonnés de découvrir que tous les carters passaient par d'énormes machines à laver, très similaires à des machines à laver la vaisselle d'ailleurs, ils comprirent l'importance de l'enjeu et nous n'eûmes plus jamais d'incident.

Pendant des millénaires le forgeron, le meunier, le vannier, le sabotier etc. faisaient la qualité en homme de qualité, sans papier.
Sans doute les papiers ont-ils permis une adaptation à l'évolution rapide de la technicité des produits, mai les hommes eux aussi ont évolué.

N'est-il pas temps de revenir à cette dimension tout simplement humaine de la qualité ?

Histoire des réunions : « Au secours, tout va bien ! »

Mon rôle, tel que je le conçois, en m'inspirant du témoignage que j'avais eu d'un commandant de sous-marin nucléaire, **est de ne rien faire** pour éviter de générer un bruit de fond qui masquerait les signaux faibles, internes et externes, porteurs des profondes mutations.

Ce commandant m'avait en effet expliqué qu'en plongée, il ne faisait rien, il dormait, lisait, c'est le second qui faisait tout, et même s'ils avaient été attaqués par le plus gros navire ennemi, on ne le dérangeait pas !

On ne le faisait sortir de son oisiveté que si un banc de thon faisait tellement un bruit de banc de thon, que le second se demandait si c'était vraiment un banc de thons !!!

Bref, il restait en réserve l'esprit libre pour analyser et exploiter les signaux faibles !

Il m'est parfois arrivé de ne rien entendre pendant un certain temps. Tout allait bien, tout allait trop bien.

Alors, j'organisais des réunions : ***« Au secours, tout va bien ! »*** avec des anciens mais surtout avec des jeunes embauchés car, comme disait Saint Benoît :

« Si tu n'as à régler que des problèmes courants, ne consulte que les anciens, si tu as à régler des problèmes nouveaux, consulte les jeunes car eux t'apporteront des solutions nouvelles. »

Au cours de ces réunions, nous analysions pourquoi nous avions pris des affaires à nos concurrents, pourquoi nos concurrents avaient perdu ces affaires, pour voir si nous ne portions pas en germe leurs défauts, nous analysions ainsi les dangers potentiels qui pouvaient se cacher derrière la tranquillité apparente des choses, et mettions en place des plans d'actions préventives.

Des années plus tard, un navigateur solitaire m'a appris que les quelques fois où il avait rencontré de très grandes difficultés, allant même jusqu'à échouer, ce n'était pas au milieu des tempêtes et des récifs, mais quand tout allait bien, quand le ciel était bleu, la mer calme et le vent modéré.

Histoire du Général Estienne...

Au cours de mon service militaire, un jour dans une cour de caserne, je suis tombé en arrêt devant le petit char FT17 fabriqué par Louis Renault en 1916.
Il faut savoir qu'à l'époque, la guerre de 14 devait être une guerre de mouvement, aussi bien vu du côté français que du côté allemand. C'est d'ailleurs pour cette raison que les uns et les autres entretenaient des régiments de cavalerie adaptés au mouvement.

Après l'arrêt des troupes allemandes et leur léger recul à la suite de la bataille de la Marne, chacun s'enterra, fit la course à la mer vers Ypres pour tenter de déborder l'armée adverse et revenir à une guerre de mouvement, mais comme chaque armée progressait quasiment au même pas vers la mer, elles se neutralisèrent et des tranchées couraient sur 400 kilomètres de la Mer du Nord à la Suisse.

Les 2 années 14 et 15 se passèrent en luttes acharnées où chacun tentait de percer les trois lignes de tranchées adverses pour permettre à la cavalerie de passer à l'arrière de l'ennemi pour reprendre la guerre de mouvement.

À chaque fois, cela se soldait par des échecs sanglants, car pour préparer l'offensive, l'une des deux armées bombardait massivement la 1ère ligne de tranchée ennemie, pour détruire les réseaux de barbelés et les nids meurtriers de mitrailleuses, puis les artilleurs allongeaient leurs tirs pour que les fantassins progressent, s'emparent de la 1ère ligne de tranchée, rarement de la 2ème.

À ce moment là, l'adversaire bombardait sa propre 1ère ligne massacrant ceux qui y étaient parvenus puis allongeaient le tir pour permettre aux mitrailleuses non détruites de sortir de leur abri pour massacrer le reste des soldats qui se repliaient. Et les uns et les autres jouèrent à ce jeu stupide et sanglant pendant 2 ans sans que rien ne change.

Il fut vite évident du côté des Alliés qu'il fallait trouver quelque chose qui permette d'écraser les barbelés, de passer au-dessus des tranchées et de résister au tir des mitrailleuses.
Dès 1915, les Anglais eurent un projet qu'ils baptisèrent « réservoir » (tank) pour préserver le secret. Mal utilisés, ces tanks furent détruits en 1916 dans la grande offensive de la Somme, ce qui par ailleurs convainquit les Allemands que ce n'était pas une bonne solution.
De notre côté, nous Français, peuple cartésien, nous nous dîmes qu'il fallait faire des cuirassés terrestres. Donc, nous allâmes voir ceux qui fabriquaient des cuirassés navals, Schneider notamment, qui fabriquèrent des monstres qui écrasaient bien les barbelés, franchissaient bien les tranchées, qui résistaient aux tirs des mitrailleuses mais qui avaient tendance de par leur poids et leur taille à se planter le nez en avant dans les trous d'obus.
Pour parer ce défaut, nous avions imaginé des prototypes où trois chars seraient liés

les uns aux autres par un système de vérins, deux chars portant le 3ème pour passer les trous d'obus.

Devant la complexité du système, l'état-major fit appel à un général qui par le passé avait fait preuve d'intelligence innovante, ***le général Estienne***.
Pour la petite histoire, il est à noter que les Allemands, suite à l'échec des tanks anglais en 1916 dans la Somme, ne croyaient pas au char, et ce n'est que tout à la fin de la guerre qu'ils utilisèrent quelques dizaines de chars monstrueux qui étaient en fait des châteaux forts sur chenilles.

Pour revenir au général Estienne, c'était un artilleur, et il fut le seul artilleur à être arrivé en guerre avec un avion Blériot démontable pour mieux repérer les batteries ennemies alors que les autres régiments ne disposaient que de grandes échelles, le jeu principal des artilleurs étant en effet de repérer les batteries ennemies pour les détruire.

Cette toute 1ère utilisation militaire de l'aviation frappa Joffre qui chargea le général Estienne de structurer l'aviation française, ce qu'il fit remarquablement, tellement bien d'ailleurs que cela attira la convoitise, et comme il n'était que général 2 étoiles un jeu d'intrigue auprès de l'état-major lui fit retirer ce commandement.
Il était donc retourné dans l'artillerie quand on se souvint de lui pour régler ce problème de char monstrueux qui avait tendance à être immobilisé par le 1er trou d'obus.

Le général Estienne qui, bien qu'instruit *(c'était un Polytechnicien)* avait su rester intelligent, eut l'intelligence rare pour un militaire, de confier la responsabilité de l'étude à un civil, Louis Renault.

Ce génie de la mécanique partit du principe que pour sortir d'un trou d'obus, plutôt que d'être très long et très gros la solution serait d'être très petit et très court pour pouvoir descendre et remonter.

Ainsi naquit le FT17, simple à construire, donc fiable, avec un équipage de deux hommes seulement au lieu d'une quinzaine dans les gros chars allemands, et il revint au général Estienne le mérite de définir le mode d'utilisation du FT17 en liaison avec l'infanterie, et d'être à l'origine de l'arme des Blindés.
Donc, partant de ce petit char dans une cour de caserne, j'en arrivais à m'intéresser à l'homme et le hasard voulu que je tombe sur un livre retraçant sa vie.

Alors qu'il était colonel en 1906, il avait fait une conférence dans une école d'ingénieurs, car il était d'usage à l'époque, après la défaite de 1870 et la perte de l'Alsace et la Lorraine, de faire vibrer la fibre patriotique des futures élites.

Dans son discours, il avait notamment dit :
« Dans un pays, une armée, un régiment, il y a de l'énergie. Cette énergie si on ne la canalise pas s'annule, c'est un peu comme le mouvement Brownien qui pousse les

parois du bocal et ce faisant se neutralise. Il faut impérativement des valeurs morales pour assurer la pérennité de cette énergie et des valeurs intellectuelles pour structurer son espace et son environnement alors, et alors seulement, cette énergie devient productive. »

Ce principe m'avait à l'époque frappé et pendant mon service militaire, je m'étais marié et avais bien compris que sans une valeur morale, comme la fidélité par exemple, mon couple ne durerait pas, et que c'est par des valeurs intellectuelles, ***« allons-nous vivre à la campagne ou en ville ? Comment arrangerons-nous notre appartement ? »*** que nous structurerions notre espace.

Quelques années plus tard, avec quelques copains, nous avons créé un petit club de parachutisme et je les incitais non pas à sauter pour sauter tout simplement, mais à sauter intelligemment avec quelques valeurs morales et surtout quelques valeurs techniques simples mais qui firent la différence car très rapidement nous devînmes la 1ère plateforme de France en nombre de sauts annuels, et nous avions même à l'époque organisé la 1ère coupe du monde de parachutisme sportif.

Enfin, c'est tout naturellement que quand le patron, le grand Max, m'a confié toute liberté pour gérer FAVI, j'ai instauré un certain nombre de valeurs morales aussi simples que le bon sens, la bonne foi, la bonne volonté et la bonne humeur *(voir fiches TPF)* et que nous nous sommes jetés sur les techniques japonaises pour structurer notre espace *(voir les fiches outils)*.

Cette notion de valeur morale se retrouve dans la notion du bien commun de Fauvet *(voir fiche outil N°78)* qu'il estime indispensable à toute collectivité humaine, et il est inquiétant de voir que bien des collectivités, dont notre pays, ont totalement abandonné cette notion de partage onirique.

Histoire d'une autre Christine...

Nous avions besoin d'étoffer le service commercial et avions lancé une procédure de sélection de candidats, que Christine avait passée avec succès. Elle devait avoir un BTS Commerce International Trilingue, et fit comme tout entrant dans la famille FAVI une période de deux fois trois mois d'intérim puis l'objet d'un contrat à durée déterminée d'un an, dans le cadre des possibilités légales de l'époque.

Tout se passait au mieux, Christine faisait preuve de grandes compétences professionnelles, et surtout de bonne volonté, ne rechignant pas à rester au-delà des horaires normaux pour finir une tâche ou aider un ou une de ses collègues du service commercial.

Comme à l'accoutumée, un trimestre avant la fin de la période d'essai, je fis le tour de tous les commerciaux, ils étaient une dizaine à l'époque, pour leur demander leur avis sur Christine. Et, à ma grande surprise, toutes et tous me dirent, chacun à sa manière : ***« Oui, elle est bien, je n'ai rien à lui reprocher, mais... »***.

Il en ressortait qu'à l'unanimité, tout le monde l'appréciait, mais .... Personne ne l'avait adoptée. Pourquoi ? Je ne sais pas, elle était gracieuse, aimable, compétente, serviable, ***mais...***

En toute honnêteté, je reçus donc Christine, comme je le faisais avec ceux dont je savais qu'on n'allait pas les garder, un trimestre avant la fin de leur contrat pour leur permettre d'avoir le temps de se retourner et de retomber sur leurs pieds. Je reçus donc Christine et lui expliquais que ce que j'allais lui dire était dur à entendre, pouvant sembler profondément injuste, car personne n'avait strictement rien à lui reprocher, tout le monde louait même ses valeurs personnelles, ses capacités et compétences professionnelles, mais on n'avait pas envie qu'elle fasse partie de la famille. La pauvre Christine tomba des nues car elle ne s'attendait pas à ça, et elle mit très vite toute son énergie à retrouver une nouvelle situation, forte de nos excellentes recommandations. Elle fit d'ailleurs par la suite une très belle carrière et continua à maintenir les liens d'amitiés qu'elle avait lié avec certains en les invitant à son mariage et en me faisant parvenir les faire-parts de naissance de ses enfants.

Cette histoire pourrait paraître profondément injuste pour certains, mais je suis profondément convaincu qu'il faut intégrer même les éléments affectifs ou implicites dans le choix d'une personne avant de l'adopter dans la collectivité.

Tel est le prix à payer pour maintenir et développer une cohésion efficace dans une entreprise. Certains assimilent la période d'essai à des fiançailles, et l'embauche à une forme de mariage !!!!

Histoires d'Amour...

L'**amour du client** est avec la croyance au fait que **« l'homme est bon »**, une des 2 valeurs simples garantes de la cohérence de notre système complexe. Pour que cet amour soit efficace, il faut qu'il soit régulièrement concrétisé par des actions matérielles.

Quelques exemples :

❶ **Des petits cadeaux mensuels** faits par des opératrices et des opérateurs Favi à leurs homologues du client :
En Fonderie, quel que soit le type de fonderie, sable, coquille ou sous pression, et quel que soit l'alliage, on repousse le front de métal liquide chargé d'oxydes, dans des parties attenantes aux pièces que l'on sépare après coulée pour être recyclées : les talons de lavage.
Je ne sais plus qui eut l'idée de donner des formes « marrantes » à ces talons de lavage et d'en faire cadeau tous les mois à nos clients sur chaîne, en mettant, tous les mois, quelques milliers de ces petits objets parmi les pièces :
Il y a les petits Père Noël pour Noël, l'étoile de la Nativité pour janvier, le cœur pour la St Valentin, le petit poisson et l'œuf pour Pâques, le petit lapin et la poule pour l'Allemagne parce que c'est eux qui sont censés apporter les œufs, et la cloche pour la France, la citrouille pour Halloween, le soleil pour juillet etc.

Le but n'est pas tant de faire plaisir aux opérateurs de nos clients que de rappeler chaque mois aux opératrices et aux opérateurs, qui mettent ces objets parmi les pièces, **qu'ils travaillent pour un client**.
Encore que...
Quand nous avions été honorés du grand prix qualité FIAT :
- 6 ans sans retard de livraison *(ça c'est vrai !)*
- 6 ans sans augmentation de prix *(c'était vrai aussi)*

- 6 ans sans problèmes qualité *(ça c'est difficilement possible compte tenu de quelques millions de pièces délivrées !)* Sans doute que les opérateurs sur chaîne chez FIAT sensibles aux petits cadeaux mensuels, ont eu parfois tendance à écarter discrètement la pièce pas tout à fait conforme ?

❷ **La petite note** qui s'adresse à l'intelligence des opératrices et opérateurs de nos clients, par les petits objets en laiton, on s'adresse à **leur cœur**. Il nous a semblé utile de temps en temps de s'adresser à **leur tête** en mettant, toujours parmi les pièces, des petites notes de 15x15 cm appelées « Info tech » qui expliquent un élément du process :

C'est quoi le laiton ?
C'est quoi l'injection ?
C'est quoi l'induction ?
Etc.

Info Tech 1
C'EST QUOI LE LAITON?

Les pièces que vous recevez sont en laiton. Le laiton est un alliage de cuivre, de zinc (généralement 60% de Cu et 40% de Zn) plus d'autres éléments qui favorisent l'usinabilité comme le plomb, qui augmente la résistance mécanique, comme le fer, le nickel, le manganèse, la résistance à l'usure comme l'Alu ou le silicium ou la résistance à la corrosion comme l'antimoine ou l'arsenic.
Les laitons sont les alliages qui après les aciers, ont les plus hautes caractéristiquement mécaniques avec en plus une bonne résistance à l'oxydation, au frottement et un bel aspect.
Vu au microscope, ça ressemble à ça :

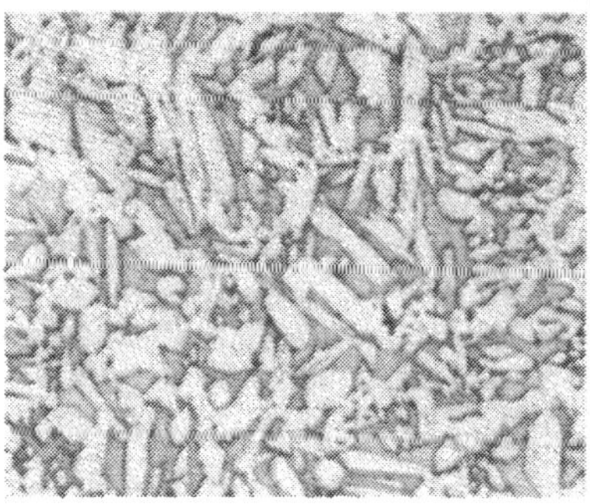

Infotech2 : Comment fait-on le laiton
À suivre…

Comment s'adresser aux cœurs des clients, qui ne nous connaissent pas ou peu ?
Un de nos défauts, comme nous l'avait fait remarquer un des dirigeants du groupe Schneider *(voir origine des fiches outil)*, est de ne pas augmenter les prix, de ne jamais livrer en retard, et de générer très peu d'avis d'incidents, de ce fait les dirigeants nous connaissent peu voire pas !

C'est pourquoi nous avons abonné tous ces gens-là à Géo ou à National Geographic. Ainsi chaque mois, ils reçoivent une image neutre mais positive de Favi qui, espérons-nous, leur reviendra à l'esprit si par hasard un jour ils entendent parler de nous. Et de même nous nous adressons à leur esprit en leur faisant parvenir une fiche outil décrivant notre perception d'un outil qualité et plus récemment des documents traitant du Développement Durable.

❸ Merci !

Lorsque nous avons le bonheur d'embaucher, nous envoyons un petit mot *(voir doc joint)* aux Directeurs de sites, aux Achats, à la DRIRE, l'ANVAR, à la CRAM, à l'Inspecteur du Travail etc. où les nouveaux embauchés remercient ces partenaires d'avoir contribué à aider Favi à créer leur emploi.
Certes ce petit mot fait plaisir à des gens qu'on ne remercie jamais, que ce soit la DRIRE ou l'Inspecteur du Travail, mais tel n'est pas le but. Le but est que chaque signataire garde une copie de son engagement à servir tous ces partenaires dont le client.

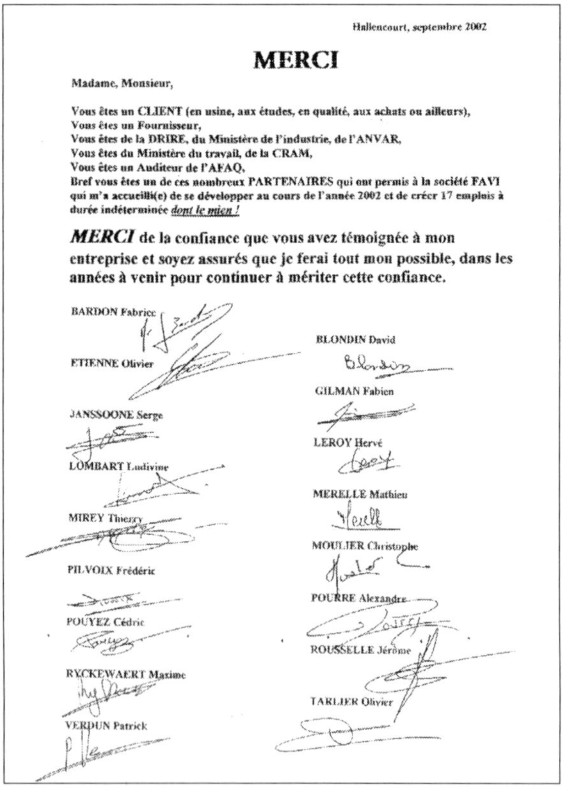

Hallencourt, septembre 2002

MERCI

Madame, Monsieur,

Vous êtes un CLIENT (en usine, aux études, en qualité, aux achats ou ailleurs),
Vous êtes un Fournisseur,
Vous êtes de la DRIRE, du Ministère de l'industrie, de l'ANVAR,
Vous êtes du Ministère du travail, de la CRAM,
Vous êtes un Auditeur de l'AFAQ,
Bref vous êtes un de ces nombreux PARTENAIRES qui ont permis à la société FAVI qui m'a accueilli(e) de se développer au cours de l'année 2002 et de créer 17 emplois à durée indéterminée *dont le mien !*

MERCI **de la confiance que vous avez témoignée à mon entreprise et soyez assurés que je ferai tout mon possible, dans les années à venir pour continuer à mériter cette confiance.**

BARDON Fabrice
ETIENNE Olivier
JANSSOONE Serge
LOMBART Ludivine
MIREY Thierry
PILVOIX Frédéric
POUYEZ Cédric
RYCKEWAERT Maxime
VERDUN Patrick

BLONDIN David
GILMAN Fabien
LEROY Hervé
MERELLE Mathieu
MOULIER Christophe
POURRE Alexandre
ROUSSELLE Jérôme
TARLIER Olivier

❹ Trophée Favi de l'An 2000

J'avais découvert une petite entreprise qui reconditionnait à neuf les Citroën 2CV Charleston et les garantissait pendant un an. Ainsi naquit l'idée d'offrir à deux opératrices ou

opérateurs de nos clients une 2CV.
Le principe était de soumettre un slogan glorifiant la mémoire de la 2CV et les appels à candidature étaient identiques à celui joint, mis dans les pièces et arrivaient directement sur chaîne. Nous eûmes de très beaux slogans dont un qui revient à mon esprit :

> **« On dit un amiral, des amiraux**
> **On dit un bocal, des bocaux,**
> **On dit un idéal, 2CV »**

Comme nous priions les gens qui trouvaient ces petits documents de les photocopier et de les transmettre, il s'avère que les 2 slogans retenus récompensaient un opérateur sur chaîne d'une usine de PSA à Metz et une dame qui travaillait à la comptabilité.
Les 2CV trônèrent pendant plusieurs mois dans l'entreprise pour rappeler à toutes et à tous qu'elles étaient destinées à un de nos clients, et leur seule présence matérialisait cette notion abstraite de client.

COUP DE ♥ FAVI OU COMMENT GAGNER LA 2CV ♥ DE L'AN 2♥♥♥ ?

Madame, Monsieur,

Nous avons une chance extraordinaire! C'est d'avoir **trouvé deux 2CV Charleston reconstruites**. Il nous a semblé normal, logique de vous les offrir à vous, gens de PSA, qui que vous soyez, car c'est **par vous** que nous sommes devenus plus intelligents, c'est **par vous** que nous vivons, c'est **par vous** que nous nous développons.

Nous avons décidé d'en réserver une pour l'un d'entre-vous de la fabrication et l'autre pour une personne des bureaux au sens large.

COMMENT ? Ayez la gentillesse de nous faire parvenir **un slogan qui glorifie la mémoire de la 2CV**. Les gens de la FAVI qui vivent directement **par et pour vous** choisiront dans chaque catégorie le plus beau slogan.

Date limite de participation :

15/11/2000

PS : comme nous ne connaissons pas tous nos partenaires, ayez la gentillesse de photocopier le document joint pour vos copains et copines

FAVI, 14 rue Louis Deneux 80490 HALLENCOURT.

Nom : Prénom : Tél :

SLOGAN :

REMISE DES 2CV DE L'AN 2♥♥♥

aux heureux gagnants qui sont Madame VANTREPODE de POISSY et Monsieur POZZI de la SMAE.

MERCI à TOUS de Votre Participation,

MERCI à TOUS de Votre Fidélité de Client,

MERCI à TOUS de Votre Confiance en FAVI

L'EQUIPE FAVI.

⑤ **Présents pour les visiteurs du Midest** *(Grand salon Européen de la sous-traitance industrielle)*.
Chaque année, Carole anime une réflexion au niveau des commerciaux pour trouver une idée récompensant un visiteur tiré au sort qui nous fait le plaisir de venir nous voir au Midest.
Ce fût au cours du temps un scooter : BMW C1 qui portait l'idée du raccourcissement sans souci avec Favi, puis une semaine de Thalasso avec son conjoint dont l'idée était

plus écologique : **« retrouvez-vous, retrouvez votre corps, retrouvez votre conjoint »** Cela pouvait être plus culturel avec une semaine de découverte de Rome et Florence etc. mais toujours les opératrices et opérateurs sont informés de la démarche ou l'objet comme le scooter BMW est exposé longtemps pour concrétiser cette notion d'amour du client.

Voila quelques exemples d'actions concrètes, qui ont pour but, pas tant de renforcer « l'amour » du client pour nous que de rappeler au « DEDANS » qu'il ne vit que par le « DEHORS ».

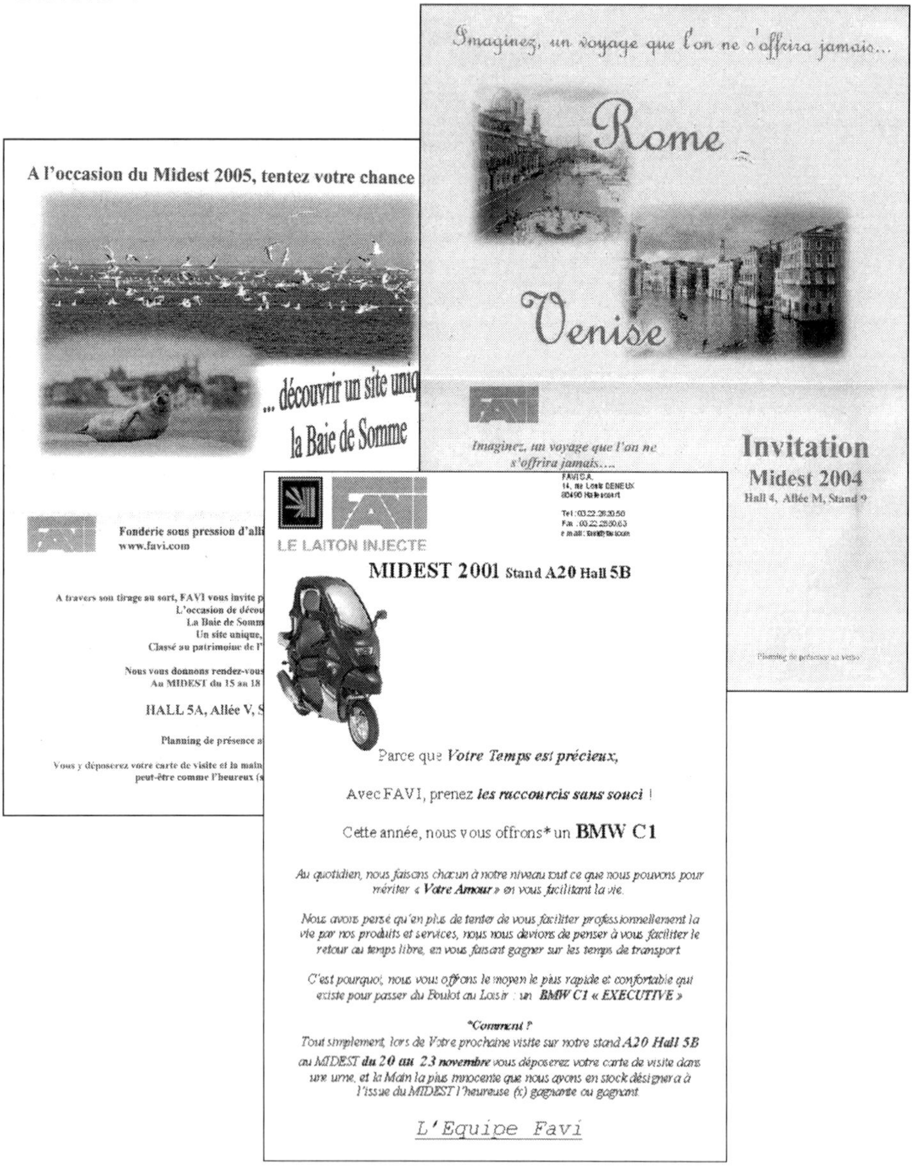

Histoire de voyages...

Les voyages forment la jeunesse dit-on.
C'est pour cela que quelques 80 collaboratrices et collaborateurs : des comptables, des leaders, des commerciaux bien sûr, des opérateurs etc. ont fait au cours du temps des voyages, généralement d'une semaine, organisé de façon ciblée sur un outil de la qualité au Japon, le sens du service en Californie *(pour les comptables qui sont au service de tout le monde)* de découverte des marchés émergents *(la Chine, les pays de l'Est, le Brésil, le Maghreb etc.)* et à chaque fois les voyageurs « Faviens » font, soit des conférences en interne, soit des comptes rendus largement diffusés où ils expliquent leur étonnement les points forts et les points faibles perçus, et surtout les actions de duplication à mettre en place.

Pour ma part, je partais souvent en éclaireur pour juger du bien fondé et de l'intérêt de ces voyages et pour définir la clientèle interne la plus apte à en tirer profit.
Nous nous mettons, bien entendu, dans une autre logique, la nôtre, une logique où on sait qu'un voyage organisé pour des opérateurs et leur leader d'un coût de 150 k€ s'amortira très largement, bien qu'on soit incapable de le prouver comptablement.

<u>Il s'amortit en mon sens de 3 façons :</u>

- La 1ère concrète, immédiate, est qu'un voyage TPM préparé à l'avance ciblé sur cet outil dans des entreprises japonaises, puis exploité par des chantiers TPM en interne crée une dynamique évidente et rentable au niveau des process.
- La 2e est que très souvent on y trouve autre chose que ce que l'on est venu cher cher !
  <u>Un exemple :</u> avant d'envoyer mes comptables en Californie voir le Sens du Service, j'étais parti en explorateur et effectivement j'avais découvert le réseau Saturne pour l'automobile, la place du client dans la grande distribution par des témoignages et visites concrètes, et incidemment le groupe de patrons que nous étions, avions eu à Berkeley une conférence sur un truc mystérieux, inconnu en Europe, et difficile à comprendre : le web.
  Et cela près de 2 ans avant qu'on en parle en France, ce qui m'avait permis de faire organiser, bien avant tout le monde, un voyage orienté web pour mon informaticien et les commerciaux.
- La 3e enfin est que plus on est loin de son bureau, plus on a d'idées sur son bureau. Et la chose est vraie pour tout le monde, même et surtout pour l'opérateur : plus il est loin de son poste de travail, plus il a d'idées de remise en cause de son poste de travail.

La formation en salle est déjà un premier stade de recul et de même que vous et moi avons la plupart de nos idées constructives en voiture et pas derrière notre bureau. De même l'opérateur...
C'est sans doute pour cela que dans des entreprises intelligemment « paternalistes »

comme Michelin, on estime que tous les 3 ans au maximum chaque opérateur doit faire l'objet d'une formation !

L'autre aspect est que dans les pays émergents, on voit parfois des choses qui sont apparemment impossibles dans nos vieux pays européens soviétisants, mais qui après réflexion sont adaptables aux contraintes de nos lois et donc possibles, alors que notre éducation dans le respect de ces lois, fait que notre imagination est formatée, bloquée, rétrécie !

Seule la vision de l'action, ailleurs, nous permet de débloquer notre imaginaire.

La belle histoire de Philippe...

L'homme qui avait gagné une voiture...

À cette époque, nous avions un double trophée.

- Un trophée à caractère de promotion de notre technique, destiné à tous les étudiants en BTS et DUT, managé par une junior entreprise de l'UTC et dont le 1er prix était une 205 GTI assurée gratuitement pendant 1 an,
- Un trophée interne dont le 1er prix, conforme à notre philosophie du loto et pas loterie (**VOIR T2, FICHE SYSTÈME DE MANAGEMENT N°54**), était aussi une voiture type 305 PEUGEOT.

Le principe était simple, les opératrices et opérateurs qui avaient mis en place une action de progrès la présentaient sur une fiche type, de façon anonyme car le nom était masqué par un rabat autocollant, mettaient la fiche dans la boîte à lettres spécifique, et chaque mois, Catherine faisait un tour d'usine, prenait au hasard une dizaine d'opératrices, d'opérateurs, de leaders et parfois de gens de bureau.
Ce jury, toujours renouvelé, examinait les idées, et par vote, déterminait l'homme ou la femme qualité du mois, dont le nom était gravé sur une plaque en laiton, affiché sur un blason en bois dans l'entrée principale de l'usine.

En juillet de chaque année, un jury composé de personnalités toutes extérieures à l'entreprise *(un étudiant, un professeur, un journaliste, des clients bien sûr, parfois le député maire, etc.)* sous la houlette d'un huissier de justice, interrogeait chaque homme et femme qualité mensuelle, puis par vote à bulletin secret élisait la femme ou l'homme qualité de l'année.

Ce même jury, choisissait parmi les idées de nouveaux produits proposées par les étudiants, pour déterminer le gagnant de la 205 GTI.
Et le jour de la fermeture de l'usine, devant l'ensemble du personnel rassemblé solennellement autour des deux voitures, l'huissier décachetait l'enveloppe et annonçait que l'homme ou la femme qualité de l'année était Monsieur (ou Madame)...,
Dans le même temps, l'étudiant vainqueur du trophée se voyait remettre les clés de la Peugeot 205 GTI.

Pour la petite histoire, il faut savoir que ce trophée dura pendant des années, jusqu'à ce qu'une représentante de l'URSSAF, mandatée par l'état soviétique français *(puisque la France est le seul pays soviétique qui ait réussi jusqu'à présent)* tombe sur ces deux trophées. Et bien que tous deux fussent, de fait, un concours avec huissier de justice et jury non membre du personnel, cet agent accepta le caractère de concours pour l'étudiant, mais le refusa pour les salariés et réclama le versement des charges sociales afférentes au montant de la voiture pour les 4 derniers gagnants.

Bref, ce concours dura quelques années.
Une année, un opérateur particulièrement imaginatif, Philippe, le gagna haut la main et se vit remettre la 305 rituelle. Comme il était particulièrement imaginatif, il proposait des actions d'amélioration d'autres postes de travail, voire même dans d'autres mini usines. Et ce qui devait arriver arriva, comme la procédure étant anonyme, il se vit par trois fois, l'année suivante, plébiscité homme qualité du mois. Ce qui lui donnait toute chance d'être à nouveau reconnu par un nouveau jury homme qualité de l'année.

De façon inattendue, Philippe, lorsqu'il plancha devant le jury pour présenter ses trois actions d'amélioration, précisa qu'il concourait par principe, car ayant déjà gagné la voiture l'année précédente, il lui semblait normal de laisser ce trophée à un autre compagnon de travail.
Cette déclaration impressionna le jury qui tint à lui décerner une mention spéciale pour son geste.

Pour la petite histoire, il faut savoir qu'afin d'exploiter au mieux les qualités de Philippe, dans l'intérêt de la collectivité comme dans le sien, il fut créé, pour lui, un poste spécial, autonome, détaché du service entretien **«d'homme bidouille»** avec son propre petit atelier, pour assister les leaders et les opérateurs lors de mises en place de travaux d'amélioration de poste ou de petites maintenances immédiates conformes à notre philosophie :

- de faire en allant ;
- de métaction ;
- d'actions imparfaites mais qui existent tout de suite ;
- de progression pas à pas ;
- de régler les problèmes qui existent, et non de perdre son temps sur ceux qui pourraient exister.

Histoire de l'Age de Pierre...

Il y a une bonne vingtaine d'année nous avions un petit atelier «*Germinal*»: les grenailleuses.

Oh, certes tout était conforme aux normes en vigueur, mais ces machines monstrueuses par leur taille faisaient un bruit phénoménal puisque le principe était de projeter de la grenaille de fer sur les pièces qui tournaient dans des tonneaux en se choquant les unes contres les autres.

Tout cela aspergé d'eau savonneuse, donc dans une atmosphère saturée d'humidité bref Germinal !
Le Vulcain de cet enfer, le père Marcel, comme tout le monde l'appelait, prit, l'âge venu, une retraite amplement méritée.

Natif de notre beau village d'Hallencourt, il commença à occuper son temps en traquant le champignon et ce faisant, découvrit aux premiers labours des pierres étranges qui remontaient des profondeurs de la terre : des silex taillés.
Il se prit de passion pour cette chasse particulière, se documenta et découvrit ainsi qu'effectivement, pendant quelques dizaines de millénaires le site d'Hallencourt avait connu la présence continue de chantiers et d'ateliers de taillage du silex, pour faire des armes, des outils, et le site, bien que connu des archéologues, était tellement riche qu'il était laissé libre et non protégé.
Ainsi, année après année, le père Marcel devint un spécialiste localement reconnu et amassa une collection telle, que la mairie va prochainement ouvrir une salle musée présentant le résultat de ses innombrables cueillettes.
Régulièrement le père Marcel, venait faire des photocopies, discrètement j'achetais de coûteux ouvrages que je lui «prêtais», en oubliant de les réclamer, car il refusait que je les lui donne, et en échange il me faisait partager ses rêves d'un autre temps en m'offrant des spécimens particuliers, qui tous, disait-il, étaient des rebuts, des ratés puisque les bons outils étaient partis, vendus ou troqués et même ces rebuts étaient tellement merveilleux que l'on ne pouvait que s'extasier devant la maîtrise de nos ancêtres.

«Vous voyez, disait-il, ce couteau là, a 30 à 40 000 ans, regardez le nombre de coups qu'il a fallu pour le faire, par contre celui là n'a que 4 à 5 000 ans, vous voyez en moins de 10 coups il a fait une pointe de lance parfaite, et ce caillou là tout déchiqueté il date d'avant l'invention de la poterie : ils faisaient des trous dans la terre qu'ils étanchéifiaient tant bien que mal puis mettaient de l'eau dans laquelle ils jetaient des pierres chauffées sous la braise, et cette pierre toute ronde elle a été polie et remarquez les traces là, c'étaient les lanières qui l'enserrait car c'était une espèce de piège qu'ils lançaient dans les pattes des animaux pour les entraver, et là dans ce bout de calcaire vous voyez ces petits coquillages entassés, ils ont peut-être un million d'années, il y a un million d'années c'était ça la vie à Hallencourt !»

Bref, il me faisait partager ses rêves.
Dans le même temps, nous démarrions la C.A.O et tous fiers avions fait un premier moule d'une turbine de pompe à eau !
Nous l'avons dessinée, contrôlé le dessin, fabriqué les électrodes, le moule, contrôlé, fabriqué l'outil de coupe, contrôlé fait les premiers prototypes, contrôlé, enfin assemblé la pompe pour un dernier contrôle fonctionnel et là constaté que la pompe au lieu de pomper refoulait ???
Nous avions tout fait à l'envers !!! Pendant des années j'ai conservé sur un bahut derrière moi la lance de 50 000 ans et le moule dessiné à l'envers pour qu'en toute humilité les uns et les autres nous nous interrogions sur la réelle nature du progrès humain ! Ce silex a servi de modèle à un moulage en laiton que nous avions offert à nos clients pour l'an 2000 accompagné d'un message disant :
« 1000, 2000, 3000, pour nous FAVIENS cela n'a pas de sens car il y a déjà plusieurs dizaines de millénaires qu'ici, à Hallencourt des hommes sont au service d'autres hommes ! »

Petites histoires

Histoire de Toto

ou l'efficacité des VALEURS PARTAGÉES

Tous ceux qui sont allés au Japon connaissent « *TOTO* ».
Pour nous les hommes, les vrais qui font pipi debout, nous avons tous eu, à un moment donné, à hauteur des yeux le sigle TOTO écrit en lettres gothiques bleues dans la faïence.
TOTO est en effet le plus gros, si ce n'est le seul fabricant de toilettes au Japon.
Après la guerre, l'entreprise contribua à la reconstruction du pays en équipant chaque foyer de cet accessoire indispensable.
Puis quand chacun fut équipé, se posa la question de la poursuite de l'activité : comment la relancer ?
Alors Monsieur TOTO, petit-fils du fondateur vénéré Monsieur Yoji TOTO, réunit ses troupes et leur dit :
« Je suis allé me recueillir sur le mont Fuji, j'ai consulté les mannes de mes ancêtres, et la vérité m'est apparue. En fait, nous ne faisons pas des toilettes, en fait nous avons une mission :

DONNER DU BONHEUR AUX JAPONAIS ! »

Sur ce, les salariés *(au lieu de s'écrouler de rire comme aurait fait tout salarié Français)* firent des groupes de réflexions et d'actions qui conclurent que :
- Ce n'était pas du bonheur de s'asseoir sur une lunette froide, et ils lancèrent un modèle de lunette chauffante ! *Cela fait d'ailleurs tout drôle de s'asseoir sur des lunettes chaudes.*
- Ce n'était pas un bonheur d'être agressé par les mauvaises odeurs, cela d'autant plus qu'au pays du soleil levant, les mauvaises odeurs font partie des mauvais esprits, et ils lancèrent la lunette chauffante et aspirante à la source, ce qui est moins stupide que nos aspirateurs placés au plafond qui font forcément remonter les odeurs.
- Pour les dames ce n'était pas un bonheur d'émettre des bruits indécents et que c'est pour cela qu'elles tiraient systématiquement la chasse d'eau pour couvrir tous bruits potentiels, et ils lancèrent dans les toilettes Dame un système de bruit de chute d'eau ou de musique, au choix, dès que l'on s'asseyait sur la lunette.

En attendant les lunettes japonaises furent remplacées 3 fois !
- Les maisons étant petites, il fallait économiser la place, et ils lancèrent un modèle de toilette où le réservoir était chapeauté par une vasque en inox avec un robinet en col de cygne qui permettait de se laver les mains, en économisant de la place et de l'eau, puisque celle-ci s'écoulait directement dans le réservoir, d'où remplacement des réservoirs !
- Ce n'était pas du bonheur de s'ennuyer pendant l'acte, et ils lancèrent des écrans de télévision à cristaux liquides à coller derrière les portes, à hauteur des yeux,
- Ce n'était pas du bonheur de s'essuyer, et ils lancèrent un système programmable de jets d'eau et séchage à air chaud dont chacun pouvait choisir la température, le débit...

Pour la petite histoire votre serviteur étant d'un esprit curieux a appuyé sur la touche pictogrammée « dames» et a eu les « joyeuses» copieusement arrosées, puis séchées !
Un interlocuteur auquel je racontais l'anecdote, m'avoua que lui aussi en avait fait de même, mais que surpris par l'arrosage de ses bijoux familiaux il avait sursauté, s'était levé d'un bon, retourné pour voir ce qui se passait, et qu'il était retourné en séance de travail, la cravate, le devant de chemise et haut du pantalon trempé, à la grande hilarité de ses hôtes !

- Ce n'était pas du bonheur de tomber malade faute de suivi médical; et ils lancèrent un système d'analyse du sang dans les selles, et du sucre et autre albumine dans les urines...
Ce faisant le marché s'est en permanence renouvelé ! Ce qui n'était pas évident pour ce type de produit, car en Europe rien n'a évolué dans ce domaine depuis 50 ans ! Pourquoi TOTO n'a pas exporté, car il n'y a qu'au Japon que j'ai vu ce genre de toilettes ??? Mystère !

Cette petite histoire, tout à fait véridique, prouve la puissance du verbatim, la puissance des images, la puissance des valeurs partagées. La définition de l'objectif est PRECISE quant au but, mais FLOUE quant aux chemins, aux moyens à adopter pour l'atteindre, ce faisant elle ouvre le champ à l'imagination, à la créativité. L'avantage d'une valeur est qu'elle « borde», elle « borne» l'imagination sans la limiter.

> **L'AMOUR** est une valeur :
> Est-ce que le client *(interne ou externe)* va aimer ?
> **LA CONFIANCE** *(au sens U.S. de to trust = confiance + foi en)* :
> Ce que nous résumons chez FAVI par : **« L'HOMME EST BON»**
> **« AIMONS NOUS LES UNS LES AUTRES»**
> N'est ce pas de fait sur cette simple valeur que se sont bâties nos diverses sociétés occidentales ?

Le problème est qu'il faut des années pour définir des valeurs collectives résultant d'une histoire, d'une culture collective, et qu'il ne faut que quelques mois pour jouer sur des structures et des organigrammes !
Lorsque ces valeurs sont établies il ne faut surtout pas en changer !

Il est intéressant de constater que des groupes comme *Michelin* ont conservé les valeurs édictées par l'aïeul fondateur :

> **Respect du client !**
> **Respect des hommes !**
> **Respect des faits !**

Le double mystère de la manufacture de fils

Il était une fois, une société, œuvrant sur le marché sinistré du textile, dans une région elle-même sinistrée, qui malgré tout, gagnait beaucoup d'argent.
A tel point qu'elle a présenté pendant plus d'une décennie les plus beaux résultats, et parfois même, LE plus beau résultat financier de l'arrondissement.
Plus beaux même que ceux de sociétés sur les niches confortables des objets de luxe, ou dans le vent comme les Velux.
Tel était le premier mystère que je me promettais régulièrement de percer dans l'espoir de tirer quelques profits de leur expérience.
Ce « signal faible » extérieur a été récemment renforcé par le fait qu'en 2 ans, les résultats se sont effondrés pour passer profondément dans le rouge !!

Que s'est-il passé ??
Quel deuxième mystère pouvait expliquer cette inversion subite ??
Attaque sournoise d'un jap ou d'un tunisien ??
Confrère qui a délocalisé ses fabrications en Malaisie ??

Le hasard d'une rencontre lors d'une virée dominicale et humide à moto, m'a permis d'élucider ce double mystère :
Le métier de la Manufacture de fils consiste à commercialiser des bobines de fils paraffinés de couleurs, de tailles et de longueurs spécifiées, à partir d'écheveaux.
Pour ce faire, une partie des opérations est réalisée en interne, l'autre étant sous-traitée à des ateliers indépendants appartenant à des Anciens de la Manufacture de fils et groupant une dizaine d'opératrices.

Cette société était gérée de façon « paternelle » classique *(Patron vient de Pater)*. Ce qui ne veut pas dire paternaliste !
- L'absentéisme était proche de zéro, car quand une maman avait un problème avec un enfant, elle permutait avec une de ses collègues ; et il était courant que les gens travaillent spontanément le dimanche en période de forte demande.

Les stocks étaient de l'ordre de 1200 Tonnes. Mais c'est le métier qui veut ça : quand Hélène *(Hélène et les garçons feuilleton français des années 90)* porte un chemisier vert devant les Garçons le dimanche soir à la télé, tout le Sentier commande du fil vert le lundi matin.
- Ce stock était géré en bon père de famille. On avait toujours du gris en stock pour les blouses arméniennes, sachant que si le client réclamait du gris N°34 il acceptait toujours du N°32 ou 36 du moment qu'on le livre rapidement pour honorer ses propres commandes.
- Il était courant d'expédier en Colissimo ou autre Chronopost juste une bobine, pour

orner tout le stock de blousons du logo de K2000 suite à une reprise du feuilleton.
- Les transports étaient assurés par des artisans à leur compte, qui embarquaient la marchandise le matin pour livrer l'après-midi même en région parisienne, ou au plus tard le lendemain matin n'importe où en France.
- Le commercial connaissait ses clients depuis 20 ans, et régulièrement embarquait avec la marchandise juste pour tailler la bavette dans le Sentier ou payer une bouffe à de vieux clients.
- La société n'avait jamais eu d'impayés, car tout le monde travaillait en confiance.

Bref, comme disait un compagnon du Tour de France au sujet du compagnonnage :

C'était un Bordel,
Mais un beau Bordel,
Un Bordel qui marchait,
Donc un Bordel qui rapportait à tout le monde !
D'où leurs résultats.

Là-dessus, il y a 3 ans, changement d'actionnaires et arrivée d'un parent de l'actionnaire principal. A priori un Patron, un Vrai, qui a étudié, qui SAIT, et qui mit de l'ordre dans ce Bordel :
- Il a commencé par s'enquérir auprès de comptables indélicats des profits de ses sous-traitants, et les ayant trouvé trop élevés, il a réduit d'autorité leur marge lors des paiements. Les plus faibles ont râlé en courbant l'échine et en se démotivant, les meilleurs se sont empressés de réaliser leur entreprise, sur l'inertie des bons résultats passés, pour investir ailleurs (ce qui était le cas de mon interlocuteur « motard »).
- Il a viré ce commercial qui copinait trop avec les clients !
- Plus de « combines » entre opératrices. L'horaire c'est l'horaire !

Moyennant quoi, la maman d'un enfant malade a pris l'habitude de prendre 1 à 2 semaines de congés maladie, puis d'en prendre aussi en période de congés scolaires où l'absentéisme atteignait 30% ! D'où mesures pénalisantes, d'où réaction des salariés, d'où ... Bien entendu, plus question dans ces conditions de venir travailler le dimanche !
- Plus de stock ! Vive les flux tirés tendus !

Ce qui fait qu'Hélène pouvait apparaître à la télé dans la couleur qu'elle voulait, on ne pouvait pas répondre à la demande avant 15 jours, et quand par miracle sur les 30 Tonnes de bleu électrique demandées, on disposait de 10 tonnes, on ratait la vente parce que le client voulait en plus une bobine rouge qu'on ne pouvait pas fournir pour faire le motif qu'Hélène arborait sur son col.
- De toute façon , plus question d'expédier une bobine toute seule, car le principe d'un montant minimum de 3500 Frs par commande a été instauré.
- Les manufactures de blouses arméniennes ne pouvaient plus se contenter de gris N°32 ou 34, car il n'y avait pas de gris disponible avant 15 jours ; ce qui est incompatible avec ce marché spécifique. D'autant plus qu'un de ces manufacturiers s'est trompé de

2 Tonnes sur une commande de plusieurs centaines de tonnes, et on a refusé de les lui reprendre.
- Le nouveau patron a trouvé des transporteurs 20 % moins chers qui chargeaient la marchandise un matin et livraient parfois une semaine plus tard (groupage oblige). Alors qu'entre-temps, Hélène avait changé de chemisier !
- On a instauré le respect absolu des couvertures SFFAC *(assurance - crédit - client)* : un client qui n'avait jamais posé de problèmes de paiements avec un encours régulier de 4 millions, mais qui ne disposait que d'une couverture à hauteur d'un million s'est vu réclamer le paiement cash de l'excédent !

Bref, on a mis de l'ORDRE dans ce Bordel ! ET on a obtenu une société enfin parfaitement organisée, gérée, contrôlée.

MAIS SANS CLIENTS !!!!!!
On a pensé à tout sauf à l'AMOUR DU CLIENT !

Et ce qui devait arriver arriva : le client n'a plus aimé la Manufacture de fils, et est allé apporter son affection et ses commandes à d'autres. D'où les résultats en chute libre !

Alors bien sûr, on a fini par remercier ce gestionnaire hors pair qui a dû d'ailleurs, considérer que c'était la dernière des injustices. Car après tout, il avait parfaitement fait son boulot ! Ben oui mais c'est trop tard !

Il faut 10 ans de travail, de rigueur, de respect pour mériter l'AMOUR d'un client.
Il faut un mois pour perdre cet AMOUR ;
Et il est souvent impossible de reconquérir des AMOURS perdues !
De grâce, n'oublions jamais que sans l'amour de nos clients,
nous sommes MORTS !

Comme nous disait un acheteur de SOGEDAC (ancienne centrale d'achat du groupe PSA) dans les années 80 :

> *« Le flux tendu ? Oui. Les flux tirés ? Evidemment. Le KANBAN ?*
> *Bien sûr. Mais n'oubliez jamais : NE VOUS METTEZ JAMAIS EN PANNE car ça on ne l'AIMERA PAS ! »*
> *« Il y avait une usine qui gagnait beaucoup d'argent sans trop savoir pourquoi. Alors elle a embauché un grand ingénieur, et après elle sut exactement pourquoi elle en perdait ! »*
>
> A. DETŒUF.

Histoire du Petit Bonhomme

Il était une fois un petit bonhomme, petit, petit, petit comme une souris. Et comme une souris, il ne se nourrissait que de fromage.
Ce petit bonhomme, se promenait dans la campagne, quand soudain, il perçut, portée par la brise, comme une odeur de fromage !
Intrigué il se laissa guider par ce délicieux fumet et, chemin faisant, il rencontra une souris qui elle aussi avait perçu ce merveilleux signal olfactif.

De concert ils suivirent le subtil message.
Le bout de la piste était une grotte, sombre, inquiétante comme toute les entrées de grotte, mais le parfum était tellement enivrant qu'ils entrèrent dans la caverne sans la moindre hésitation.

Dans le noir ils avancèrent et découvrirent de-ci, de-là, des galeries qui partaient à droite, à gauche, car ce n'était pas une simple grotte mais un labyrinthe !

Ils n'eurent néanmoins aucun mal à se diriger tant l'odeur sublime était nette et forte, et finirent par arriver sur un filon, un gisement, une mine de fromage, une mine « kolossale» tant par la quantité que par la qualité du fromage, qui présentait toutes les palettes imaginables de goûts et saveurs, de l'emmental au comté en passant par les gruyères et autres mimolettes.

Ils se régalèrent et considérant le gisement comme inépuisable, s'installèrent confortablement !

Le petit bonhomme avait bien parfois la nostalgie du dehors, des arbres, du ciel, des nuages et du soleil, mais il se consolait en reprenant une part de fromage et puis à quoi bon risquer de se perdre dans le labyrinthe, risquer de perdre le chemin de SA mine de fromage !

Pendant ce temps là, la souris, parce que c'était une souris, et que les souris sont toujours curieuses, explorait régulièrement les autres galeries, comme ça, pour rien, parce que c'est dans ses gènes de souris que de toujours chercher « autre chose » !

Elle revenait régulièrement dans la galerie nourricière guidée par l'odeur, mais ainsi jour après jour elle se fit une carte mentale des parties du labyrinthe qu'elle avait explorées.

Les jours, les semaines, les mois les années passèrent ainsi, le petit bonhomme tranquillement installé et la souris explorant.

Quand un matin à l'heure du petit déjeuner, le petit bonhomme en prélevant sa ration sentit qu'il touchait de la pierre, du roc !

Paniqué il gratta alentour et se rendit compte avec effroi qu'il ne restait plus qu'une pellicule de fromage au fond de la galerie !

Il appela la souris qui, elle aussi, constata le fait.

Alors le petit bonhomme se lamenta, cria à l'injustice, considérant que ce n'était pas possible et que forcément quelqu'un lui avait volé SON fromage, il voulut prendre la souris à témoin, mais celle-ci avait disparue !

Alors il se lamenta de plus belle, faisant comme s'il s'agissait d'un mauvais rêve, en voulant, exigeant même que tout redevint comme avant !

Les jours passèrent il se rationna dans l'attente d'un miracle, puis les réserves baissant il envisagea bien de tenter quelque chose, de sortir du labyrinthe, de chercher un autre gisement, mais les années de confort l'avaient rendu craintif, et tout doucement en pleurant sur le temps passé, ses forces déclinèrent et il mourut sur place !

Pendant ce temps, la souris connaissant déjà un peu le labyrinthe, alla directement vers les galeries inconnues qu'elle n'avait pas encore explorées et, le premier gisement étant épuisé, se révéla l'odeur d'une autre mine qu'elle découvrit rapidement !

Elle profita de cette nouvelle base nourricière, mais continua à explorer, tant et si bien qu'elle finit par trouver et apprendre le chemin de la sortie de la grotte et eut ainsi tous les avantages : le ciel, les nuages, le soleil les arbres, ET le fromage !

MORALITE :

❶ Aucun fromage n'est éternel
❷ C'est quand il y a beaucoup de fromage qu'il faut se remettre en cause
❸ Quand le fromage diminue rien ne sert de se lamenter sur le temps passé
❹ Quand le fromage disparaît, personne ne l'a volé, tout fromage est appelé à disparaître.
❺ Rares, très rares sont les fromages qui durent plus de vingt ans
❻ Chaque disparition d'une mine de fromage est une opportunité d'en découvrir une plus belle
❼ Quelque soit l'âge, il faut toujours garder une âme de souris, car :
❽ En tout homme il y a un petit bonhomme qui sommeille.

Histoire de la Fourmi

Il était une fois, une Fourmi heureuse et productive qui, tous les jours, arrivait de bonne heure à son travail.
Elle passait toute sa journée à travailler dans la joie et la bonne humeur, poussant même la chansonnette.

Elle était heureuse de travailler et son rendement était excellent mais, malheur ! Elle n'était pas pilotée par un manager...
Le Frelon, PDG de l'entreprise, considérant qu'il n'était pas possible que la situation puisse perdurer, créa un poste de manager pour lequel il recruta une Coccinelle avec beaucoup d'expérience.

La première préoccupation de la Coccinelle fut d'organiser les horaires d'entrée et de sortie de la fourmi.
Elle créa également un système de compte rendu et de fiches navettes.

Très vite, il fallut engager une secrétaire pour l'aider à préparer les dossiers et le reporting, si bien qu'elle recruta une Araignée qui mit sur pied un système de classement et qui fut chargée de répondre au téléphone.
Pendant ce temps là, la fourmi heureuse et productive continuait de travailler, travailler, travailler.

Le Frelon, PDG de l'entreprise, était ravi de recevoir les rapports de la Coccinelle, si bien qu'il lui demanda des études comparatives avec graphiques, indicateurs et analyse de tendance.

Il fallut donc embaucher un Cafard pour assister le manager et il fallut acheter un nouvel ordinateur avec une imprimante.
Assez vite, la Fourmi heureuse et productive commença à baisser de rythme et à se plaindre de toute la paperasserie qui lui était dorénavant imposée.

Le Frelon, PDG de l'entreprise, considéra qu'il était temps de prendre des mesures.
Il créa donc le poste de chef de service pour superviser la Fourmi heureuse et productive.

Le poste fut pourvu par une Cigale qui changea tout le mobilier de son bureau et qui demanda un nouveau fauteuil ergonomique ainsi qu'un nouvel ordinateur avec écran plat. Seulement, avec plusieurs ordinateurs, il fallut aussi installer un serveur réseau.

Le nouveau chef de service ressentit rapidement le besoin de recruter un adjoint *(Qui était son assistant dans son ancienne entreprise)* afin de préparer un plan stratégique de pilotage ainsi que le budget de son nouveau service.

Pendant ce temps-là, la Fourmi était de moins en moins heureuse et de moins en moins productive.

« Il va nous falloir bientôt commander une étude sur le climat social» dit la Cigale.

Mais, un jour, le Frelon, PDG de l'entreprise, en examinant les chiffres, se rendit compte que le service dans lequel la Fourmi heureuse et productive travaillait n'était plus aussi rentable qu'avant.

Il eut donc recours aux services d'un prestigieux consultant, M. Hibou, afin qu'il fasse un diagnostic et qu'il apporte des solutions. Le Hibou fit une mission de trois mois dans l'entreprise à l'issue de laquelle il rendit son rapport : «il y a trop de personnel dans ce service».

Le Frelon, PDG de l'entreprise, suivit ses recommandations et... licencia la Fourmi !

Et on s'étonna que l'entreprise sombre !!!!!

Histoire d'éléphants ...et de vaches

Il était une fois deux anglais, seuls, dans un compartiment d'un train qui allait de Birmingham à Londres.
Ils étaient assis face à face et lisaient chacun dans leur coin le Times, en feignant de s'ignorer, par discrétion typiquement britannique.

De temps en temps l'un d'eux arrachait une page du Times puis la déchirait en petits morceaux, entrouvrait la fenêtre du compartiment et jetait les petits morceaux de papier. Après que ce manège se fut répété 4 ou 5 fois, son voisin, levant les yeux au-dessus de son journal, après un petit toussotement typiquement anglais annonçant qu'il allait s'exprimer, lui dit :
— « I'm sorry but, sans vouloir être indiscret, j'ai cru, bien malgré moi remarquer que, régulièrement, vous déchiriez une page de votre journal et jetiez les morceaux par la fenêtre. Puis-je me permettre de savoir le pourquoi de ce geste ? »
— « Oh, c'est très simple. J'ai fait toute ma carrière aux Indes et dans ce pays on pratique de la sorte car les bouts de papier effrayent les éléphants, ce qui leur évite de venir sur les voies. »
— «Mais nous sommes au Royaume-Uni, entre Birmingham et Londres et il n'y a pas d'éléphant ! »
— «Vous voyez, ça marche ! »

Je cite cette histoire car bien souvent quand on me fait l'amitié de me demander de venir témoigner de notre démarche dans d'autres entreprises, par courtoisie, je demande aux auditeurs leur fonction.
Parfois, on me répond avec des mots incompréhensibles pour moi comme « Contrôleur de Gestion », « Chargé de la Communication Interne», « Responsable de la Gestion Prévisionnelle des Emplois » etc...

Et quand je joue au jeu des 5 pourquoi avec ces interlocuteurs, dès le 4e ou le 5e pourquoi, je vois dans leur regard un sentiment de panique, car ils prennent conscience que ce sont en fait des chasseurs d'éléphants qui n'existent pas.

Cela les perturbe généralement au point que leur regard reste affolé tout le temps de mon témoignage et que parfois ils essaient maladroitement à la pause de me convaincre qu'effectivement il n'y a jamais eu d'éléphants mais que peut-être... un jour...
À Favi, nous sommes trop petits et avons trop de bon sens pour avoir ce genre de chasseurs mais nous avons parfois « des compteurs de vaches».

En effet, faute d'éléphants (car cela fait très longtemps qu'ils ont disparu de Picardie, il y a eu quelques rhinocéros paraît-il, il y a quelques dizaines de milliers d'années), parfois une vache se place sur la voie et arrête le train de l'entreprise et là se révèle le compteur de vaches qui peut vous dire que très précisément depuis un an les vaches qui ont arrêté Favi étaient à 28,62% des vaches noires, à 12,69% des vaches bicolores, à 3,25% avec une seule corne que 2,45% boitaient de l'antérieur droit, etc..

Et quand naïvement vous leur demandez :
« C'est bien, c'est intéressant, mais que faites vous pour empêcher la vache de venir sur la voie ? ».
Alors ils vous fixent avec un regard absent en focalisant très très loin derrière vous, tellement la question est incongrue.

Eux ils font des statistiques sur les vaches qui arrêtent le train, ce n'est pas leur problème de savoir pourquoi les vaches sont là et comment éviter qu'elles ne viennent. Parfois même ils gardent leurs beaux tableaux pour eux-mêmes, sans doute que les autres ne sont pas dignes de disposer d'informations de telle qualité !

Je cite ces deux anecdotes car une des voies du progrès est non pas de supprimer ces gens, mais de les ramener au bon sens pour en faire des animateurs à l'aide d'un CEDAC par exemple (VOIR FICHE OUTILS N° 2) pour aider ceux qui font et qui savent sur le terrain à faire en sorte que rien n'arrête le train de l'entreprise.

Table des matières du tome 2

Notre management et nos outils

9627170R00122

Printed in Germany
by Amazon Distribution
GmbH, Leipzig